성 범죄

Don Howell 저

김경하 · 정지은 · 임규섭 · 배준렬 역

효과적인 피해자 및 용의자 면담에
대한 단계별 안내서

박영사

서문

___

나는 40년간 법집행영역에서 일하며 거의 30년 동안 성 범죄 사건을 다루어왔는데 DNA 증거에 대해 지나치게 의존하는 것이 너무 놀라웠다. 오해는 없기를 바란다. 나는 DNA증거가 아주 훌륭한 도구이며 조금 더 일찍 사용할 수 있었다면 좋았을 것이라고 생각한다. 그럼에도 불구하고 나는 피해자 면담이 매우 중요하다고 생각한다.

면담 때문에 우리의 책임은 더욱 막중해진다. 당신이 지역 경찰관, 수사관, 혹은 면담 전문가라면 성 범죄자의 언어를 반드시 이해해야 한다. 비슷하게 생각해 보자면 마약 중독자들은 대부분의 마약 판매상보다 더 마약 판매상처럼 말한다. 조직 폭력배들은 비속어를 사용할 뿐 아니라 사람들이 단골 식당의 메뉴판을 읽는 것보다 훨씬 더 빨리 그래피티를 이해할 수 있다. 사기꾼들은 1마일 밖에서도 폰지 사기를 알아차릴 수 있다. 당신이 성 범죄와 관련된 일을 하고 있다면, 사람을 조종하고 비이성적인 행동을 하고, 피해자들에 대한 부조리한 반응이 난무하는 세계 속으로 자기 자신을 던져야 할 필요가 있다. 이는 법집행영역에서 가장 도전적인 분야 중 하나이다. 성 범죄자의 시선으로 세상을 보기 시작한 이상 당신은 대부분의 동료들이 절대 이해할 수 없는 인간 행동 영역의 문을 열게 된 것이다.

추측컨대, 당신이 이 책을 선택하게 된 것은 아무도 자원하지 않는 수사 업무를 담당하게 되었거나, 성 범죄자들을 면담할 수 있게 되면 살인이나 강도와 같은 강력사건을 저지른 사람을 면담하는 일이 어렵지 않게 된다는 것을 알기 때문이라고 생각한다. 어쩌면 당신은 이전 업무에서 가능한 모든 것을 다 배웠고, 단순히 범죄자에 대한 이해를 넓히고자 할 수도 있다. 이유가 무엇이든 간에 피해자와 피의자를 면담하는 당신의 능력에서 모든 것이 시작되고 끝난다. DNA와 지문, 섬유 등 증거들은 물론 훌륭한 도구이지만 그 모든 것들을 조망할 수 있게 하는 것은 면담이다. "피의자가 왜 그런 행동을 했을까?"에 대해 이해함으로써 피해자 면담에서 보다 많은 정보를 이끌어내고, 피의자와 면담을 하는 동안 피의자의 행동을 역으로 공략하는 방법을 알 수 있게 될 것이다. 이 책을 통해 어렵지만 보람있는 법집행의 영역에 한 걸음 더 도약할 수 있게 되기를 바란다.

역자 서문

지난 6년간 센터에서 수사실무자들을 교육하면서 면담의 기술에 대한 다양한 고민을 만나게 되었습니다. 더러는 진술을 잘 받는 방법이고, 얼마는 예리한 질문을 잘 하는 방법이기도 했습니다. 우리는 같은 시간을 공유하며 의견을 나누고 또 배웠습니다. 그 과정에서 실용적인 지침서의 필요성을 느꼈습니다.

면담은 언제나 사람을 대상으로 하기에 준비해야 하는 것도 고려해야 하는 것도 많습니다. 특히, 성범죄의 면담은 더 어려울 수 있습니다. 그런 점에서 이 책이 갖는 장점은 뚜렷합니다. 책의 저자 역시 오랜 실무 경험을 통해 깨달은 기술을 알기 쉽게 전달하고 있고, 우리는 그가 제시한 가이드라인을 참고할 수 있습니다.

좋은 책을 소개해주신 강길성 선생님께 감사 인사를 드립니다. 그리고 바로의 교육을 함께 해주신 모든 교육생 분들께도 감사의 마음을 전합니다. 모쪼록 이 책이 현장에서 매진하시는 실무자들의 목마름을 채워줄 수 있기를 바랍니다.

2022년 3월

역자 씀

들어가며

　이 책의 1부에서는 모든 연령대의 성 범죄 피해자를 면담하는 기술에 대한 독창적인 접근법을 소개하고자 한다. 오랫동안 피해자와 대화하는 방법에 대한 "방법" 매뉴얼이나 정보에 대한 논의가 이루어지지 않았다. 성폭행이 초래하는 영향과 성 범죄자들의 행동 특성에 대한 자료는 넘쳐나지만 실제로 어떻게 면담을 수행하고, 무엇을 말하며 어떤 질문을 할 것인지에 대한 자료는 거의 없다. 이 책은 그에 대한 기준점을 정하고, 법집행관과 사회운동가, 법조인들이 다음과 같은 결과들을 이끌어 낼 수 있는 초기단계 면담을 수행할 수 있도록 길잡이가 되고자 한다.

　　(a) 피해자의 안정
　　(b) 초기에 모든 정보 얻기
　　(c) 사건 기소로 나아가기

　이 책에서는 초보자들도 아동들을 면담할 수 있도록 기초부터 차근차근 설명하고 예시를 제시하는 접근법을 사용하였다. 이 책을 차근차근 따라가다 보면 여러분들은 출발점에서 시작하여 끝까지 나아갈 수 있을 것이다. 아동과의 첫 대면에서 무엇을 해야 할지, 어디에 앉아 어떤 말을 해야 할지, 그리고 어떻게 면담을 끝내야 할지, 이 책을 통해 배울 수 있을 것이다.

　SFC(Stick Figure System)는 유아들을 위해 고안된 방법이다. SFC에서는 면담자가 피해 아동과 어색한 질문과 대답을 주고받는 대신 면담자와 아동이 추행 혐의에 대해 함께 이야기할 수 있도록 틀을 만들어 준다. 면담자와 아동은 단순한 그림을 함께 그리며 라포를 형성하고 범죄요소들을 규명해 갈 수 있다. 이는 아동의 연령에 따라 다양한 형태로 적용될 수 있으나, 모든 사건에서 필수불가결한 장치이다.

청소년과 성인의 경우에는 다른 방법을 사용해야 한다. 그러나 이 책에서 말하는 기본개념을 이해하게 되면 생각보다 쉽게 이를 다룰 수 있게 될 것이다. 이러한 간단한 기술들을 따라가며 여러분 스스로의 개성과 창의성을 더한다면, 여러분들은 모든 유형의 성 범죄 피해자들과의 면담을 성공적으로 이끌 수 있는 기법들을 알게 될 것이다.

성 범죄의 조사와 기소에 관련하여 모든 주의 법을 인용하는 것은 불가능한 일이다. 이 책에서는 캘리포니아 주의 사례와 법률에 한하여 다루고 있지만 독자 여러분들은 필요에 따라 적절하게 각자의 주의 법과 판례에 대해 연구해야 한다.

보통의 성 범죄자들이 가진 논리구조나 선입관과는 완전히 다른 양상을 띄는 특이한 유형의 범죄자들은 항상 존재한다. 성 범죄의 경우 거의 모든 상황은 반전을 맞거나 예상치 못한 방향으로 진행되곤 한다. "모든 정보를 획득했다고 생각될 때"라는 말은 성 범죄에 있어서는 적어도 진리이다.

나의 의도는 누가 그것을 수행하든 상관없이 아동 면담의 질과 수준을 높이는 데 있다. 또한 나는 "효과가 있다면 계속하라"는 것을 굳게 믿기 때문에 현재 여러분의 시스템이나 스타일, 혹은 체크리스트가 효과적이라면 계속 사용할 것을 권한다. 만약 그러한 시스템을 가지고 있지 않다면 내가 쓰고 있는 방법을 그대로 시도해 보거나 현재 사용하고 있는 것에 더하여 활용하여 보기를 권한다.

이 책의 2부에서는 독자들이 성 범죄자들과 면담을 하는 동안 그들의 행동을 활용하는 방안에 대하여 다룰 것이다. 나는 다년간에 걸쳐 성 범죄에 대한 수많은 자료들을 수집해왔고 성 범죄자와 그들이 저지른 다양한 성 범죄 유형에 대한 방대한 양의 자료들을 가지고 있으며, 오랜 기간 동안 이 모든 자료들을 일상 업무 속에서 활용하는 방안을 마련하기 위해 노력해 왔다.

나는 성 범죄자에 대한 정보의 홍수에서 한 발짝 물러나는 것이 중요하다는 사실을 깨달았다. 완전히 똑같은 범죄자는 존재하지 않기 때문에 각각의 범죄자에게 같은 공식을 적용하는 것은 어려운 일이다. 여러 가지 유형의 성 범죄자들이 존재하고 그들의 성격을 정의하는 유형도 다양하지만 일단 한 유형의 성 범죄자 행동양식을 살펴보면 한 범죄자와 그 다음 목록의 범죄자가 혼재된 양상을 보이고 있는 지점 또는 그 경계를 파악하게 될 것이다. 성폭행을 하는 동안의 용의자 행동은 퍼즐조각처럼 딱 맞아야 한다. 한 걸음 물러서서 범죄자를 관찰하면 보다 개략적으로 범죄자의 행위를 보게 된다. 한 걸음 뒤에서 여러분은 스스로에게 다음과 같은 몇 가지 질문을 할 수 있다. "범행동안의 피해자 행동이 상식적인가? 그리고 피해자가 성 범죄자와 있었다고 확신할 수 있는가? 성폭행의 6단계가 나타나는가?" 만약 용의자와 면담하는 경우라면 "면담을 하는 동안 진짜 성 범죄자들이 보일 법한 대표적인 특징 5가지가 나타나는가?" 각각의 조각들이 모두 맞춰질 때 여러분은 어떤 것이 사실인지 아닌지 알게 될 것이다.

나는 프로파일러가 아님을 분명히 하고자 한다. 또한 심리학을 기반으로 스스로를 프로파일러라고 칭하는 사람들을 존경한다. 가능하다면 언제나 나는 이들 중에서 "똑똑한 이들을 선발하기" 위해 노력할 것이다. 여러분 또한 그렇게 하기를 바란다.

이 책의 목적은 법집행기관에서 조사하는, 성 범죄의 대부분을 구성하는 "통상적인 사건들"의 기초를 마련하는 것이다. 이 사건들은 매일 여러분의 책상에 쌓이는 사건들로, 여러분은 우선순위를 매겨 오늘 당장 해야 할 것과 보류해야 할 것을 결정한다. 이 책은 당신이 그러한 결정을 할 때 도움이 되었으면 한다.

대부분의 성 범죄관련 수사관들이 언급하기 꺼려하는 비밀을 하나 말하자면, 보고된 범죄 중 상당수가 기소 가능한 수준이 아니라는 것이다. 사실, 많은 사건들이 영장을 발부받지 못하며, 수사과정에서 많은 시간이 허비되고 있는데, 이보다는 더 적법한 성 범죄 사건에 시간이 할애되는 것이 더 낫다고 생각한다.

이 책은 적법한 요소를 갖춘 사건과 절대 기소 수준에 도달할 수 없는 사건 사이의 경계를 명확히 할 수 있도록 도울 것이다.

가독성을 높이기 위하여 피의자를 언급할 때는 남성으로 피해자를 언급할 때는 여성이라고 지칭할 것이다. 물론 여성이 피의자이고 남성이 피해자인 경우도 많음을 분명히 하고자 한다. 이 책에 쓰여진 기술들은 사실상 모든 성 범죄자들을 염두해 두고 만들어졌으며 책에서 다루는 정보들은 창문을 엿보는 행위, 노출 행위부터 강간, 아동 성추행까지 모든 범죄에 적용 가능하다.

목차

APPENDIX

부록

PART

01

성 범죄 피해자
면담하기

제대로, 모든 정보를
첫 면담에서 획득하라!

이 책은 위에서 언급한 세 가지 중요한 사항들을 잘 수행할 수 있도록 도움을 주기 위한 것으로, 성폭력 피해자들과 면담을 하는 방법에 대해 다루었고, 특히 아동면담에 초점을 맞추었다. 나는 25년간 경찰로 근무해왔기 때문에 대부분의 경관들이 총을 쏘아대는 은행강도 사건을 맡는 것이 이웃에게 성추행을 당한 다섯 살짜리 아이를 면담하는 것보다 낫다고 생각하는 것을 알고 있다. 아동면담에 대한 두려움은 실제로 무엇을, 어떻게 물어야 할지에 대한 계획과 방법을 모르기 때문에 발생한다. 사실 아동이 어릴수록 면담이 더 용이한데, 이는 어린 연령의 아동들이 사건에 대한 편견이나 의도, 선입견을 가지고 있지 않기 때문이다. 당신에게 필요한 것은 아이들이 생각하는 방식에 대한, 그리고 당신이 알고자 하는 것들을 아이들이 당신에게 털어놓도록 아이들과의 관계를 정립하는 방법에 대한 기본 지식 정도이다. 몇 가지 간단한 기술과 절차를 습득한다면 당신은 *제대로, 모든 정보를 첫 면담에서* 얻을 수 있게 될 것이다. 이 책은 기본적으로 법집행의 관점에서 쓰여졌지만, 기법, 구조, 원칙들은 사회복지사, 치료사, 교사, 법조인 또는 아동으로부터 실질적인 정보를 얻고 보고서를 작성하는 모든 사람들이 사용할 수 있다.

연령이 높아질수록 아이들은 더 많이 말하고 커뮤니케이션도 명백히 용이해지지만 한편으로는 성 범죄 그 자체가 발현하는 역학관계도 더욱 복잡해진다.

다행히 이러한 범죄가 어떻게, 그리고 왜 발생했는지에 대한 배경지식을 통해, 무엇을 살펴보고 무엇을 물어보아야 할지 알 수 있게 될 것이다.

청소년과 성인은 면담자에게 다른 종류의 문제를 안겨주기도 하지만 당신이 피해자에게 무엇을 기대하며 당신 자신을 어떻게 보여줄 지에 대한 방안을 마련해 놓게 되면 쉽게 극복이 가능하다.

이 글은 여러 유형의 성 범죄 피해자와의 면담에 초점을 맞추고자 한다. 그러나 신체적 학대, 방치, 정서적 학대와, 강도, 상해, 배우자 학대와 같은 다른 유형의 범죄 행위에 대해서도 동일하게 적용할 수 있다.

이 책은 초심자들에게는 성폭행 피해자들과 대화를 어떻게 시작할 지에 대한 시작점을 알려주고, 훈련된 면담자들은 자신의 기술들을 점검해 볼 수 있도록 하였다. 만약 아동이나 다른 피해자들을 면담하기 위해 현재 사용하고 있는 기술이나 스타일이 성과가 있다면 이를 계속 사용하고, 부담없이 이 책에서 제안하는 정보도 사용해 보기 바란다.

나는 이 책에 기술된 방법을 사용함으로써 약 95%의 사건에서 필요로 하는 정보를 얻을 수 있었다.

성 범죄자들은 범죄동기, 심리학적 역학, 스스로 만들어 낸 환상, 어린이나 성인에 대한 접근 방식과 폭행 방법 등에서 매우 다양한 양상을 보인다. 이 책은 성 범죄자의 다양성에 대하여 논하고자 하는 것이 아니라 상황에 *가장 적합한* 유형을 독자가 스스로 찾아낼 수 있도록 도와주고자 한다. 이 책을 읽으며 서로 상반되는 부분이 있다면 그것은 책의 내용이 잘못되었기 때문이 아니라 성 범죄자들의 프로파일이 때때로 중복되기 때문이다(이 책의 참고문헌에는 성 범죄자에 대한 수많은 자료가 제시되어 있다).

이 책은 범죄 피해자 면담 절차에 대한 시작점을 제공한다. 책의 대부분에서 성 범죄 피해자를 일반적인 연령 범주로 나누고 있는데 이 연령 범주는 대략적인 것으로, 피해자와 접촉하는 동안 따라야 할 간단한 가이드라인일 뿐이다.

면담 보고서-기밀유지

일부 주에는 성 범죄 피해자의 신원을 보호하는 법이 있다. 전형적으로 이러한 법은 피해자의 이름, 주소 등을 가리도록 하여 피의자가 피해자의 정보에 접근할 수 없게 한다. 이러한 새로운 법안으로 인해 대부분의 법집행 요원들은 피해자의 신원을 보호하기 위한 프로토콜을 시행하고 피해자 신원에 대한 보안 유지를 위해 다양한 시스템을 운영하고 있다. 필자의 경우 각각의 피해자에게 번호를 부여하는 것을 선호한다. 이러한 이유로 이 책의 대화/서사 부분에서는 피해자의 이름 대신 숫자를 사용하여 피해자를 특정하였다. 그러나 "가족 내"에서 일어난 성 범죄로, 모든 구성원들이 이미 서로를 알고 있고, 복수의 피해자가 존재하는 사건들의 경우에는 주요 피해자에게 보안 번호를 부여한 후 범죄 보고서에 그 번호를 기재할 때 "피해자" 부분에 숫자와 피해자의 이름을 적었다.: 예시 "97 – 123 – 빌". 이러한 방식으로 보고서를 작성하면 피해자의 개인 정보를 누설하지 않으면서 요원들이 빠르게 피해자의 정보출처를 파악하고 피해자를 구별할 수 있어 새로운 기밀 유지 법안을 준수할 수 있다.

2-7세 피해자 면담하기

아동의 언어능력의 한계와 상관없이 아주 어린 아동들로부터도 많은 양의 정보를 얻을 수 있다. 아주 어린 유아피해자 면담은 나이차로 인한 사소한 차이를 제외한다면 기술적인 면에서는 기본적으로 더 높은 연령대의 아동 면담과 비슷하다. 다만 두 살짜리 유아를 대할 때는 주의력의 주기가 짧은 것을 고려하여 휴식을 더 자주 취해 주어야 한다. 하지만 유아의 진술만으로는 범죄성립이 불가능하다. 아이가 유치원 교육을 받았거나 나이에 비해 성숙하다면 확실히 보다 많은 정보를 얻을 수 있겠지만, 아주 어린 아이가 증인 자격을 얻는 것에는 언제나 제한이 따른다.

성공적인 형사기소는 증언과 물적 증거에 기초한다. 실제로 사건을 목격했거나 아동이나 용의자의 자발적인 진술을 들은 목격자를 확인하고 면담하는 것은 매우 중요하다. 또한 검증받은 의료진에 의한 의학적 검사는 범죄요소 확립에 매우 중요한 역할을 한다.

또한 성추행 피해 아동들은 그들에게 일어난 일이 *트라우마*가 되어 비언어적인 증상이 발현되기도 하는데 화장실 교육을 받은 아이가 트라우마로 인해 야뇨증을 보이는 것이 이러한 한 예이다. 다르게는 반복적인 악몽을 꾸게 될 수도 있고 범죄자로부터 스스로를 지키기 위해 침대나 방문에 박제된 동물들을 놓아두는 형태의 방어기제가 나타날 수도 있다. 혹은 유모에게 가기를 거부하거나 과거에는 즐겨 가곤 했던 친척 방문을 꺼려하는 형태로 나타나기도 한다.

주의는 기울이되 이러한 행동에 대해 섣부른 판단을 하는 것은 금물이다. 이러한 행동 중 어느 것 하나도 아이가 학대당했다는 것을 증명할 수 없고 이러한 행동변화의 기저에 다른 원인이 있을 수 있기 때문이다. 조사자는 아이의 가족에게 이러한 행동변화가 나타난 적이 있는지 질문해야 하며, 그러한 행동변화가 있었다면 그 동안 아이가 했던 진술들을 모두 보고서에 포함시켜야 한다.

배경정보

나는 사건이 발생했을 때 배경정보 없이 면담을 한 적이 없다. 이 정보들은 보통 아이의 부모, 학교 교사, 간호사, 의사, 사회복지사 또는 아이와 이미 접촉을 한 적이 있는 사람으로부터 나오게 되는데, 일반적으로 아이는 당신이 알기 전에 이들 중 한 사람에게 말했을 것이다. 의붓아버지와 목욕을 할 때 "중요한 곳"을 만진 적이 있다고 학교 교사에게 말하는 것처럼 말이다. 이러한 정보는 당신에게 매우 가치있는 시작점을 제공한다. 용의자의 신원이 특정되고 아이가 이차적으로 접촉한 사람에게 준 정보로 추행의 정도에 대해 생각할 수 있다.

가장 전형적인 배경정보는 부모가 동석한 면담에서 나온다. 이 경우 아동은 부모에게 피해사실에 대해 이야기하고 당신은 실제 용의자의 신원 파악을 포함하여 피해 범주에 대한 보다 나은 정보를 얻을 수 있다. 범인의 이름이나 나이, 주소, 외모 등과 같은 배경정보들은 부모를 통해 얻을 수 있다.

이 정보들이 매우 가치있지만, 한편으로 당신은 아이가 아닌 제 삼자에게서 얻은 진술을 기초로 하여 피해 아동을 유도하지 않도록 주의를 기울여야 한다. 이는 배경정보를 확인한 사람이 성 범죄 피해자 면담을 위한 기술이 있거나 훈련된 사람이 아닌 경우 아동이 말하는 것에 자신의 해석을 덧붙여 진술하는 경우가 빈번하기 때문이다. 배경정보를 확인한 사람이 추행이 옷을 입은 상태에서 이루어졌는지 아니면 맨 살에서 이루어졌는지, 한 번이었는지 여러 번이었는지와 같은 문제를 명확히 확인했을지 확신할 수 없다.

　나는 두 가지 이유에서 아동과 면담을 한 후 성인을 면담하는 것을 선호한다. 첫째는 성인이 제공한 정보를 바탕으로 아이를 유도했다는 인식을 제거함으로써 아이와의 면담이 "깨끗"해 질 수 있기 때문이다. 둘째로 아동과의 면담에서 "모든 정보"를 얻었을 때는 성인과의 면담을 통해 상세한 진술을 들을 필요가 없어지기 때문이다. 이러한 경우 성인에게서는 간단하고 개략적인 진술만 얻는 것으로 충분하다(여기에서 예외가 되는 것은 아이가 새로운 사항을 진술하는 경우인데 이는 추후에 논의하도록 한다).

SFS을 사용한 아이와의 첫 번째 접촉

　2-7세의 아이들은 세상을 있는 그대로 받아들인다. 당신이 누구인지, 왜 아이와 이야기를 하려고 하는 지에 대해 길게 설명할 필요가 없다. 이런 정보들은 대개 아이가 이해하기에는 너무 복잡하기 때문에 이를 설명하는 것은 시간낭비일 뿐이다. 이보다는 아이와 직접 접촉하여 라포를 형성하는 과정이 훨씬 더 중요하므로 아이와 대화할 수 있는 제한된 시간을 낭비하지 않아야 한다.

　아이와 접촉하는 즉시 "하이파이브"를 하는 것은 최고의 방법이다. 내가 만난 모든 아이들(천 명이 넘는)은 누군가와 하이파이브를 하는 것의 의미를 이해하고 있었다. 만약 모른다고 해도 하이파이브를 가르치는 것은 매우 간단하다.

　다음으로 해야 할 것은 "몇 살이니?"라고 묻는 것이다. 아이의 반응이 어떠하든 아이가 "같은 나이대의 보통 아이들 보다 훨씬 크게" 보인다고 말해주어야 한다. 심리적인 이유에서 아이들은 그들이 같은 나이대의 다른 아이들보다 스스로가 더 크다고(혹은 더 똑똑하거나, 더 귀엽거나, 더 빠르다고) 인지하는 경향이 있다. 나는 내 진술에서 필요한 개념들을 간단히 강화함과 동시에 아이들에게는 자신감을 준다.

　유치원에 다니는 지 물어볼 수도 있다. 유치원 정보는 당신이 앞으로 쉽게 아이와 라포를 형성할 수 있도록 해주는 데 있어 매우 유용할 수 있다. 유치원에 다니는 모든 아이들은 성인과 일대일로 그림을 그리거나 학습하는 활동들을 해 왔다.

면담을 위한 물리적 세팅

경험에 미루어 보면, 식탁은 면담하기에 최적의 장소이다. 대부분의 가정에서 식탁은 식사만 하는 곳이 아닌 대부분의 가정사가 일어나는 장소이다. 당신은 식탁에 앉아 필기할 수 있으며 아이는 편안하게 앉아 자연스러운 환경에서 어른과 대화할 수 있다.

통상적인 믿음과 달리, "아동 친화적인 환경"은 수사와 관련된 사실 정보를 확보하는데 전혀 도움이 되지 않는다. 아동 친화적인 환경이 치료목적이나 학교환경을 위해서는 매우 좋으나 "어떤 일이 일어났는지"와 같은 사실에 기반한 면담 유형을 수행하기에는 적합하지 않으며, 주방의 식탁이 안정된 토론을 하기에 최적의 장소이다.

면담을 할 때 테이블을 사이에 두고 아이와 마주보며 앉지 않도록 해야 한다. 아이를 식탁의 맞은 편에 앉히면 당신과 아이 사이에 인위적인 장벽이 생기게 된다. *대신 테이블의 모서리에 앉도록 하라.* 당신이 오른손잡이라면 당신의 왼쪽 90도 방향에 아이가 오게 앉도록 하라. 이렇게 하면 당신이 하는 것을 보는 아이의 시선을 막지 않고 아이와 함께 글을 쓰거나 그림을 그릴 수 있다. 당신이 왼손을 주로 쓰는 사람이라면? 테이블의 모서리에 앉아 방향만 바꾸면 된다(아래의 사진을 참조할 것).

아이와 가까이 앉거나 아이가 당신의 제복을 만지는 것을 두려워하지 마라. 이 연령대의 아이들은 본능적으로 호기심이 많고 아이가 만졌다고 해서 당신의 제복이 망가지지는 않는다. 아이와 좋은 관계를 만들면 면담이 끝날 때까지 아이는 당신의 무릎에 앉아 당신이 사건의 실체를 이끌어 내는 것을 도울 것이다.

▼ 그림 1 아동 면담 시 자석 배치

만약 아이가 면담을 하는 동안 부모와 배석하기를 원한다면 이는 받아들여도 된다. 다만 부모 중 1명으로 제한을 두어야 하며 다른 아동이나 가족구성원으로부터 면담을 방해받지 않도록 주의해야 한다.

라포 형성

라포 형성은 매우 간단히 할 수 있다. 수사보고서나 교통사고 보고서의 도표문서, 혹은 어떤 것이든 그림을 그릴 수 있을 만큼 충분한 여백이 있는 보통의 종이를 준비하라. 이제 당신은 아이와 함께 "안정감 쌓기" 활동을 시작할 수 있다.

아이에게 "손 따라 그리기"의 방법을 아는지 물어보라. 만약 아이가 유치원에 다녔다면 이미 여러 번의 경험이 있을 것이다. 만약 아니라면 쉽게 가르칠 수 있다. 먼저 종이 위에 아이의 손을 올려놓고 펜으로 아이의 손가락의 윤곽을 따라 그린다. 그런 다음, 아이가 같은 종이 위에 당신의 손의 윤곽을 따라 그리

▼ 그림 2 손 그림 그리기

도록 한다. 만약 아이가 아주 어리다면 아이가 당신의 손을 잘 따라 그릴 수 있도록 펜을 잡아 주어야 한다. 이 그림들은 다소 조잡할 수 있으나 미술관에 제출할 목적으로 그리는 것이 아니다. 이는 매우 단순하지만 엄청난 결속력을 다져주는 활동이다. 이 그림은 면담이 끝나고 당신이 떠난 후 냉장고를 장식하게 될 수도 있고(아이가 보지 않을 때), 당신이 버릴 수도 있다. 그림의 운명과 상관없이 이 활동은 결속력을 강화하고 당신과 아이가 *함께 작업하는* 전 과정의 첫 시작점이다.

신체 부위 지칭하기

손 따라 그리기를 통해 아이와의 라포가 형성되었다면 당신은 보다 정교한 그리기 방법을 활용하여 신체 부위 지칭하기로 넘어갈 수 있다. 이 연령대 아동들은 어휘력에 한계가 있기 때문에 신체 부위를 지칭할 때 당신과 아이가 같은 언어를 사용하도록 정립할 필요가 있다. 이는 SFS기법을 결합시켜 다른 종이에 막대사람그림을 그리는 것으로 쉽게 할 수 있으며, 이 그림은 후에 증거로 사용될 수 있다(아래 그림 참조).

이 과정을 시작할 때 "사람을 그리는 것을 도와줄 수 있겠니?"라고 물어보라. 몇 가지 이유로 "사람들(People)"이라는 단어는 아이와 당신 사이에 즉각적인 유대감을 형성하게 한다. 아이들은 당신이 자신들의 언어를 사용한다는 것을 안다. 항상 "사람(Person)"이나 "개인(Individual)", 남자 또는 여자가 아닌 "사람들

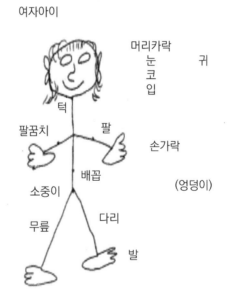

그림 3 막대사람그림으로 신체 부위 지칭하기

(People)"이라는 단어를 사용하라.

아이에게 소년 "사람"을 그릴지 소녀 "사람"을 그릴지 물어보라. 내 경험상 아이들은 대개 자신과 같은 성별을 그리기를 선택한다. 당신은 "소녀(여자 아이인 경우)"라고 라벨을 붙이고 막대모양을 그리기 시작하면 된다. 머리 모양의 큰 원을 그리면서 "나는 사람 그리기를 잘 못하거든, 웃으면 안 돼, 알았지?"라고 이야기 하라. 이 행동은 다시 한 번 아이와 당신 사이에 진정한 라포가 형성되도록 해 주고 아이와 당신이 막대사람그림을 그리며 함께 작업할 수 있게 한다.

다음으로, 큰 원에서 신체를 상징하는 선 하나를 그린다. "Y" 모양의 선으로 다리와 몸을 그리고, 양 팔을 나타내는 두 선을 그린다.

이제 당신은 아이와 함께 막대사람그림을 채우는 과정을 시작하면 된다. 그림의 맨 위에서부터 시작하여 진짜 "사람들"처럼 보이기 위해 무엇이 필요한지 아이에게 물어보라. 아이의 코를 가리키며 아이가 이해하고 있는 코의 개념이 무엇인지 알기 위해 이것이 무엇인지 아이에게 물어보아야 한다. 일단 코를 가리키며 당신은 코를 그리고 그림 옆에 "코"라고 적으면 된다. 입, 귀, 눈 등도 동일한 방식으로 진행하면 된다. 또한 이 사람을 행복한 사람으로 그릴지 슬픈 사람으로 그릴지 아이에게 물어 보아라. 만약 아이가 행복한 사람을 그리기를 원한다면 웃는 얼굴을 그려 넣고 슬픈 사람으로 그리기를 원한다면 찌푸린 얼굴을 그려 넣는다.

얼굴 아래 신체로 계속 진행해 나가며 아이가 손과 팔꿈치, 무릎, 발 등을 지칭하도록 하며 신체 각 부위 옆에 아이가 지칭한 이름을 적으면 된다. 만약 아이가 손을 "손가락"이라고 하면 옆에 "손가락"이라고 쓰고, 아이가 발을 "발가락" 또는 "신발"이라고 하면 그 단어를 옆에 써 넣는다.

손, 팔꿈치, 무릎, 발을 확인하고 나면, 배꼽 부위로 이동한다. 내가 경험한 모든 경우에서 아이들은 항상 배꼽을 "밸리버튼"이라고 말했다. 배꼽까지 확인을 한 후에는 사타구니 부분을 가리킨다. 대부분의 경우 아이가 그 부분을 어떻게 지칭하느냐에 상관없이 즉각적인 반응을 보인다. 여자 아이는 이 신체 부위를 "질", "소중이", "나비", "오줌누는 곳" 또는 다른 명칭들로 이야기할 것이다. 어떤 단어를 사용하든 그 단어를 그림 옆에 적도록 한다. 남자 아이를 면담할 경우, 남자 아이들은 "성기", "고추", "오줌누는 곳" 등으로 지칭할 것이다. 만약 아이들이 신체부위에 대해 성인들이 사용하는 용어를 쓴다면 이 또한 적은 후 성기와 관련한 용어에 대한 언급을 피하며 계속해서 면담을 진행한다.

성기에 대한 지칭이 끝나면 바로 종이를 뒤집어 사람의 몸 뒤편 같은 부위에 무엇이 있는지를 물어보라. 아이는 "엉덩이", "아래쪽"과 같은 류의 다른 용어들로 대답할 것이다. 엉덩이 부분에 대한 용어 결정을 끝낸 후엔 종이를 뒤집어 신체의 다른 부위에 대해 지칭하기를 시작하면 된다. 이 때 나는 성기에 초점이 맞추어지지 않도록 대개 목이나 뺨, 팔 등을 가리켜 아이가 다른 신체부위를 지칭하게끔 한다.

여자 아이와 면담을 할 때, 성기에 대한 언급을 다시 하고 싶다면 "남자 아이들은 이 부분에 뭘 가지고 있을까?"라고 질문하면 된다. 다행히 아이는 남자 아이의 신체부위에 대해 "성기"나 "고추" 또는 그와 유사한 용어로 지칭할 것이다. 남자 아이를 면담할 경우에도 마찬가지로 같은 부분에 여자 아이는 무엇을 가지고 있을까라고 물어보라. 남자 아이도 여자 아이의 성기에 대한 일반적인 용어들을 사용하여 대답할 것이다.

만약 아이가 신체의 은밀한 부위에 대한 가족내 명칭을 언급하기를 꺼려한다면 부모(면담에 배석한)가 아이에게 그 단어를 알려주도록 하는 것도 괜찮다. 아이는 부모가 허락한 용어로 바꾸어 나머지 신체부위에 대해 지칭하기를 계속할 것이다.

신체 부위 지칭하기가 끝나면 누가, 어떤 상황에서 만졌는지, 성기에 대한 접촉에 대해 묻는 단계로 쉽게 넘어갈 수 있다.

미리 그려진 신체도

몇몇의 경찰이나 사회복지 단체에서는 사람 모양을 미리 그려 놓은 그림을 사용한다. 이러한 그림은 SFS와 같은 방법으로 신체부위 지칭하기를 돕기 위해 활용되고 있다. 많은 다른 유형의 그림이 활용되고 있으며 해부학적으로 매우 정확한 그림도 있고 만화 캐릭터와 같은 유형의 그림도 있다.

법집행에 있어 미리 그려진 신체도의 부정적인 측면은 수사보고서와 교통 사고 문서, 차량 압류서에 더하여 나체의 사람이 그려진 그림까지 가지고 다니기에는 경찰들이 가지고 다녀야 할 물건이 너무 많다는 점이다. 또한 이 그림을 사용할 경우 아동과 경찰 사이의 자연스러운 상호작용을 할 수 없게 된다는 측면도 있다. SFS를 적용할 때처럼 아동과 면담자가 상호작용을 하지 않으면 매우 특별하고 증거로서 가치가 있는 유형의 진술을 아이로부터 얻는 기회를 잃게 될 수도 있다. 미리 그려놓은 그림에서는 모든 사람이 비슷하게 보일 수 있다.

긍정적인 측면으로는 수사면담에서 진행요소에 대한 소개를 하지 않고 신속하게 신체부위 지칭하기를 수행할 수 있다는 점이다. 한 가지 주의할 것은, 그림을 대할 때의 아동 반응을 주의 깊게 살펴야 한다는 점이다. 일부 가정에서는 어떤 형태이든 간에 나체는 나쁘거나 부끄러운 것이라고 가르친다. 따라서 만약 아이가 그림을 피하거나 갑자기 부끄러워하는 기색을 보이면 그림을 치우고 막대 그림을 그리도록 한다.

나는 미리 그려진 신체도를 사용하여 아동을 면담하는 사회복지 관계자들을 많이 만나왔다. 이러한 경우 다른 방법으로 다시 시작할 필요는 없다. 간략히 그림을 이용하여 신체부위 지칭하기를 검토하고 나머지 면담을 진행하면 된다. 기억할 것은 캘리포니아 주법상 경찰은 오직 아이로부터 들은 것과 아이로부터 직접 얻은 정보만을 예비심리에서 증언할 수 있다.

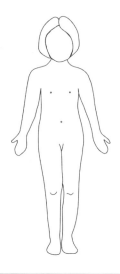

▼그림 4 미리 그려진 여자 아이의 신체도

▼그림 5 미리 그려진 남자 아이의 신체도

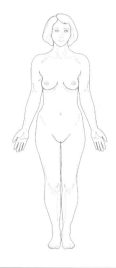

▼ **그림 6** 미리 그려진 여자 성인의 신체도

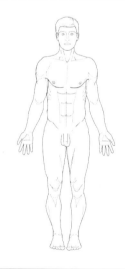

▼ **그림 7** 미리 그려진 남자 성인의 신체도

해부학적으로 정확히 표현된 인형 사용하기

몇 년 전 해부학적으로 정확히 표현된 인형을 사용하는 것이 아동면담을 하는 법집행에서 큰 인기를 끌었다. 그러나 이런 인형은 아동이 볼 수 있는 인형 가운데 유일하게 실제로 성기가 달려 있는 유형이어서 너무 선정적이라는 평가가 있었다. 그래서 아이가 대화보다 성기에 집중하는 경향을 보이고 이러한 이유들로 인해 최근 법집행에서는 해부학적으로 정확히 표현된 인형들은 거의 사용하지 않는다.

좋은 접촉 vs. 나쁜 접촉

아이가 충분히 말을 잘할 수 있다면 좋은 접촉과 나쁜 접촉의 차이에 대해 알고 있는지 물어볼 수 있다. 아이들이 명확하게 대답하지 못한다면 좋은 접촉은 안아주기처럼 보살핌과 편안함 같은 것이고 나쁜 접촉은 때리기나 꼬집기처럼 은밀하거나 아프고 불편함을 느끼게 하는 것들이라고 설명해 줄 수 있다. 그리고 아이에게 바로 "누군가 너를 나쁜 방식으로 만진 적이 있니?"라고 질문을 이어가면 된다.

증인으로서의 자격획득

증인이 진실과 거짓의 차이점에 대해 알지 못한다고 법원이 판단할 만한 어떤 근거가 있지 않는 이상 법정에서 증인으로서의 자격이 있다고 간주하는 것이 일반적인 법의 원칙이다. 때때로 법정에서는 누군가가, 대개는 피고 측 변호사인데, 아동이 진실과 거짓 또는 옳고 그름을 말하는 것의 차이에 대해 알고 표현할 수 있는 지에 대해 알고 싶어 하는 경우가 생긴다.

캘리포니아 주에서는 면담을 수행하는 경찰이 피해자 측에게 들은 것을 예비심리에서 증언할 수 있도록 허락한다(CA Code of Civil Proc. Sec.872 – 개별 주 법 참조). 당신은 법정에서 면담을 했을 때 아동이 진실과 진실이 아닌 것에 대한 개념을 정립하였다고 말할 수 있어야 한다. 매우 간단한 방법이 있다. 일반적으로 아이의 셔츠를 가리키며 무슨 색인지 물어보고 만약 셔츠가 푸른색이라면 아이에게 *"내가 이 셔츠가 푸른색이 아니라 붉은색이라고 말한다면 이건 진실일까 거짓일까?"*라고 물어본다. 아마도 아이는 *"그건 거짓말이에요,"* 라든지 *"바보같아요."* 또는 *"멍청해요."* 등의 반응을 보일 것이다. 그러면 아이에게 *"거짓을 말해야 할까, 진실을 말해야 할까?"*라고 질문한다. 아이는 *"진실을 말해야 해요."*라고 반응할 것이다. 그리고 나서 *"네가 거짓말을 할 때 어떤 일이 일어날까?"* 하고 물어보면 아이는 *"큰일나요."* 또는 *"엄마가 화낼 거에요."*라고 대답할 것이다. 이러한 방법을 사용하면 아동이 옳고 그름의 차이, 진실을 말하는 것과 거짓을 말하는 것의 차이, 그리고 거짓을 말했을 때 초래되는 결과에 대해 알고 있다는 것을 정립할 수 있다.

집중 지속 시간

아동이 어릴수록 집중할 수 있는 주기는 짧아진다. 나는 많은 면담자들이 특정 주제에 대해 아동이 집중할 수 있는 능력을 훨씬 넘어서 면담하는 것을 보아왔다. 면담자로서 당신은 아이의 한계를 이해해야 한다. 일반적으로 4-7세 사이의 유아들은 처음에는 4-8분 정도의 집중 주기를 가진다.

그 4-8분의 집중 주기가 지나게 되면 아이들이 처음처럼 집중하지 못하고 있는 것을 알아차리게 될 것이다. 이럴 때는 아이가 약 45초에서 1분 정도 성 범죄 주제에서 벗어나게 할 필요가 있다. 이 이상의 시간이 지나면 아이는 새로운 주제에 빠지고 다시 성 범죄 주제로 돌아오고 싶어 하지 않게 될 것이다(이 문제에 대해서는 다음 단락에서 보다 구체적으로 논의할 것이다).

45초에서 1분 정도 본론에서 벗어나 휴식을 가진 후 다시 본론으로 돌아가서 2-3분 정도 더 이야기할 수 있다. 2-3분간의 추가적인 면담 시간이 지나면 아이는 서서히 피곤해 할 것이고 다시 1분정도 아이를 주제로부터 벗어나게 할 필요가 있다.

주요 주제에 대한 두 번째 휴식이 지나면 아이의 집중주기가 완전히 끝나기 전 약 1분에서 2분 정도 주요 주제로 돌아가 질문을 정리할 기회가 생긴다. 아이의 집중주기가 끝난 후 계속해서 면담을 시도한다면 아이는 당신이 말하고자 하는 주제에서 완전히 벗어난 이야기를 하기 시작할 것이다. 아이들이 피로감을 느끼지 않고 똑똑하게 대답할 수 있는 능력을 넘어서지 않도록 주의하라.

접촉 횟수

면담 과정에서 당신은 몇 번의 범죄행위가 일어났는지에 대해 명확하게 해야 한다. 아이가 매우 어릴 경우, "몇 번 일어났다"는 대답대신 "많이 일어났다"라는 대답을 들을 것이다. 아이는 네 번 혹은 다섯 번 일어났다고 말할 수 있을 것이다. 만약 아이가 "다섯 번"과 같이 정확한 숫자를 이야기 한다면 아이에게 다섯 번을 세게 함으로써 숫자 개념을 이해하고 있는지에 대해 명확히 할 수 있다.

더 어린 아이들의 경우, 아이들은 "할아버지 집에 갈 때마다" 혹은 다른 말로 범죄사실에 대해 이야기할 수 있다. 이러한 시간과 숫자에 대한 개념을 명확하게 하기 위해 아이의 부모는 매 주말마다 할아버지 집에 갔었다라든지 지난 6개월 동안 격주로 주말마다 할아버지 집에 갔었다라고 이야기할 수 있어야 하는데 이는 시간에 대한 틀을 세워 향후 검사가 범죄사항들에 대해 기소할 수 있게 해 준다.

캘리포니아 주와 일부 다른 주에서는 아이의 보호자에 의해 지속적으로 성 범죄가 이루어져 개별적인 범죄사항을 알 수 없을 때 개략적인 건수로 기소할 수 있게 되어 있다. 하지만 개별적인 범죄사항을 특정하여 기소의견을 내고 기소하는 것이 훨씬 더 좋다(이 문제에 대해서는 다음 장에서 더 심도 있게 다룰 예정이다).

기간

법은 원칙적으로 용의자나 피의자가 범죄가 일어난 당일 그 곳에 없었다고 말할 수 있는 기회를 제공하도록 되어 있다. 따라서 범죄가 일어난 대략적인 시점을 가능한 한 정확하게 특정하고 압축하는 것이 중요하다. 이는 "그건 성탄절 휴가동안 일어난 일이었어요", "학교가 시작된 후 바로 일어났어요", "여름 동안 일어난 일이었어요", "해변에서 파티를 하는 동안 일어났어요" 등 아이의 말처럼 매우 간단한 일이다.

비밀

면담이 진행되는 과정에서 성 범죄 피해 사실을 비밀로 하고 싶은지에 대해 아이에게 물어보아야 한다. 만약 그렇다고 한다면 아이에게 "좋은 비밀"과 "나쁜 비밀"의 차이와 "나쁜 비밀"에 대해 말하는 것이 괜찮다는 것을 설명할 필요가 있다. 또한 당신은 "넌 곤경에 처할 거야", "할아버지를 다시는 못 보게 될거야", "경찰이 와서 널 잡아갈 거야"처럼, "나쁜 비밀"을 이야기 했을 때 일어나게 될 결과에 대해 아이가 어떤 말을 들었는지에 대해서도 질문해야 한다. 위협이 있었다면, 어떤 일이 *일어날 것인지*, 그리고 그 일들에 대해 아이가 아닌 어른들이 책임질 것이라고 설명하는 것으로 비밀을 말하는 것에 대한 아이의 공포감을 최소화 시킬 수 있다. 이로써 곤경에 처하게 될 것이라는 아이의 두려움을 해소할 수 있다.

다른 피해자들

또한 피해자에게 혹시 주위에 피해를 당한 다른 사람을 알고 있는지 물어야 한다. 때때로 아이들은 가족이나 이웃의 다른 친구들이 성추행을 당하는 것을 실제로 목격하곤 하는데 당신은 이러한 다른 피해 아동들을 파악해야 한다.

제대로 하기

아이들이 의자에 앉지 않고 당신의 무릎위에 앉는다면 당신은 제대로 하고 있는 것이다. 대개 아이들은 당신을 위해 무언가를 그리고자 하므로 새로운 종이를 주고 아이가 원하는 것을 자유롭게 그리게 하라. *절대 증거에는 낙서하지 못하게 하라*(막대사람그림은 향후 증거로 채택될 것이다).

막대그림 기법을 활용한 2-7세 아동 면담

당신은 아동 성범죄와 관련하여 "아이를 만나라"는 신고를 받는다. 아이의 어머니가 신고했으며 주말 동안 아버지의 집에서 아이가 성 범죄 피해를 입었고 용의자가 아버지의 룸메이트라고 한다.

현장에 도착했을 때 아이의 어머니는 다섯 살짜리 아이를 안고 있다. 당신은 아이와 아이의 어머니에게 다가가 "하이파이브"를 할 수 있도록 손을 내밀고 아이가 "하이파이브"를 하는 동안 아이의 나이를 물어보며 아이가 또래에 비해 얼마나 큰지 말해준다. 그리고 나서 매우 간략하게 어머니에게 용의자가 생물학적 아버지의 룸메이트이며, 며칠 전 있었던 마지막 방문기간 동안 일어났던 것이 가장 최근의 성 범죄 피해라는 배경정보를 얻는다.

아이는 세상을 있는 그대로 받아들이기 때문에 더 이상 서로의 소개는 필요하지 않다. 대신 엄마에게 아이와 식탁에서 이야기를 나누고 싶다고 간단히 말하면 된다. 앞서 설명한 바와 같이 당신과 아이는 식탁 모서리에 앉도록 자리를 배치하라.

아이의 연령대를 고려하여 면담을 하는 동안 어머니를 배석시키는 것은 무방하나 어머니는 당신과 아이의 자리 반대쪽 식탁에 앉게 하라. 절대로 아이와 마주 보지 않도록 해야 하는데 이는 매우 위협적인 자세로 아이가 당신에게 말을 하지 않게 될 가능성이 있다.

다음으로 할 일은 아이와 함께 손을 따라 그리는 것이다. 먼저 아이의 손을 따라 그린 다음 아이가 당신의 손을 따라 그리도록 한다. 수사보고서에서 이 손 따라 그리기는 "라포 형성"이라고 보고한다. 실제 손 그림을 증거로 보존할 필요는 없다.

그리고 나서 아이와 함께 막대사람그림을 그려 신체 부위를 지칭하게 한다. 보통 내가 그림을 그리지만 만약 아이가 손, 눈, 코를 그리고 싶어한다면 그렇게 하도록 하라. 이 과정을 수행하는 동안 아이가 답을 모른다면 "몰라요."라고 말해도 괜찮다고 아이에게 말해 준다. 아이들에게 이러한 선택권을 부여함으로써 "유도하지 않고, 암시하지 않는" 면담을 수행할 수 있게 된다.

이러한 방식으로 그림을 그리는 것은 아이와 당신간의 상호작용을 증진시킨다. 또한 아이가 얼마나 잘 개념을 이해하고 있는지, 아이와 이야기할 때 어떤 수준의 단어를 선택해야 할 지 알 수 있다.

이러한 초기 상호작용 단계는 성 범죄 그 자체에 대한 면담과는 아무 관련이 없다. 결과적으로 아이의 집중 주기를 침해하지 않으며 아이가 사건의 실체에 대하여 얼마나 오랫동안 이야기할 수 있을지에 대해 알아 볼 수 있다.

이제 성 범죄에 대한 실제적인 질문을 할 차례이다. 막대사람그림이 완성된 다음 "누군가가 머리카락을 만져도 괜찮은지" 아이에게 물어보라. 아이가 "네"라고 대답한다면 손을 만져도 괜찮은지 묻고 동시에 손을 뻗어 아이의 손을 만질 수 있다. 당신은 아이가 다시 "네"라고 말하기를 기대한다. 그리고 나서 막대사람그림의 성기를 가리키며 누군가가 아이의 성기를 만져도 괜찮은지 묻는다. 아이가 "아니오"라고 말한다면 아이가 적절하게 대답하는지 살피며, 발가락이나 발, 발목, 무릎 등의 다른 신체 부위를 만져도 괜찮은지 지속적으로 묻는다.

그런 다음 다시 성기부분으로 돌아가 누군가가 "그 곳"을 만진 적이 있는지 묻는다. 만약 아이가 "네"라고 한다면 누가 그랬는지 물어라. 아이는 예를 들어 빌이라고 용의자의 이름을 즉각적으로 말할 것이다. 그리고 나서 "이 사람은 어디에 사니?", "이 사람은 삼촌이나 사촌과 같은 가족이니?" 와 같이 용의자와 아이의 관계를 특정할 수 있는 질문을 하면 된다. 보통의 경우 정보를 특정하기 위한 모든 정보들을 이 연령대의 아이들에게서 얻을 수 있을 것이다.

이러한 접촉이 아이들이 하는 게임의 일부였는지, 아니면 "빌"이 진지했는지 아이에게 물어보고 만약 게임이라고 아이가 말한다면 게임의 이름이 무엇이었는지 물어본다. 보통 아이는 "진실 또는 거짓" 이나 "병원놀이"라고 대답할 것이다. 만약 "빌이 진지했다"라고 말했다면 이에 대해 아이에게 설명해 달라고 한다.

세 번째 가능성으로는 아이가 목욕하는 동안이나 옷을 갈아입히는 과정에서 접촉이 일어난 경우가 있다. 만약 그렇다면 아이에게 자세히 설명하게 한다. 종종 부모들은 아이의 성기에 대한 모든 접촉이 성추행의 한 부분이라고 간주한다. 그러나 "아이든 어른이든 성적으로 자극할 의도를 가지고" 만지는 것이 범죄의 성립 요건이다. 만약 위생상의 목적이나 목욕을 하는 과정 중에 접촉이 있었다면 범죄가 성립되지 않을 수 있다. 일반적으로 접촉의 타당한 목적이 없다면 범죄가 성립된다.

계속해서 아이에게 이 일이 "많이" 있었는지 "적게" 있었는지 물어보고 아이에게 횟수를 세어보게 하거나 얼마나 많이 추행이 일어났는지 손가락으로 보여 달라고 한다. 또 "옷을 입은 채로" 만졌는지 "둘 다 벗은 채로" 만졌는지 아이에게 물어야 한다. 아이에게 "그 일이 일어났을 때 옷을 입고 있었어? 아니면 벗고 있었어?"라고 질문하는 방식으로 물어보면 된다. 또한 그 때 용의자가 옷을 입고 있었는지 벗고 있었는지 물어본다.

　여성 피해자를 면담하는 경우 질 부위에 접촉이 있었는지 물어봐야 한다. 아이는 몸의 "외부"와 반대되는 "내부"에 대한 인식이 없기 때문에 아이가 인식하기에는 어려운 내용이다. 내가 생각하는 가장 쉬운 방법은 왼손의 검지와 가운데 손가락을 사용하여 아이의 질을 표현하고 그 다음에 다른 손의 검지를 이용

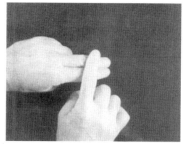

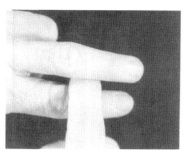

▼그림 8 손가락을 사용하여 회음부 접촉 표현하기

하여 용의자의 손이나 성기를 표현하는 것이다. 그런 다음 오른 손의 검지로 왼 손의 두 손가락 바깥을 문지르며 아이에게 "아저씨가 바깥 쪽을 만졌어?"라며 보여주거나, 검지를 두 손가락 사이에 위치시키며 "아저씨가 안쪽은 만졌니? (도 식 참조)라고 보여주는 방식이 아이에게 자기 몸의 안쪽과 바깥쪽을 이해시키는 가장 쉬운 방법이었다.

또한 아이에게 무엇으로 만졌는지에 대해 물어보아야 한다. 접촉이 손이나 성기에 의해만 일어났다고 생각하면 안 된다. 막대사람그림으로 다시 돌아가 손 을 가리키며 "빌이 손으로 너를 만졌니?" 또는 "코나 혀 또는 입이나 성기, 아니 면 발로 너를 만졌어?"라고 질문해야 한다.

지금쯤 당신은 처음 4-8분의 시간을 다 사용했을 것이다. 4-8분 "시계"는 아이가 자신의 성기를 누군가가 만졌다고 말할 때 시작한다. 이제 당신은 아이 의 증인 자격을 결정하게 될 질문을 함으로써 아이가 주제에서 잠시 벗어날 수 있게 한다.

아이의 옷을 가리키며 "네가 입고 있는 셔츠는 파란색이지?", "만약 내가 파란 색이 아니라 빨간 색 셔츠라고 한다면 그건 진실일까 거짓말일까?", "진실을 말해 야 할까, 거짓을 말해야 할까?", "네가 거짓말을 하면 어떻게 될까?" 등의 질문을 하라. 증인자격을 획득하기 위한 질문 시간은 약 1분 정도로 하라. 아이의 생각을 성추행면담으로부터 잠시 떨어지게 하는 것으로 충분하며, 다른 주제에 너무 집 중하게 되어 원래의 주제로 돌아오지 못하게 되는 일이 없도록 해야 한다.

이제 용의자가 나체였는지에 대해 파악할 차례이다. 아이에게 "아저씨가 옷 을 입고 있었어? 아니면 벗고 있었어?"라고 질문하고 용의자가 나체였다면 아이 가 용의자의 성기를 보았는지 물어보면 된다. 만약 성기를 보았다고 대답한다면 성기가 발기된 상태였는지 발기되지 않은 상태였는지 아이에게 물어봐야 하는 데 이는 매우 중요한 사안으로 이를 통해 성적인 의도가 있었는지를 파악할 수 있다. 만약 용의자가 아주 어린 아이 앞에서 발기된 상태로 서 있었다고 한다면 이는 명백히 성적의도가 있었음을 나타낸다. 다시 한번, 강조하자면 이것은 아 이와 함께 증명해야 한다. 검지로 고리모양을 만들어 아이에게 보여준 후 "아저 씨 성기가 이렇게 구부러져 있었어?, 아니면 곧게 뻗어 있었어?"라고 물으며 손 가락을 구부렸다 펴서 발기되지 않은 성기와 발기된 성기를 묘사한다. 대개의

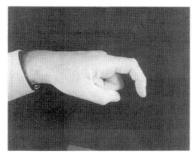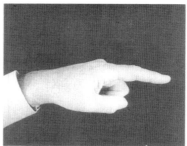

▼ 그림 9 손가락을 이용하여 발기여부를 표현하기

경우 아이는 성기가 곧게 뻗어 있었다고 말할 것이다.

또 다른 방법은 양 검지 손가락을 이용하여 용의자의 성기의 크기를 나타내며 "그게 이 정도로 진짜 작아?"(양 검지의 간격을 가까이 하며) 또는 "그게 진짜 그렇게 커?"(양 검지의 간격을 수 피트 벌리며)라고 묻는 것이다. 이 개념을 이해할 수 있을 만한 연령이 되었다면 대부분의 경우 아이는 용의자의 성기의 대략적인 길이만큼 자신의 두 검지의 간격을 벌릴 것이다. 그리고 나면 막대사람그림이 있는 종이 위에 아이의 두 손가락을 놓고 그 간격을 측정하여 용의자의 성기의 크기를 파악한다(아래 그림 10 참조).

당신은 아이에게 용의자의 성기의 모양이 어떻게 생겼는지 그리도록 할 것이다. 나는 여러 번 이 방법을 사용하였는데 용의자의 성기에 대해 놀랄 만큼 정

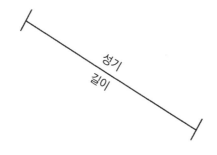

▼ 그림 10 추정된 성기의 길이 그림

확한 표현들을 얻었다. 이 그림은 증거로서 보관해야 한다.

이런 방식은 종종 매우 흥미로운 증거품을 만들어낸다. 나는 아이들이 용의자의 성기를 매우 짧고 구부러진 모습으로 그린 것을 보았는데 나중에서야 용의자의 성기가 아이의 그림처럼 태어날 때부터 보기 흉했으며 실제로 기형임을 알게 되었다. 또한 아이는 성기 주변의 문신이나 흉터 같은 것들도 그릴 수 있다. 이는 모든 사람의 몸이 똑같이 보일 수 있는 미리 그려진 신체 그림을 사용하지 않고 막대사람그림을 그리며 아이와의 상호작용을 함으로써 얻을 수 있는 이점 중 하나이다.

좀 더 높은 연령의 아이는 용의자의 성기에 대하여 보다 상세한 정보를 줄 수 있는데 이 주제에 대해 면담하는 데에 가장 많은 시간을 할애하도록 해야 한다.

이 때 아이는 대개 다시 피곤해 하고 집중력을 잃기 시작할 것이다. 그렇다면 아이가 잠시 주제로부터 벗어나게 한다. 휴식을 가진다는 것은 아이의 가족에 대해 물어볼 수 있는 좋은 기회가 된다. 특히 형제와 자매는 몇 명인지, 형제, 자매들이 나이가 많은지 적은지, 이름은 무엇인지, 어머니나 아버지, 이모나 고모 혹은 삼촌 등 같이 사는 사람이 있는지에 대해 물어보라. 이런 유형의 질문은 아이가 다시 성추행에 대한 주제로 돌아오기 전, 1분에서 2분정도 지속하는 것이 적당하며 그 이상 지속될 경우 "아이의 주의를 되돌리지 못하게 되는" 결과로 이어질 수 있다.

자, 이제 당신은 성추행 주제로 돌아가 대략 1분에서 2분 정도 아이에게 '정리' 질문을 할 수 있는 마지막 기회를 가진다. 이러한 질문들은 대개 성추행이 실제로 일어난 장소와 시간에 대한 묘사로 이루어져 있다. 어떤 방에서 사건이 일어났는지, 그 곳이 욕실인지 부엌인지 거실인지, 사건이 일어난 시점이 낮이었는지 밤이었는지, 주말이었는지 주중이었는지, 다른 사람이 있었는지, 사건이 일어난 곳이 침대 위였는지, 바닥이었는지, 아니면 의자였는지 등에 대해 아이에게 물어보라(어린 아이들에게는 짧고 간단하게 대답할 수 있게 폐쇄형 질문으로, 한 두 정도의 단어로 대답할 수 있는 것이 적합하다).

이 질문들은 매우 중요하다. 아이가 성추행을 당했다면 실제 추행을 둘러싼 환경과 관련하여 세부적인 정보를 어느 정도 줄 수 있어야 한다. 이는 아주 간단한데, 용의자가 들어왔을 때 침대에 누워있었는데 이불을 걷어낸 후 쓰다듬었다 정도의 아동 진술이면 된다. 단순히 아이가 자기 몸에서 이불을 걷어냈다라고 말하는 것도 아이가 사건이 일어났을 때 실제로 그 곳에 있었으며, 사건에 대해 사실에 기반한 세부내용을 말하고 있다는 것을 확고히 할 수 있는 구체적인 정보가 될 수 있다.

　아이와 함께 할 수 있는 실질적인 면담 시간은 이것으로 끝났다. 이제 아이는 주제와 상관없이 지루해 할 것이며, 그저 놀거나 그림을 그리고 싶어 할 것이다. 지금부터는 용의자를 보다 더 파악하기 위해 아이의 어머니에게 추가적으로 용의자 파악질문을 하여 용의자가 얼마나 오랫동안 아이 아버지와 룸메이트로 지내왔는지, 그에 대해 얼마나 잘 알고 있는지, 용의자의 직장은 어디이고 전화번호는 무엇인지에 대해 파악한다. 여러분의 편의를 위해 종합 면담 체크 리스트를 포함시켰다(그림 11 참조).

허위 신고

　이 연령대의 아이들에게서 가끔씩 허위 신고가 들어온다. 일반적으로 허위신고는 한쪽 부모와 양육권 분쟁 중에 있는 다른 한쪽 부모가 아이에게 준 정보와 관련이 있다. 이 연령대의 아이들은 사실이 아닌 것을 말할 수는 있지만 거짓말을 할 수 있는 능력은 없다. 거짓말에는 모종의 목적을 가지고 사람을 속이려고 하는 의도나 거짓말을 함으로써 무언가를 얻을 수 있다는 동기가 내포되어 있다. 쉬운 예로, 만약 4살짜리 아이가 지난 밤 산타클로스가 굴뚝을 타고 내려와 크리스마스트리 아래에 선물을 놓고 떠났다라고 말한다면 이것은 거짓말을 하는 것도 아니고 동시에, 사실이라고 알고 있는 것에 대해 이야기 하고 있는 것도 아니다.

　때때로 양육권 분쟁이나 이혼 상황에서 실제로 한쪽 부모가 아이에게 성추행 사실을 꾸미도록 지시하거나 주말 방문기간 동안에 있었던 어떤 접촉에 대해 아이가 말한 것을 과장하기도 한다. 이런 유형의 경우 아이는 접촉이 "좋은 느낌"

이었는지 "나쁜 느낌"이었는지, 그 일이 낮에 일어났는지 밤에 있어났는지, 옷을 입고 있었는지 벗고 있었는지 등과 같은 성추행과 연관된 세부사항들에 대해 말하지 못한다. 당신이 아이에게 한 질문에 대한 대답이 나타나지 않는다는 점이 앞서 설명한 면담 과정이 매우 중요한 이유이다.

아이의 진술이 성인에게 오해석 된 경우를 찾아내도록 한다. 성인은 본질적으로 성추행이 없었음에도 어떤 종류의 성추행이 있었다고 상황을 오해하곤 한다. 단순한 위생상의 문제로 인한 접촉이었거나 전혀 아무 일이 없었던 경우도 있다.

몇 차례의 아동 성추행 면담을 끝내고 나면, "제대로 못한" 사건은 아픈 손가락처럼 눈에 띈다. 얼마 후면, 대개의 경우에서 아이가 성추행 사건에 대해 말하는 방법과, 성추행에 관하여 아이가 당신에게 줄 수 있어야 하는 세부내용의 유형에 대해 알게 될 것이다. 면담이 익숙하게 보아왔던 평소 기준에 부합되지 않는 것을 발견하면, 허위 신고 상황인지 의심해도 좋다. 그러면 아이의 부모에게 양육권이나 그와 관련된 다른 문제가 없는지 물어야 한다.

질문 반복하기

아이들은 어른들이 자기들보다 더 잘 안다고 생각한다. 이러한 이유 때문에 만약 아이에게 같은 질문을 반복해서 하면 아이는 자신의 대답을 틀린 것으로 간주하게 된다. 아이들은 올바른 대답을 했다면 어른이 질문하는 것을 *멈출* 것이라고 생각한다. 만약 아이에게 계속 반복해서 같은 질문을 한다면 아이는 답변을 바꿀 것이다. 이는 아이가 당신에게 거짓말을 하고 있다는 의미가 아니다; 이것은 아동 학대 순응 증후군(child abuse accommodation syndrome)의 한 부분이다(Roland Summit 박사의 광범위한 연구, 교육 및 저술 후에 만들어진 용어 - 7장 및 참고문헌 참조). 이는 어린 아이들에게는 매우 흔하게 나타나는 증상으로, 피고측 변호인이 이 증상에 대해 잘 안다면 아이가 진술을 번복하도록 계속해서 같은 질문을 반복해서 할 것이다. 면담자는 이를 분명히 인식하고 있어야 한다. 같은 질문을 몇 번이고 반복해서 하지 않도록 주의해야 하는데 이것은 아이를 혼란스럽게 하고, 상충되는 답변을 얻는 결과를 초래하게 될 것이기 때문이다.

아이가 접촉사실이 있었는지에 대해 "아니오"라고 대답한다면 어떻게 해야 할까? 대답은 간단하다. 당신이 할 일은 그저 누군가가 아이를 만졌을 때 어떻게 해야 하는지 아이에게 물어보는 것이다. 누군가가 만지려고 하면 도망쳐서 다른 사람에게 알려야 한다와 같은 안전 수칙을 아이에게 알려준다. 그리고 나서 아이가 당신에게 안전수칙을 반복해서 말하게 하고, 그런 다음, 누군가가 만진 적이 있는지 아이에게 다시 한 번 물어본다. 만약 아이가 "아니오"라고 대답한다면 그것으로 면담을 끝내면 된다. "아니오"가 훨씬 더 좋은 대답이라는 것을 기억하라. 아이가 성추행을 당하지 않았다는 사실을 알게 되는 것이 성추행을 당했다는 것을 알게 되는 것보다 훨씬 낫다. 이 방법은 성추행이 실제로 일어났는지 일어나지 않았는지를 파악하도록 설계되었다.

음성 녹음/비디오 녹화

개인적으로 아이든 어른이든 피해자 면담을 녹음하거나 녹화하여 저장할 필요는 없다고 생각한다. 법률상 어떤 것도 녹음하거나 녹화할 필요가 없다. 경찰들은 통상적으로 절도피해자나 강도피해자와의 면담을 녹화하지 않으며, 왜 아동 성추행 피해자와의 면담을 녹음해야 하는지 개인적으로 이해할 수 없다. 이와 관련하며 여러 가지 다른 선택지가 있고 일부 기관, 특히 사회복지 기관에서는 녹화를 하는 것이 옳다고 여겨지지만 개인적으로 나는 이것이 도움이 되기보다 오히려 방해가 된다고 생각한다.

처음 아동 피해자를 녹화하거나 녹음하게 된 것은 보호 기관과 보호 구치 기관, 그리고 사회복지 기관을 거치는 동안 아이가 매번 다른 사람과 여러 번에 걸쳐 면담을 할 필요가 없도록 하기 위한 것이었다. 그러나 실제로는 그렇지 않다. 면담자가 *모든 정보를 제대로, 첫 면담에서 획득* 한다면 성추행이 일어난 곳의 세부정보로 충분하다. 면담을 녹화함으로써 오히려 피고측 변호인에게 도움을 주기도 한다. 일부기관에서는 통상적으로 성추행피해 아동들과의 면담을 녹화하고 녹음시작했기 때문에 녹화나 녹음을 하는 것이 표준 절차이며 그렇게 해야 할 법적인 이유가 있다고 생각하기 쉬우나 이는 사실이 아니다.

피해 아동과의 면담을 녹화·녹음하고자 하는 발상은 법집행 과정에서 실시되어온 잘못된 면담에 대한 일종의 반사반응에서 비롯되었다. 이는 아이와의 면담을 기록하는 등의 기술을 사용하면 아이와의 면담이 다소 용이해질 것이라는 발상이었다. 그러나 현실에서는 잘못된 면담이 기록으로 남겨졌을 때 상황을 더 악화시킬 수 있다. 아이와의 면담에서 앞서 개략적으로 설명한 공식을 잘 따라하기만 해도 아이에게서 필요한 *모든 정보를 제대로, 첫 면담에서* 얻을 수 있을 것이므로 녹화나 녹음은 전혀 필요하지 않다.

나는 몇몇 사람들이 비디오 녹화로 용의자를 압박하여 범죄를 자백하도록 한 성공담에 대해 들은 적이 있다. 그 이야기도 사실이라고 생각한다. 그러나 나는 녹화된 자료 없이도 용의자가 범죄사실을 자백하도록 한 수많은 성공 사례를 가지고 있다. 또한 녹음 장비가 고장난다거나 면담자가 메모하는 것을 잊어버리고, 면담 자체에 대해 정확하게 기억을 못하는 등의 몇몇 참담한 이야기도 알고 있는데 이는 테이프가 면담을 기록할 것이라는 생각때문이다.

나는 아동친화적인 환경에서 이루어진 아동면담 녹화자료도 많이 보아왔다. 그 중 가장 기억에 남는 건 양아버지로부터 수년간 수차례에 걸쳐 성추행을 당한 10대 소녀와의 면담이었다. 그 아동친화적인 환경은 면담을 수행한 경찰서에서 개발한 것으로 바닥에 커다란 시계가 있는 면담실 안에 빈백 의자 두 개가 놓여 있었는데, 카메라는 면담실 건너편에서 면담을 기록할 수 있게 되어 있다. 면담자와 아이는 시계를 사이에 두고 시계의 양 끝에 놓여진 어설픈 빈백 의자에 앉아 있어야 했다. 면담자가 과체중 때문에 빈백 의자에 앉는 것에 곤경을 겪고 있는 것과, 여자 아이가 옷이 말려올라가는 것이 화면에 나오지 않도록 다리를 꼬는 데 면담시간의 대부분을 낭비하고 있는 것을 녹화된 비디오에서 고스란히 확인할 수 있었다. 또한 시계를 사이에 두고 있었기 때문에 면담자와 아이는 상호작용을 전혀 할 수 없었을 뿐만 아니라 면담자가 메모를 할 수 있는 방법도 없었다.

　이 책에 기술된 방법을 믿어라. 식탁에 앉아 막대사람그림 기법을 사용하여 필요한 모든 정보를 얻어라. 그렇게 하면, 녹화를 통해 면담을 개선할 수 있다고 생각하는 사람보다 몇 년 이상 앞서게 될 것이다.

사회복지 기관과의 협업

　가끔 사회복지사가 당신과 같이 면담을 하기 위하여 집이나 학교로 찾아오는 경우가 생길 수 있다. 이는 받아들여도 무방하다. 면담에서 사회복지사를 배제시킬 필요는 없다. 나는 사회복지사가 법정에서 반대되는 진술을 하는 것을 본 적이 없다. 그러나 한편으로는 수사관이 면담의 책임자이고, 수사 정보를 획득함에 있어 일차적인 책임이 있으며, 어떤 식의 범죄보고서를 작성할 것인지에 대한 결정을 내려야 한다는 사실을 명심해야 한다. 수사관은 아이를 보호시설에 넣을 것인지, 체포가 필요한지 또한 결정해야 한다. 사회복지사도 이러한 결정에 어느 정도 관여는 하지만, 최종적인 결정을 내리고 책임을 지는 것은 수사관이다. 한편, 사회복지사들과 팀을 이루어 면담을 할 경우 약간의 사교능력을 발휘하는 것이 도움이 된다.

보호 관리

　캘리포니아 주 복지기관코드 300항(개별 주 법을 참조할 것)을 보면 아이를 어떠한 상황에서, 어떻게 보호 관리 시설에 맡길 지에 대해 자세하게 설명되어 있다. 아이를 보호하기 위해 보호관리를 결정하였다면 부서의 절차에 따라야 한다. 보통의 경우 당신은 간단한 신청서를 작성한 다음 그 양식에 보고서를 첨부하거나, 아동이 도착하고 나서 몇 시간 이내에 위탁 시설로 팩스나 메일을 보내면 된다.

아이를 보호 관리 시설로 보내는 것은 아이가 집에서 안전할 수 있는지 없는지 여부에 근거하여 결정한다. 아이가 가족 내에서 성추행을 당한 경우, 용의자를 체포하여 집으로부터 격리시킴으로써 아이의 안전을 보장할 수 있을 것이다. 그러나 용의자가 보석금이나 서약서를 내고 석방될 수 있기 때문에, 이는 간단한 문제는 아니다.

가족 내 성추행의 경우 문제는 추행을 하지 않은 부모가 아이를 보호하기 위한 적절한 조치를 취하지 않는 경우가 빈번하게 발생한다는 점이다. 근친상간이 일어난 상황에서 아내가 아이로 하여금 진술을 번복하도록 강요하고, 용의자가 "다시는 그런 짓을 하지 않겠다."라고 약속하며 그를 다시 집에 데려오기 위해 노력하는 것은 흔한 일이다. 부모가 아이를 보호할 것인지 그렇지 않을지 평가해야 한다. 이를 평가하는 방법은 추행이 폭로되고 난 후 부모가 아이를 보호하기 위해 어떤 조치를 취했는지 파악하는 것이다. 아이의 어머니가 남편을 내쫓은 후 현관 비밀번호를 변경하고 돌아오면 죽여버리겠다고 위협하며 아이를 보호했다면, 그 어머니는 아이를 보호하기 위한 조치를 취했다고 판단할 수 있다. 그러나 어머니가 아무런 조치도 취하지 않고 아이에게 "우리만의 작은 비밀"을 지키자고 말하고, 용의자가 아이와 성관계를 가질 때 들어온 것에 대해 사과하는 경우라면, 용의자가 구금되어 있다고 해도 부모가 아이를 보호하기 위한 어떠한 적절한 조치도 취하지 않은 것으로 판단할 수 있다.

근친상간 사건에서는 보통, 아이를 보호 관리 처분하고, 사회복지사가 가족 내의 역학 관계에 대해 심도있는 평가를 하게 한 후 아이를 집에 돌려보낼지 말지 결정하는 것이 최선이다.

일반적으로 보호 관리 시설과 사회복지 기관은 아이를 소개하기에는 매우 복잡하고 관료적인 환경을 가지고 있다. 다행히도 대부분의 위탁가정 시설은 아이를 위해서도 좋은 환경을 가지고 있다. 하지만 아이의 보호 관리를 둘러싼 법적 투쟁은 매우 지루하고 복잡하며 이 책의 범위 밖에 있다.

필요한 모든 정보를, 제대로, 첫 면담에서 얻었다면 당신은 성추행당한 아이

를 위해 최선을 다했다고 충분히 말할 수 있다. 사건에 대해 가능한 한 철저하고 정확하게 문서화하는 것이 아이를 보호하기 위해 경찰관으로서 할 수 있는 당신의 최선이다. 경찰로 근무했던 모든 기간 동안, 나는 피고측의 편에 서서 소년 법원에서 증언한 적이 단 한 번도 없다. 당신과 내가 쓴 수사보고서는 아이들에게 일어난 일에 대한 "증언"이 될 것이다. 일을 적절하게 처리하지 않고 실제 일어난 일에 대하여 제대로 문서화하지 못한다면 아이는 학대받는 환경으로 되돌아가게 된다. 반면, 모든 *정보를, 제대로, 첫 면담에서* 얻었다면, 아이가 학대받는 환경으로 돌아가지 않을 수 있도록 최선을 다한 것이다.

이 절차에 따라 면담을 하게 되면 이 연령대의 아이들이 성추행 사건에 대해 이야기할 수 있게 한다. 이 기술은 또한 성추행이 일어나지 않은 경우에도 똑같이 적용할 수 있다.

ASAV: 성폭행 피해자 검사

"ASAV[1])"는 성폭행 피해자 검사의 약자이다. 이 검사는 성폭행 의혹이 제기되었을 때 보통 병원이나 간호사가 성적 피해의 외상 정도를 판단하기 위해 사용하는 것으로 의료검사를 통해 질과 항문의 신체적 증거를 발견할 수 있다.

언제 경찰이 아이의 질 검사를 하는 것이 적절할까? *절대 해서는 안된다! 경찰이 성추행을 당한 아이의 성기를 검사할 이유가 전혀 없다.* 지나치게 일반화시킨 것처럼 들릴 수도 있지만 홍조나 통증, 민감함 또는 붓기와 같이 추행에 관한 아이의 진술을 뒷받침 할 수 있는 어떤 증거가 있는지 알아내기 위해 3-4세 아동에게 질검사를 실시했던 경찰들의 보고서를 수년간 읽어왔다. *이는 전적으로 부적절한 행위이다.*

이러한 경우 의료계가 발칵 "뒤집히게" 될 뿐만 아니라 경찰은 우리가 아이

---

1) ASAV: Alleged sexual assault victim examination.

의 성기를 만졌다는 이유로 누군가를 감옥에 보내려고 하는 사람이 저지른 짓과 완전히 똑같은 짓을 하게 되는 것이다.

아이의 질에 대한 의학적 검사는 실질적으로 아이 성기의 내부 구조에 대한 검사이다. 음순이나 질과 같은 외부의 홍조는 성추행 사건에서 대개 아무런 의미가 없고, 외음순이 붉어지고 민감해지거나 붓는 이유는 매우 다양하며 대부분은 성추행과 아무런 관련이 없다.

자격을 갖춘 의료전문가들은 ASAV를 실시할 때, 질의 내부구조를 보고 처녀막 원형의 두께와 열상, 찰과상 등을 확인하고자 하며, 질 확대경을 사용하여 성기 내부를 확대하여 검사한다. 의료전문가들은 그들이 보고 있는 것이 성추행의 증거인지 일반적인 것인지에 대한 전문가 의견을 제시할 수 있는 의학적 지식을 갖추고 있다. 의사들은 아이의 처녀막이 눈송이와 같다고 말한다. 각각의 처녀막은 모두 다르게 생겼으며 파손된 것인지 아닌지를 구별하기 위해서는 전문가가 필요하다. 그리고 아동 성추행사건에서는 성기나 항문에 대한 삽입 없이 단순 애무만 있었던 경우도 많기 때문에 증거가 남지 않거나 ASAV 검사를 통해 물리적인 결과를 도출해내지 못하는 일이 비일비재하다. 그러나 한편, 음성반응이 나왔다고 해서 성추행이 일어나지 않았다는 것을 의미하지는 않는다.

추행을 당한 아이의 부모와 이야기를 하다보면 부모들이 아이의 성기를 육안으로 관찰하였고 아이의 성기가 붉어지고 붓고, 민감해진 것을 발견하였다고 말할 때가 있다. 아이의 부모가 본 것을 보고서에 쓸 수는 있으나 외음순의 홍조 현상이 성추행에 의한 것이라고 섣불리 결론을 내어서는 안된다.

아이가 물리력에 의한 강간을 당해 피를 흘리거나 즉각적인 의학적 치료를 필요로 하는 상황에서는 아이를 응급실로 데려가 의료 처치를 받도록 한다. 응급 처치가 필요하지 않은 경우라면 강간피해자를 다루는 일반적인 절차를 따르면 된다. 보통의 경우 아이를 강간검사가 가능한 곳으로 데려가 증거가 될 수 있는 생물학적 샘플을 채취하는 절차가 포함된다.

캘리포니아 주 오렌지 카운티에서는 CAST(아동 성폭력 방지 팀) 서비스가 24시간 운영된다. 사무실은 일반적인 영업시간 동안만 운영되나 24시간 절차를 밟을 수도 있다. 이를 이용할 수 없을 때는 성인 강간 피해자를 다루는 병원으로 가서 훈련된 응급의료진이 아동 성기에 대한 법의학적 검사를 실시하여 용의자가 남긴 생물학적 증거(정액)들을 확보하고, 성기의 상처나 부상을 촬영하고 기록으로 남기면 된다. 대부분의 카운티에서는 이와 비슷한 서비스를 운영하고 있다. 조사자가 지역 내에서 이용할 수 있는 다양한 의료시설에 대해 파악하는 것은 매우 중요한 일이다.

추행이 계속되고 있고 최근 사건이 3일 혹은 그 이전에 일어난 경우라면 즉각적인 검사는 필요하지 않다. 이러한 상황에서는 면담으로 기록하고, 담당조사관이 의료 검사 여부를 결정하도록 하는 것이 최선이다.

학교에서의 면담

성추행 사건에서 아동과의 면담이 학교에서 이루어지는 경우가 있는데 대부분 사건의 경우 부모에게 동의나 허락을 구하거나 고지하지 않아도 법적으로 문제가 되지 않는다. 특히 성추행 용의자가 아이와 함께 살고 있는 사람이라면 더더욱 집이 아닌 곳에서 면담이 이루어질 필요가 있으며, 그런 의미에서 학교는 가장 이상적인 장소라고 할 수 있다.

일부 주에서는 학교당국이 학교 내 면담을 부모들에게 권고하도록 하는 법안을 마련하는 중인데, 가족 구성원 내에 용의자가 있는 경우는 예외적으로 고지를 면제하도록 규정하고 있다.

성추행 사실이 오후 늦게 알려져 아이가 사회복지사나 경찰이 학교에 도착하기 전 이미 아이가 귀가한 경우가 있다. 만약 아이가 집에서 성추행을 당한 경우라면 보통은 다음 날 아이가 등교하기를 기다린 후 학교에서 면담을 하는 편이 낫다. 이런 경우 면담 전 아이가 다시 성추행을 당할 상황이 생길 우려도 있지만, 장기적으로 아이를 보호하기 위해 필요한 정보를 얻을 수 있는 가능성을 생각한다면 다음 날까지 기다리는 것이 더 낫다.

성추행 면담이 학교에서 이루어지는 경우, 이 장에서 앞서 설명한 것과 같은 절차를 따르도록 한다.

아동 학대 보호기관에 통보하기

캘리포니아 주 법에서는 경찰이 아동학대에 대한 보고책임자로서, 아동에게 성추행, 물리적 · 정신적 학대, 방치가 있었다는 것에 대해 인지한 즉시 아동 학대 보호기관에 전화하도록 규정하고 있다. 당신은 가능한 한 빨리 아동 학대 보호기관에 전화를 한 후 아동 학대 보호기관에서 필요로 하는 기본 정보들을 전화상으로 제공해 주어야 한다. 전화를 받은 사람은 피해 아동의 이름, 주소, 생년월일, 부모에 대한 정보, 사건의 간략한 개요 등에 대한 정보를 얻고자 할 것이다. 또한 사회복지사는 사회복지기관이 즉각적으로 대응하여 당신을 만나야 할지, 아이를 보호 시설로 보내야 할지 여부에 대해서도 의견을 구할 것이다.

이 법률은 전화보고가 이루어진 후 36시간 이내에 경찰 보고서와 적절한 양식을 갖춘 사회복지기관의 보고서를 아동 학대 보호기관으로 송달할 것을 요구하고 있다(보고 요건에 대해서는 개인적으로 각주의 법률을 참고할 것). 보통, 경찰 보고서를 송달하는 업무는 형사나 기록담당자가 하게 된다. 아동 학대 보호기관은 서면을 대신하여 팩스 사본을 받을 수도 있다. 개인적으로는 팩스를 보낸 후 사본을 보관할 것을 추천한다. 더하여, 관할 구역에 따라서 전화보고를 받은 사회복지기관 직원의 이름을 문서화하도록 되어 있는 사법기관도 있다. 이는 나쁘지 않은 생각이다. 많은 주와 카운티에서 이와 비슷한 보호 체계를 시행하고 있다.

증거로서의 사진

면담을 하며 아이가 성추행 과정에서 사진이 찍힌 적이 있는 지에 대해 물어보아야 한다. 또한 성추행을 당할 때 용의자가 아이에게 아동이나 성인의 나체 사진 등 성적인 행동과 관련된 사진들을 보여 주었는지에 대해서도 물어보아야 할 것이다. 이는 매우 중요한 정보로 보통 수색 영장을 집행할 때 압수할 수 있다.

보고 사례: 2-7세의 아동 피해자

2015년 9월 15일 오후 3시에 피해자 번호 15－123(사라) 피해자가 오렌지 카운티에 있는 친부의 집에서 주말동안 성추행을 당했다는 신고를 받고, 피해자인 사라의 집에서 사라와 사라의 어머니를 만났다. 사라의 어머니는 용의자가 친부의 룸메이트인 빌 스미스라고 말하며 용의자의 신원에 대한 정보를 제공했다.

나는 식탁에 앉아 사라를 면담했다. 먼저 라포를 형성한 후 아이에게 막대사람그림 모양의 여자 아이 그림을 그리는 것을 도와달라고 하고 사라의 도움을 받아 막대사람그림을 완성했다. 함께 그림을 그리며 사라가 "나비"라고 부르는 성기 부위를 포함하여 각 신체 부분 명칭을 파악하였다. 사라는 "나쁜" 접촉과 "좋은" 접촉의 차이도 구별할 수 있었다.

사라에게 혹시 누군가가 "나쁜 방법"으로 성기부분을 만진 적이 있는지를 물었을 때 아이는 그런 사람이 있었다고 대답했고, 그 사람이 "빌"이며, 아버지와 함께 살고 있는 사람이라고 하였다. 또한 친부를 방문할 때마다 "빌"이 아이의 성기부위를 만졌다고 말했다.

계속해서 사라는 "빌"이 손을 사용하여 그녀의 질을 만졌다고 진술했다. 사라의 진술은 빌과의 접촉이 나체상태에서 일어났음을 시사하고 있는데 이는 접촉이 있기 전 빌이 사라의 옷을 벗겼기 때문이다. 나는 왼손의 검지와 중지를 사용하여 사라의 질을 표현하고 오른 손 검지로는 용의자의 손가락을 표현한 후, 오른손 검지로 왼손의 검지와 중지를 문지르며 성기의 바깥 부분을 용의자가 이런 식으로 만졌는지, 그리고 성기의 안쪽에 용의자가 손가락을 넣었는지에 사라에게 물어보았다. 아이는 용의자가 그의 성기 안으로 손가락을 넣었다고 진술했는데 "아주 조금"이라고 했다. 사라는 자신의 검지를 사용해 이를 보여주었는데 약 반인치 정도의 손가락 삽입이 있었다는 것을 알 수 있었다.

"빌"이 자신을 만졌을 때 그가 옷을 입고 있었는지 벗고 있었는지에 대해 묻자 사라는 그가 "고추"를 바지에서 끄집어낸다고 말했다. 같은 방법으로 나는 막대사람그림을 사용하여 "고추"가 그의 음경을 지칭한다는 것을 확인하였는데, 이에 더하여 아이는 그의 음경이 "똑바로 뻗은" 모양이었다고 진술하였다.

성추행이 이루어지는 동안 "빌"의 음경을 만진 적이 있는지 묻자, 사라는 그런 적이 있다고 대답했다. 볼펜을 이용하여 용의자의 음경을 나타낸 후 어떤 식으로 만졌는지 보여달라고 부탁하자 사라는 용의자가 아이의 손으로 음경을 잡게 하고 아이의 손 위에 자신의 손을 포개어 잡은 후, 음경을 잡은 아이의 손을 위아래로 움직였다고 말했다. 사라는 볼펜을 사용하여 이를 시연하며 보여주었는데 이 행위를 하는 동안 용의자의 음경에서 무엇인가 나온 것이 있는지 묻자 "하얗고 끈적이는" 것이 나왔다고 진술했다.

그런 다음 용의자의 음경의 크기를 대략적으로 알려줄 수 있는지 물으며 양 손 검지로 대략의 길이를 표현하였다. 사라가 양 손 검지를 사용하여 용의자의 성기가 얼마나 길었는지 표현하여 보여주자 나는 종이에 아이의 손가락을 그대로 가져와 놓은 후 두 손가락 사이에 선을 그렸다. 나중에 확인한 결과 길이는 약 6인치 정도였다.

용의자의 음경을 그려줄 수 있는지 묻자 사라는 그릴 수 있다고 대답한 후, 막대사람그림이 그려진 종이 뒷면에 용의자의 음경을 표현하여 그린 후 이를 "고추"라고 지칭하였는데, 자신이 "공"이라고 말했던 것도 함께 그렸다.

사라는 성추행이 용의자의 침실에서 이루어졌으며, 욕실로 데리고 가 아이가 옷 벗는 것을 도와준 다음 나체 상태에서 손으로 만졌다고 진술을 이어나갔다. 성추행이 일어나는 동안 아이의 친부는 집에 없었다고 말했는데 아버지가 가게에 있거나 일을 하고 있었다고 생각하는 듯 했다.

사라는 이 접촉이 용의자의 침대 위에서 일어났으며 침대 위에는 빨간 색의 담요나 침대덮개가 덮여있었다고 말했다. 이에 더하여 용의자가 이것은 "비밀놀이"이며 이 놀이에 대해 다른 누군가에게 말한다면 사라가 곤경에 처하게 될 것이라고 말했다는 것도 알려주었다.

이런 유형의 접촉이 몇 번이나 일어났었는지에 대해 묻자 사라는 다섯 손가락을 펴고 "아주 많이"라고 대답했는데, 이 때 배석해 있던 사라의 어머니가 남편과 6개월 전부터 별거 중이며 별거기간 동안 매주 주말마다 남편을 방문해왔다고 했다. 약 3개월 전에 "빌"이 친부의 룸메이트가 되었다고 했다.

면담을 하는 동안 아이가 진실과 거짓에 대해 알고 있는지 조사했다. 나는 사라가 푸른 색 셔츠를 입고 있었던 것에 주목하여 셔츠를 가리키며 무슨 색인지 물었는데 아이는 정확하게 푸른색이라고 대답했다. 만약 내가 파란색이 아니라 붉은 색이라고 한다면 그건 진실일지 거짓말일지 묻자 아이는 거짓말이라고 말했다. 그런 다음, 진실을 말해야 할지 거짓을 말해야 할지를 묻자 아이는 항상 진실을 말해야 한다고 말했는데, 이어서 아이에게 진실이 아닌 것을 말한다면 어떤 일이 일어날 지를 묻자 거짓말을 하면 엄마에게 혼이 난다고 대답했다.

사라는 용의자가 사진을 찍지 않았으며 다른 사람들의 사진을 본적도 없다고 말했다. 그리고 용의자가 성기부분을 손으로만 만졌으며 신체의 다른 부분으로 만진 적은 없다고도 말해 주었다.

사라가 설명한 성추행에 대한 특성만으로도, 이 사건에서는 의학적인 검사를 수행할 필요가 없다는 판단이 섰다. 나는 아동 학대 보호기관에 전화를 걸어 근무 중이던 제임스 불윙클에게 성추행 사건에 대해 보고하였다. 이 사건에서 사라는 보호시설에 가지 않았는데 나는 사라의 어머니에게 경찰 조사가 완전히 끝날 때까지 친부의 집을 더 이상 방문하지 말도록 충고하였다.

면담 체크리스트

막대사람그림 그리기 기법

주의: 이 체크리스트를 사용하기 전 막대사람그림 그리기 기법에 대해 읽고 이해할 것.

- ✓ 하이파이브/몇살이야?/ 넌 다른 아이들 보다 커 보이는구나
- ✓ 식탁 모서리에 앉기
- ✓ 손 따라 그리기
- ✓ 사람그리기
- ✓ 신체부분 지칭하기
- ✓ 답을 몰라도 상관없어
- ✓ 누가 너의 00를 만져도 괜찮아?
- ✓ 누군가가 너의 00를 만졌었니?(성기)
- ✓ 누가 무언가로 너를 만졌니?
- ✓ 게임하며 놀기 VS 진지한 행동
- ✓ 안쪽과 바깥쪽 만지는 것 보여주기
- ✓ 휴식- 진실과 거짓말
- ✓ 용의자의 옷: 입었는지 벗었는지
- ✓ 성기: 발기상태/비발기 상태
- ✓ 용의자 성기 크기 그리기(선택사항)
- ✓ 좋은 접촉과 나쁜 접촉
- ✓ 비밀(선택사항)
- ✓ 휴식- 가족구성원, 나이 등등
- ✓ 관련 세부사항: 밤/낮, 어떤 방인지, 다른 사람이 있었는지, 추가적인 피해자들, 사진

연령에 따라 집중지속시간이 다르므로 지침에 따라 휴식을 적절하게 사용할 것.

▼그림 11 면담 체크리스트

CHAPTER
03 8-12세 피해자 면담하기

8-12세 아동들은 더 어린 아동들보다 명확히 더 말을 잘하기 때문에 광범위한 라포 형성과정을 거칠 필요가 없다. 그러나 면담을 시작하기 전에 우호적이고 위협적이지 않는 관계를 만드는 것이 중요하다.

배경

이전과 마찬가지로 간단한 개요만 있으면 된다. 따라서 아동의 진술을 오염시키지 않도록 해야 한다.

자리배치

아동과의 좌석 배치는 동일해야 한다. 그러나 당신은 아동과 아주 가까이 앉고 싶지 않을 수 있으며 면담이 끝날 때쯤 아이가 당신의 무릎위에 기어다니는 것이 싫을 수 있다. 또한, 이 나이 대의 아동과 손을 따라 그리거나 신체 부위를 지칭하기 위해 막대사람그림을 그릴 필요가 없다. 그러나 아이와 몇 가지 일반적인 용어를 지칭할 필요가 있다.

용어

제가 앞서 이야기했듯이, 수사관은 아동을 위해 예비 심문에서 증언할 수 있기 때문에, 당신은 아이과 함께 보고서에 사용된 용어를 분명히 했음을 입증해야 한다. 아이가 용의자와 "성관계"를 가졌다고 말하는 것만으로는 충분하지 않다. 당신은 "성관계"가 "성교"를 의미하고, 이 용어는 용의자의 성기가 아이의 질속에 넣었다는 것을 분명히 해야 한다. 또한 "구강 성교", "남색" 또는 아동이 자신의 언어로 말한 보고서에 적은 다른 용어에 대한 정의도 확실히 해야 한다.

사회복지 기관과의 협업

아이가 가족 내 성추행 상황을 밝힌다면, 이 내용은 학교로 전달될 가능성이 크다. 범죄 수사/면담이 진행되는 동안 보호 관리 문제를 처리할 수 있도록 사회복지 기관과의 "협업"을 고려해 보는 것이 좋다.

가족이외의 용의자

아동이 오랜 기간 동안 여러 번의 성적 행위가 있었고 아직 진행 중인 성추행 상황을 밝힐 가능성이 있다. 이 나이의 아동은 학교를 다니거나 어린이 야구 리그 연습, 스카우트 또는 집 밖의 다른 활동으로 더 오랜 시간 동안 부모님의 시야에서 벗어나 있기 때문이다. 이 아이들은 방과 후 돌봄 상황에서도 추행이 발생 할 수 있다. 또한 아동과의 성관계 목적으로 입양 한 양부모에 의해 추행이 발생 할 수 있으며, 장기간 동안 발생한 여러 가지 행위를 밝힐 수 있다.

피해자/용의자 프로필

장기간의 추행 상황은 오랫동안 아무에게도 들키지 않을 수 있다. 이는 종종 피해자의 프로필과 가해자의 사람을 조정하는 천성때문이다. 통계적으로, 장기간의 성추행을 당한 아동 피해자는 가정에서 소외감을 느끼고, 정서적 욕구나 배려를 충족받지 못한다. 결과적으로, 아동은 관심을 기울일 누군가를 찾는 경향이 있다. 불행히도, 많은 경우 그들이 찾고 있는 감정적인 부분을 쓰다듬어 줄 아동 성추행범을 찾을 것이다. 어른으로부터 긍정적인 조언을 받는 대신 아이는 성적 접촉을 허용해야 한다.

앞에서 언급했듯이, 여러 유형의 성 범죄자가 있다. 읽을거리에 나열한 책들, 구체적으로는 성 범죄 프로파일과 관련된 책을 읽어 보기를 권한다. 니콜라스 그로스(Nicholas Groth)가 그의 책(*Sexual Assault of Adolescents and Child*)에서 언급한 범죄를 이해하기 위해서는 범인을 이해해야만 한다는 사실을 나는 전적으로 동의한다. 이 책의 목적을 위해, 성 범죄자는 다양한 범주와 형태로 나타난다. 모든 성별일 수도 있고, 모든 인종 및 모든 교육수준의 사람들이 존재하며, 농장에서 발견되는 것처럼 교회에서도 자주 발견될 수 있다고 말해두겠다. 그들은 보이 스카우트 지도자, 종교인, 건설 노동자, 교사 또는 경찰일 수 있다. 더 나은 수사보고서와 수사관에게 적절한 질문을 충분히 할 수 있는 필요한 정보를 제공하기 위해 가장 일반적인 범죄자 중 2명만을 후속 본문에서 상세히 논의할 것이다.

모든 범죄자의 공통점은 *감정적이며 성적 만족감을 받아들이는 취약한 아이들을 찾는 것이다.*

피해자의 성별

제 경험상 남성과 여성 피해자의 수는 동등하다. 이는 용의자가 남성과 여성 모두 추행할 수 있다는 것을 의미한다. 또는 오로지 한 성별 또는 다른 성별을 괴롭힐 수도 있다. 만약 당신이 여자 아이 중 한 명이 나서서 성추행 혐의에 대해 이야기하는 가정 내 성추행 사건을 다루고 있다면, 집에 있는 모든 여자 아이들과 이야기를 해야 한다. 또한 남자 아이들과도 이야기해야 한다. 성 범죄자는 아이들을 비성별 집단으로 보는 경향이 있다. 이것은 성 범죄자들이 아이들을 남자 아이와 여자 아이로 보지 않는다는 것을 의미한다. 그들은 하나의 그룹인 "아이들"로 본다. 이러한 이유로 아동들은 모두 취약하기 때문에 가족 내에서 성추행 사실이 드러나면 모든 성별의 아이와 면담해야 한다.

가족 역동

이 나이의 피해자들은 더 말을 잘하므로, 가족 상황의 역학관계와 자신과 용의자와의 관계에 대해 자세히 설명할 수 있다. 이것은 나중에 용의자와 면담 할 사람에게 매우 중요한 정보이다.

접촉 횟수

이 연령대의 아동은 성인과 성적으로 접촉한 횟수를 정확하고 자세히 이야기할 수 있다. 일반적으로, 당신은 마지막으로 성적 접촉이 언제 일어났는지 물어봐라. 보통 며칠 또는 면담 1−2주 전일 것이다. 그러면 당신은 첫 번째 추행이 언제였는지 물어 보아라. 그 아동은 보통 최초의 성행위가 언제 일어났는지 일반적인 시간대를 기억할 수 있다. 그런 다음 "추행이 있었을 때가 크리스마스 방학, 부활절, 학년말, 여름동안, 4학년과 5학년 사이 또는 학교가 시작된 직후, 할로윈 혹은 추수감사절이었니?"라고 질문함으로써 기간대를 묶을 수 있다.

"용의자와 약 100건의 성적 접촉"이 있었다고 말하는 것만으로는 충분하지 않다. 당신이 해야 할 일은 아이가 기억할 수 있는 각각의 사건들을 기간대 별로 묶어 실제 일어났던 일들을 상세히 묘사하도록 하는 것이다. 이를 토대로 지방검사가 이 기간대 별로 다수의 건에 대해 용의자를 기소할 수 있게 된다.

집중 지속 시간

이 나이대의 어린이에 있어서, 피곤함을 느끼거나 오랜 기간 동안 면담자에게 주의를 기울이지 못하는 것에 대해 걱정할 필요가 크게 없다. 그러나 면담이 매우 길어지면 몇 분 동안 휴식을 취하고 일어나 아이와 함께 한 바퀴 돌거나 또는 몇 분 동안 다른 주제에 대해 이야기하면서 면담의 긴장감에서 조금이나마 벗어날 수 있는 시간을 가지는 것이 좋다.

증인으로서의 자격획득

이 연령대의 어린이는 일반적으로 증인으로서의 자격을 확인 할 필요가 없다. 이 나이대의 어린이는 이미 진실을 말하는 것과 거짓을 말하는 것의 차이를 알고 있다고 가정한다. 그러나 만약 아이가 법정에서 제기될 수 있는 어떤 장애 또는 정신적인 문제가 있는 경우에는 어린 아동에게 했던 것과 마찬가지로 증인으로서의 자격을 확인해야 한다.

논의

이 연령대의 어린이에게 전화를 받게 되면, 당신은 다소 긴 면담을 하게 될 것이라고 가정하라. 적어도 45분 정도 아이와 면담을 한다고 생각하라.

아이가 이웃, 코치 또는 스카우트 지도자와 같은 가족 이외의 사람에게 성추행을 당하더라도 부모의 보호 능력을 파악하여 보호하고 가해자로부터 멀리 떨어뜨려야 한다. 종종 이 아이들은 "버려진" 아이들이다. 성추행 사건이 밝혀지면 부모는 아이를 보호하는데 최악일 수 있다. 아이가 성추행을 당한 것은 부모님의 관심 부족일 수 있다.

어린 아이에게 했던 방식으로 신체 부위를 식별할 필요는 없지만, 더 나이가 많은 아이들이 용의자의 몸이 실제로 어떻게 생겼는지에 대해 더 많은 설명을 해줄 수 있다는 가능성을 간과해서는 안 된다. 아이가 흉터, 문신, 모반 또는 기형 등을 목격하였다면, 이 정보는 성추행 혐의에 대한 매우 중요한 입증 증거이므로 아이에게 이 정보를 요청해야 한다. 또한 용의자가 아이의 사진을 찍었는지, 마지막으로 사진을 언제 보았는지, 사진을 어디에 보관하고 있는지에 대해 질문하여야 한다. 이러한 정보는 증거들을 찾을 수 있는 수색영장을 발부할 수 있게 해준다.

다른 기관으로의 통보

이런 유형의 성추행은 다른 아동 학대 혐의와 마찬가지로 아동 학대 보호기관에 보고된다. 만약 아이가 가족 내 누군가에게 추행을 당했다면, 사회복지 기관은 아이의 보호조치 여부 결정을 도와주기 위해 보통 2시간에서 몇 시간 이내로 대응할 것이다. 아이가 가정 밖에서 추행을 당한 경우에는 며칠 이내로 대응하는 경우가 많다.

접촉 횟수

이 연령대의 어린이가 성인과 성적 접촉한 실제 시간의 약 25%만 말하는 것은 드문 일이 아니다. 실제 성관계나 구강 성교가 있을 때 성적 접촉 횟수를 줄이거나 성 접촉을 최소화함으로써 성추행의 심각성을 경시하는 경향이 있다. 아이에게 무슨 일이 있었는지 모두 알아야 실제로 어떤 일이 일어났는지를 완벽하게 파악할 수 있다고 말하는 것이 중요하다. 만약 *모든 정보를 얻지* 못한다면, 당신은 법정 증언 중에 추가적인 혐의를 발견하게 될 것이다.

아이가 법정에서 당신에게 얘기한 것과 다른 일련의 성추행 사건에 대해 증언을 할 때 문제가 생긴다. 아이는 거짓말을 하는 것이 아니다; 단지 실제 일어난 일의 다른 75%를 말하고 있는 것이다. *당신이 모든 정보를, 제대로, 첫 면담에서 얻지 못한다면*, 마치 아이는 법정에서 거짓말을 하는 것처럼 보이게 된다. 이것을 아이에게 설명하는 것이 중요하다. 그래야 아이들이 처음 면담을 하는 동안 실제로 기억하고 있는 모든 것을 더 편하게 말할 수 있다.

수사보고서를 작성할 때, 아이가 이야기하지 않은 나머지 75%가 있을 수 있음을 고려해라. 보고서의 첫 부분에는 성추행에 대한 전반적인 개요를 제공하면 된다. 예를 들어 "피해자는 지난 6개월 동안 일주일에 세 번씩 용의자와 성관계를 맺었다고 말했다." 피해자가 이 기간 동안 실제 성추행 중 한두 건만 자세히 설명할 수 있다면, 당신은 아이가 구체적으로 기억할 수 있는 사건들을 더 구체화하여라. 이러한 방법이, 법정에서 아이가 면담 때보다 더 구체적으로 사건을 기억했을 때, 거짓말하는 것처럼 보이지 않는다.

허위 신고

이 연령대의 아이들은 어린 아이들만큼 어른들의 영향을 쉽게 받지 않기 때문에 허위 신고는 상대적으로 드물다. 그러나 이 아이들은 별거 중인 부모들 사이의 마찰을 잘 알고 있다. 가끔씩 다른 부모를 방문하는 것을 좋아하지 않는다고 하거나 지난 방문 때 "나쁜" 일이 있었다고 말함으로써 한 부모를 달래려고 노력할 것이다. 이 "나쁜" 일은 추행 혐의로 왜곡될 수 있으며, 이는 양육권 및/또는 방문을 종결하려거나 변경하려는 시도가 뒤 따른다. 이제 이 아이는 철회할 수 없는 "이야기"에 갇혀버린다.

면담: 8-12세 피해자

경찰은 성추행을 당했을지 모르는 9세 소년의 문제와 관련하여 초등학교의 사회복지사와 만나기로 했다. 사회복지사를 만나 그 주장에 대한 전반적인 이야기를 들어야 한다. 이렇게 함으로써, 이 면담은 오염되지 않을 것이다. 당신은 학교 관계자에게 부모들이 용의자가 될 수도 있고/또는 경찰이 아이를 보호 기관에 데려가야 할 수 있으므로 *부모님께 전화하지 말*라고 말해야 한다. 당신이 범죄 요건과 관련하여 진술을 확보하기 전에 화가 난 부모가 면담 중간에 불쑥

들어와 아이에게 *"입 다물어라"*라고 말하는 상황을 마주하고 싶지 않을 것이다.

면담을 할 수 있는 조용한 방을 찾아라. 나는 대개 큰 책상이 있는 회의실을 선호한다. 이 책상은 내가 원하는 대로 아이와 90도 방향으로 앉을 수 있게 테이블 모서리 쪽으로 자리를 배치할 수 있다. 사무실이 아닌 회의실을 이용하면 전화벨 소리에 방해받거나 누군가가 서류를 가지러 들어와 "잠깐이라도 방해"할 수 있는 가능성을 줄일 수 있다.

처음에는 아이와 너무 가까이 앉지 마라. 그리고 아이의 가족, 학교 및 외부 활동에 대한 몇 가지 간단한 질문을 통해 라포를 형성하고 아이의 언어 능력 및 성숙도를 측정하여라. 아이에게 사회복지사가 성추행 혐의에 대해 말해 주었지만, 어떤 일이 일어났는지, 다음에 무엇을 해야 하는지 알 수 있도록 더 많은 정보가 필요하다고 말해라. 성추행에 대해 물어보기 시작하면 아이에게 조금 더 가까이 다가가서 아이가 말하는 것을 메모하라. 이는 당신이 아이가 말하는 것에 관심이 있다는 것을 나타낸다. 그러나 메모는 매우 간략하게 작성해야 하며, 당신이 메모하는 동안 대화가 멈추지 않도록 해야 한다.

보통 나는 처음 어떻게 용의자를 만났고, 언제 성적 접촉이 처음 시작되었는지를 물어보는 것부터 시작한다. 그런 다음 아이에게 "내가 너를 이해한다는 것을 알았으면 해"라고 말하는데, 이는 성기와 성적인 행위에 대한 용어를 정의하는 대화로 이어지게 한다. 그런 다음 혐의의 전반적인 내용을 파악하고 보다 구체적인 세부사항/기간대를 묶는다. 나는 아이에게 궁금한 것이 있는지 물어봄으로써 대화를 마친다.

보고 사례: 8-12세의 아동 피해자

2016년 8월 23일, 11시 30분에, 나는 서니베일학교에 가서 랜디 존스라는 사회복지사를 만났다. 존스는 성추행 피해를 입고 있는 9살 소년, #16-102(라이언) 문제와 관련해 양호선생님이 전화를 했다고 했다.

라이언은 양호선생님께 매일 방과 후 자신을 돌보아주는 이웃에게 성추행을 당하고 있다고 말했다. 라이언은 추행사실을 가족들에게 말했었지만 라이언에게 "그에게 가까이 가지 마라"고만 하였고, 라이언이 용의자의 집으로 가는 것을 막지 않았다고 하였다. 나는 라이언을 사회복지사 존스와 함께 얘기할 수 있는 방으로 데려왔다. 라이언은 전형적인 9살 아이로 밝고 자신의 의사표현이 뚜렷한 아이였다.

배경 정보에 의하면, 약 1년 전 라이언의 어머니가 일을 시작하기 시작하였고, 라이언은 하교 후 이웃집에 가있기로 했다고 한다. 이웃은 라이언을 위해 오후 3시에서 6시 사이에 무료 방과 후 돌봄을 지원했다. 라이언은 페이스북에서 30대 중반의 백인 남성인 용의자를 확인해줬다.

처음 용의자는 라이언의 숙제를 도와주거나 비디오 게임을 하였다고 한다. 시간이 흐르면서, 용의자는 라이언을 자신의 무릎에 앉히고 비디오 게임을 하기 시작했다. 용의자는 옷 위로 라이언의 성기를 만지기 시작했다. 용의자가 라이언의 성기를 실제로 만지기까지 약 한 달 정도 걸렸다.

라이언은 성적 접촉이 진행되면서 자신과 용의자 둘 다 거실에서 옷을 벗었고 가끔식 용의자의 침실에서도 옷을 벗었다고 했다. 그리고 나서 서로 구강 성교를 해주고 서로 애무를 해주었다고 했다. 라이언은 처음에는 용의자가 "자위하는 법"을 가르쳐 준다고 하였다고 한다. 용의자는 라이언 앞에서 옷을 벗고 사정할 때까지 자위를 하였다. 그리고 나서 용의자는 라인언의 옷을 벗기고 비슷한 방식으로 라이언의 성기를 만져주었다. 관계가 지속되자 용의자는 동시에 서로의 성기를 만져주자고 하였다.

그들의 성적 관계는 약 2개월 전 구강 성교를 하기 시작하는 것으로 확대되었다고 하였다. 용의자가 라이언에게 약 10번의 구강 성교를 해주었다고 했다. 약 2주전 용의자가 라이언에게 구강 성교를 부탁했고 실제로 라이언은 지난 2주 동안 구강 성교를 3번 해주었다고 했다.

라이언은 용의자와 마지막으로 한 성행위는 지난 금요일이었다고 했다. 하교 후 용의자의 집으로 갔고 용의자는 라이언을 침실로 데리고 갔다고 했다. 그때 용의자와 라이언 둘 다 옷을 벗었고 용의자는 약 10분 동안 라이언의 성기를 빨았다고 했다. 그리고 나서 용의자는 침대에 앉아서 바지를 벗고 라이언에게 자신의 성기를 빨아 달라고 했다. 라이언은 2-3분 동안 용의자의 성기를 빨아주었고 용의자가 사정할 때까지 성기를 만져주었다고 했다.

라이언은 용의자와 실제로 성적인 접촉을 한 것은 2015년 학년이 시작된 후

약 한 달반에서 두 달정도 지났을 때라고 추정하였다. 이후 1년 정도 매주 3 ─ 4번의 성행위가 있었다고 했다.

라이언은 특히 2015년 추수 감사절 후 금요일 있었던 일을 명확히 기억하고 있었다. 부모님 두 분 모두 시외에 있을 예정이었기 때문에 하루 종일 용의자의 집에서 시간을 보냈었다고 했다. 그날 용의자의 거실에서 비디오 게임을 하는 동안 용의자가 라이언에게 두 차례 애무를 해주고 라이언이 용의자에게 두 차례 애무를 해주었다고 했다.

또한 라이언은 2015년 크리스마스 방학 기간 동안 용의자와 성행위 한적이 수없이 많았다고 했다. 특히 라이언은 용의자의 집에서 저녁 시간에 일어났던 한 사건을 구체적으로 기억하고 있었다. 그날 밤 용의자의 집에서 저녁 식사를 했고, 저녁 식사 후, 용의자는 자신을 침실로 데려 갔다고 했다. 이 때 용의자는 라이언의 항문을 씻겼다. 용의자가 약 5분 동안 라이언의 성기를 빨아주었고 이후 라이언은 용의자가 사정할 때까지 애무해 주었다.

라이언은 2016년 3월, 자신의 생일날 용의자가 영화관에 데리고 가줬다고 했다. 영화관에서 돌아오는 길에 용의자는 라이언의 집에서 약 0.5마일 떨어진 패쇄된 상업지역에 주차했다. 그 어두운 상업지역에서 용의자는 라이언의 성기를 빨았고 라이언은 용의자가 사정할 때까지 애무해 주었다.

라이언은 용의자와의 성적 접촉이 학년 남은 기간 내내 그리고 2016년 여름 첫 달 동안 일주일 단위로 계속 되었다고 했다. 라이언은 용의자와의 성적 접촉이 점점 더 불편해졌고 용의자는 라이언에게 구강 성교를 더 요구했다고 한다.

라이언은 마침내 부모님께 성추행에 대해 이야기했다고 했다. 부모님은 이 문제에 대해 크게 염려하는 것 같지 않았으며, 그에게 용의자의 성적 접촉을 거부하라고만 말했다고 했다. 부모님은 라이언에게 방과 후 돌봄 서비스를 위해 용의자의 집에 계속 가라고 하며, 더 이상의 성적 접촉을 거부하라고 했다. 그 이후 라이언은 용의자의 성행위를 거부하려고 노력하였다고 한다. 그러나 라이언이 용의자에게 구강 성교를 해준 이후로 성행위는 계속 되었고 점점 더 심해졌다고 했다.

라이언은 용의자가 누드 성인 잡지책 사진을 여러 차례 보여주었다고 했다. 구강 성교 및 질과 항문 성교를 하는 사진이었다. 이성애자들의 성행위사진과 동성애자들의 성행위 사진도 있었다고 했다. 약 6개월 전 용의자는 플로로이드 사진기로 라이언의 누드 사진을 찍었다고 했다. 용의자는 이 사진들을 용의자의 침대 밑 신발 상자에 보관하고 있다고 했다. 라이언은 약 3개월 전에 이 사진들을 마지막으로 보았다고 했다.

라이언과의 면담에서 더 이상 얻을 것은 없다. 라이언의 부모가 용의자로부터 라이언을 보호하려는 의지가 없는 것으로 보이는바, 사회복지사와 나는 라이언을 보호 관리 하기로 결정했다. 라이언은 형제자매가 없으며, 당시 용의자에게 성추행을 당한 다른 아이들을 알지 못했다.

13-18세 피해자 면담하기

배경 정보

일반적으로 누군가에게 성추행 내용을 공개적으로 밝히는 것을 꺼려하기 때문에 어린 아동들보다 더 개략적으로 이야기하는 경향이 있다. 피해자들은 범죄의 성적 및 사회적 본성과 성적 행동에 대한 사회의 일반적인 혐오증을 알고 있다. 결과적으로, 이 피해자들은 일어난 일에 대해 말하는 것을 조금 더 꺼려한다.

아동이 용의자와 장기간 성관계를 맺어왔다면 용의자에 대해 어느 정도 긍정적인 감정을 가지고 있을 가능성이 크다. 또한 피해자들은 관계를 밝히고 조사에 관여하는 것에 대해 약간의 죄책감을 느낄 것이다. 장기간의 관계는 일회성 강간형태의 강제적 성적 피해자와 달리 불평하지 않는 피해자의 성행위를 강요한다.

이런 이유로, 아이는 실제로 행해진 성행위 건수의 25－30% 정도에 대해서만 이야기할 것이다. 앞서 언급했듯이, 아이들은 나중에 어떤 일을 밝히는 것을 더 편하게 느끼기 때문에 처음 경찰에게 말하지 않은 추가적인 성행위에 대해 말할 경우 법정에서 진술의 일관성의 문제가 제기될 수 있다.

피해자와의 첫 만남

이 아이들은 왜 당신이 그곳에 있으며, 성추행 문제와 관련하여 면담을 하기 위해 연락을 받았다는 것을 충분히 이해할 수 있는 나이이다. 자신의 이름을 말하고 방문 목적을 설명하는 것이 보통 이 연령대의 어린이들에게 필요한 모든 소개이다. 이 연령대의 어린이들은 종종 법집행기관을 두려워하거나 의심스러워하거나, 싫어하기도 하기 때문에, 평범한 일상에 대해 우호적으로 대화하는 것이 어느 정도의 공감대를 형성하는데 도움이 될 수 있다. 이러한 공감대는 면담을 시작하게 해준다.

10대와 라포 형성하기

10대 성추행 피해자와의 라포를 형성하는 가장 간단한 방법은 "실제 사람처럼" 대하는 것이다. 지나치게 단순화한 것처럼 들릴 수 있지만, 비즈니스를 하는 방식으로 접근하여 젊은이들을 대하듯이 이야기한다면, 가능한 많은 정보를 수집하겠다는 목표를 달성할 수 있을 것이다.

이 10대들은 삶의 상당부분 동안 성적인 "대상"처럼 취급받아 왔다. 그들은 속아 왔고, 조종당해 왔고 이용당하고 버려졌다. 그들이 원하지 않는 것은 수사관의 태도가 거들먹거리거나, 냉담하거나, 오만하거나, 분개하거나, 자의적으로 판단하는 것이다. 아이들의 머리를 쓰다듬으며 "착한 어린 소녀"가 되라고 말하거나 "무슨 일이 있었는지 말해 줘, 내가 더 좋게 만들어 줄게"라고 말하지 마라. 그런 식으로 그들에게 이야기하는 것은 일종의 조작이고, 그들은 바로 알아차릴 것이고 당신에게 말을 하지 않기로 결심할 것이다.

또한 아이에게 "그렇게 행동 한" 누군가에게 당신이 얼마나 화가 났고 역겨워하는지를 말함으로써 그들을 이기려고 하지 마라. 이런 식의 발언은 양날의 검이다. 두 방향 다 좋지 않다. 첫째, 피해자는 용의자에 대해 긍정적인 감정을 가지고 있을 수 있다. 만약 그렇다면, 방금 당신과 이 아이 사이에 또 다른 장애물이 생겼다. 두 번째로, 그러한 "역겨운 행동"은 오랫동안 피해자가 해왔던 일이다. 결과적으로, 그 아이는 당신이 자기에게 화가 났고 역겨워하고 있으며, 자신들을 인간보다 못한 존재로 여긴다고 생각한다.

요점은 10대 성폭행 피해자는 용의자에 대한 당신의 혐오와 피해자에 대한 당신의 감정 간의 미묘한 차이를 구별할 수 없다는 것이다.

피해자의 조종

특히 장기간 동안, 특히 친족에게 성폭행을 당해 온 피해자 중 일부는 어른과 그들의 환경을 잘 조종할 줄 안다. 만약 그런 아이를 만난다면, 그 아이들은 면담과정에서 당신을 조종하려고 할 것이다.

그 점을 염두에 두고, 당신은 "진중한 표정"을 지어라. 이는 강압적이지 않게 상황을 통제해야 함을 의미한다. 당신은 일어난 일의 사적인 세부 사항을 알아야 하는 합법적인 이유가 있으며, 그 이하의 것은 받아들이지 않을 것임을 아이에게 알려주어야 한다.

이 아이들은 그저 웃거나 아무런 세부 사항을 말하지 않고 수동적으로 답변을 하면 어른들의 어떠한 조사도 피할 수 있다는 것을 학습해왔다. 이러한 행동을 허락하지 않을 것이라고 당신의 태도로 보여주어라. 또한 당신은 이미 "모든 것"을 들었다는 것을 알려 주어라. 그리고 아이가 이야기 하는 말에 당황하지도 말고 현재 진행 중인 성적 관계에 대해서 비판적이지도 않아야 할 것이다.

또한 아이들에게 모든 "속어"를 잘 알고 있으니 알고 있는 속어를 사용해도 괜찮다고 말해라. 그러나 다시 한 번 말하지만, 당신은 아이와 같은 것을 말하고 있다는 것을 100% 확실히 하기 위해 용어를 확인하여야 한다. 실제로 사용하고 있는 성행위에 대한 일반적인 용어를 확인한 후에는 보고서의 나머지 부분에는 더 많은 임상 용어를 사용해라. 또한 면담에서 임상용어를 사용하기 시작하면 (예 성관계 Vs. 떡친다) 피해자들도 이 용어를 사용하는 경향이 있다. 이는 피해자들이 사건으로 인한 실제적인 정서적 충격으로부터 거리를 두는데 도움을 주며, 법정 증언을 준비할 수 있게 한다.

보고 사례: 조종하려는 10대 피해자

2015년 10월 16일, 9시 반, 나는 14세 여학생인 제니퍼(피해자 15-125)와 엄마인 칼슨 부인을 그들의 집에서 만났다. 칼슨 부인은 자신의 딸이 자신의 두 번째 남편(제니퍼의 의붓아버지, 용의자로 지목 됨)에게 성추행을 당했다며 근심하고 있었다.

칼슨 부인은 지난 주 제니퍼의 학교에서 전화를 받고 의심하게 되었다고 했다. 제니퍼는 지난 몇 주 동안 수업에 참석하지 않았고 자신은 그 사실을 전혀 몰랐다고 했다. 용의자가 출근하면서 제니퍼를 학교에 데려다 주는 것이 일상이라고 하였다. 제니퍼가 결석을 할 때 마다 용의자가 학교에 전화를 걸어 제니퍼가 아프다고 말했었다는 사실을 알았을 때, 무슨 일이 일어나고 있다고 느꼈다고 했다.

칼슨 부인은 지난 몇 달 동안 제니퍼와 용의자 사이의 친밀감에 대해 걱정하게 되었다고 했다. 그들이 밖에 함께 있을 때 손을 잡는 모습이 예사롭지 않으며, 용의자가 딸을 대하는 모습이 의붓딸이라기보다는 여자 친구를 대하는 것처럼 보였다고 했다.

나는 칼슨 부인에게 용의자와의 관계에 대해 질문했다. 그녀는 그와 결혼한지 4년이 되었고 매우 폭력적인 첫 남편, 제니퍼의 친아버지와의 이혼 직후에 결혼했다고 하였다. 이혼 후, 제니퍼의 친아버지와 어떠한 연락도 하지 않았고, 제니퍼와도 연락한 적이 없었다고 했다. 용의자와의 결혼은 사랑 보다는 편의에 의한 결혼이었다고 했다. 용의자가 제니퍼에게 매우 잘 해주었고, 자신에게 성적으로나 다른 부분에 대해서 거의 요구하지 않았다고 했다. 칼슨 부인은 이것이 폭력적인 첫 남편과의 관계에서 벗어난 반가운 안도감이라고 생각했다고 한다.

칼슨 부인은 지난 6-8개월 동안 용의자가 여성복을 입고 아침을 먹으로 온 것이 예사롭지 않다고 했다. 용의자는 내가(칼슨 부인) "불감증"이기 때문에 자신의 성적 욕구를 해소하기 위해서는 이 옷을 입어야 한다고 설명했다고 한다. 또한 용의자가 여성복을 입고 자위하는 것을 자주 보았다고 한다.

칼슨 부인은 제니퍼가 학교에 가지 않았다는 사실을 알았을 때, 용의자와 제니퍼 사이에 뭔가 더 많은 일이 벌어지고 있는 것이 아닌가하고 걱정했다고 말했다. 그런 생각을 하고, 용의자의 물건과 옷장을 뒤지기 시작했고, 그녀는 잠겨 있는 서류 가방을 발견했고, 서류 가방을 억지로 열어 약 100장의 사진을 발견했다. 많은 사진들이 제니퍼의 알몸 사진이었고, 일부는 제니퍼와 용의자가 성행위하는 사진이었다.

칼슨 부인은 어젯밤 남편에게 사진을 보여주며 따졌다고 했다. 용의자는 그녀에게 매우 화를 내며, 니가 뭔데 내 물건을 뒤지냐고 말하고 사진이 들어 있는 서류 가방을 비롯한 개인 물건들을 챙겨서 집을 나갔다고 했다. 칼슨 부인은 그 사진들 중 6장을 빼 자신의 지갑에 넣어두었다고 했다. 칼슨 부인은 증거로 사용하라고 나에게 주었다. 이 사진들은 제니퍼가 용의자와 구강 성교와 질 삽입 성교를 하고 있는 사진으로 명백한 성행위 사진이었다.

칼슨 부인은 제니퍼가 이 문제에 대해 이야기하기를 거부했으며, 사진을 보았음에도 용의자와의 성관계를 부인했다고 덧붙였다.

그리고 나서 나는 제니퍼를 어머니와 이야기했던 식탁으로 불렀고 나는 제니퍼에게 성적인 관계에 대해 질문하려고 했다. 제니퍼는 비협조적이었고 이 일에 대해 말하고 싶지 않다고 말했다. 그녀는 이건 내 일이고 아저씨와 상관없는 일이라고 했다. 자신은 피해당했다고 느끼지 않으며, 용의자와 관련된 어떠한 형사 고발이나 수사에도 도움을 주지 않을 것이라고 말했다.

그녀가 용의자와의 성행위를 말하기로 결정하기 전 나는 제니퍼와 몇 분간 여러 번 대화를 하였다. 그녀는 자신의 어머니가 가지고 있던 여섯 장의 사진과 관련된 성행위만 얘기하려고 하였다. 제니퍼는 사진에 있는 사람이 자신과 용의자가 맞고, 그 사진은 집안에서 찍었다고 했다. 그녀는 성행위가 "어쩌다 일어났다"고 했고 사진을 찍은 날 있었던 성행위와 관련하여 구체적으로 이야기하지도 않았고 용의자와 성관계를 가진 횟수에 대해서도 말하지 않았다.

제니퍼는 만약 누군가가 성적인 행위에 대한 책임이 있다면, 그 사람은 그녀의 어머니라고 했다. 그녀의 어머니가 용의자와 성관계를 했다면 자신은 용의자의 애인으로써 어머니를 대신할 필요가 없었을 것이라고 했다.

제니퍼는 용의자와의 관계에 대해 더 이상의 진술을 거부했다. 칼슨 부인은 용의자의 현재 행방을 알 수 없지만, 모텔에 머무르고 있을 것으로 추정했다.

남성 가해자 - 남성 피해자

이 연령대에서 아동 성추행의 남성 피해자가 여성 피해자보다 더 많을 가능성이 크다. 이런 생각을 하게 된 여러 가지 이유가 있지만, 미성년 소년들과 성행위를 하는 남성 용의자들이 많이 있다고 말하는 것만으로 충분하다고 생각한다. 그러나 이러한 활동을 동성애라는 부정적인 사회인식으로 보기 때문에 사건이 신고되지 않고 있다.

그러한 사건을 접했을 때, 피해자에게 실제 성적피해 자체가 동성애자임을 의미하는 것은 아니라는 점을 설명할 필요가 있다. 성욕이라는 것이 자신의 의지와는 상관없이 생길 수도 있기 때문에 종종 자각 없이 남성간의 성적 접촉을 즐길 수 있다고 설명해 주어야 한다.

이것은 특히 7-9살 사이에 추행이 시작되어 10대 초반까지 계속 되어 온, 오랜 시간 동안 피해당한 소년들에게 해당된다. 성추행이 처음 시작되었을 때는, 어떠한 동성애 공포증을 느끼지 않는다. 하지만 그들이 나이가 들면서 사회가 이러한 사건을 어떻게 보는지 이해하기 시작한다. 불행하게도 이런 성적 관계가 형성되면, 이 아이들이 그 관계에서 벗어나는 것은 매우 어렵다.

또한 이러한 유형의 관계에서 피해자는 종종 용의자에 대해 긍정적인 감정을 갖게 된다. 이 피해자 중 상당수는 그들의 가정환경에서 부족한, 어른들에게서 긍정적인 영향을 찾고 있다. 그들은 자신에게 기꺼이 긍정적인 관심을 기울이는 사람을 발견하면, 종종 바로 그 사람에게 희생당하게 된다. 그들의 삶에 긍정적인 의견을 제공하거나 자존감을 고양시켜 주는 사람이 없기 때문에 성폭행범을 떠나는 것을 꺼린다. 앞에서 언급했듯이, 이러한 장기간의 관계를 계속 유지해 온 피해자와 용의자의 프로파일을 조합하는 것이 필요하다.

이런 유형의 사건 피해자는 자신과 용의자 간의 성적 접촉의 수를 크게 줄이거나 그들의 심각성을 축소함으로써 범죄의 심각성을 축소하는 경향이 있다. 때로는 실제로 구강 성교를 했지만 애무만 하였다고 하거나 실제로 수백 번의 성적 접촉이 있었지만 10-20번 있었다고 말할 것이다.

이 관계에 있는 아이가 가해자를 위해 다른 아이를 포섭하고 있었을 가능성도 있다. 이런 유형의 가해자는 일반적으로 특정 연령대의 아동을 선호하기 때문에 가해자는 그 연령대의 아동을 계속 포섭한다. 그러한 이유로, 당신이 이야기하고 있는 피해자가 한 때 나이 많은 아이에게 포섭당했고, 가해자가 원하는 연령보다 많아졌을 때 자신을 대신 할 어린 아이들을 포섭하고 있을 가능성이 상당히 높다. 추가 피해자를 파악할 수 있을지 모르기 때문에 아이에게 이 가능성에 대해 물어보아야 한다.

FBI에서는 이것을 "파이프 라인 이론"이라고 부른다. 기본적으로 파이프 라인의 한쪽 끝에는 잠재적인 피해자를 끌어들이려는/포섭하려는 가해자가 있다. 보통 이 사람은 보이스카우트 리더나 비디오 게임 운영자와 같은 잠재적 피해자와 자주 접촉할 수 있는 위치에 있는 사람이다. 그는 잠재적 피해자를 파악하면서 그들을 "파이프 라인"에 끌어들여 추행하는 시간을 가진다. 몇 달 혹은 몇 년 동안 아동이 나이가 너무 들기 전까지 추행은 계속되며, 본질적으로 "파이프 라

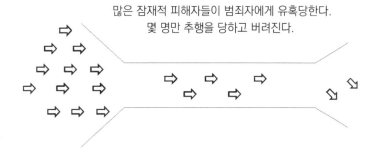

많은 잠재적 피해자들이 범죄자에게 유혹당한다.
몇 명만 추행을 당하고 버려진다.

▼그림 12 FBI의 파이프라인 이론

인"의 반대편에 가게 되고 더 이상 가해자에게 성적 매력이 없다는 이유로 버려진다. 많은 잠재적 피해자들이 가해자에게 끌리고, 소수만이 성추행 당하고 버려진다.

남성 가해자 – 여성 피해자

이들은 다양하게 진행된 단기 또는 장기적 관계일 수 있다. 앞으로 살펴보겠지만, 단기간의 관계에서 용의자는 피해자를 성적 공격자로 볼 것이고, 어떻게 아동의 나이보다 "더 많게 볼" 것이다. 이것은 가족 내 가해자와 가족 외 가해자 모두에게 해당된다.

장기적인 관계에서 피해자는 보살핌, 보호, 두려움, 증오에 이르기까지 용의자에 대한 다양한 감정을 느끼게 된다. 그녀의 압도적인 두려움은 아마도 그녀의 비밀을 말할 때 오는 가족들의 반응일 것이다.

근친상간

법은 범죄요소를 충족시키기 위해서는 용의자와 피해자간의 혈연관계와 함께 실제로 질 삽입이 있어야 한다고 규정하고 있다. 그러나 근친상간 가족의 역학관계에서는 임상적 의미에서 의붓아버지/딸의 관계 및 구강 성교, 항문 성교 또는 애무만 하기도 한다.

이와 같은 가족 내 상황에서 일어나는 일은 "정상"으로 여겨지는 것에서 가족 구조에 변화가 일어난다. 기본적으로, 아버지가 자녀와 밀접하게 조정되고, 어머니는 본질적으로 부재한 것으로 가족 구조가 재편성된다. 어머니가 가정에 적극적으로 참여하지 않음으로 인해, 아버지와 아이들 사이에 일종의 공백이 생기고 이는 서로 가깝게 조정된다.

아버지가 아동 성추행을 하는 경향이 있는 경우, 그는 현재 매우 취약하고 접근하기 쉬운 아이들을 표적으로 삼을 것이다. 용의자인 여성/어머니에게도 동일한 역학이 발생할 수 있지만 아버지가 용의자인 사건보다는 신고가 훨씬 드물다. 그러한 가정에서는 남자 아이든 여자 아이든 모두 피해 당할 수 있다(아래 그림 참조).

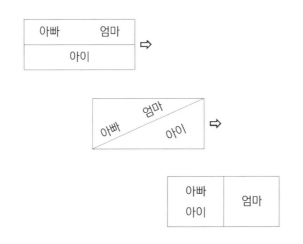

▼그림 13 근친상간을 초래하는 가족구조의 변화

이런 형태의 가족 구조에서, 아이들은 섹스, 자존감 및 권력이 모두 합쳐져 있다는 것을 배운다. 이 때문에 그들은 가족 내에서 매우 교활할 수 있고, 당신과의 면담을 조종하려고 시도할 것이다. 때로는 가족 구조 내에서 자신이 가지고 있는 권력의 위치를 포기하고 싶지 않아 할 것이고, 부모와의 성행위 횟수를 축소할 것이다.

때로는 용의자가 아동 성추행범이나 성적인 선호가 아동인 사람이 아닌 임상적으로 강간범인 사건을 접할 수 있다. 이런 상황에서 가족의 역학관계는 위에서 설명한 것과는 확연히 다르다. 이런 유형에서는 아이가 성인/용의자의 나이 또래로 보이는 데이트 형태의 관계가 나타나지 않는다. 성적 행위는 강요되고 회유하는 것과는 반대로 더 폭력적으로 요구된다. 어머니는 여전히 가정 안에서 제 기능을 하지 못하는 부모로 아버지에게 자주 구박을 받아 자신의 아이가 성적으로 피해당하는 것을 보지 못하거나 회피한다.

이런 가정 상황에서, 아이는 가족 구조 자체 내에서 어떠한 힘도 갖지 못한다. 아이는 자신에게 일어나는 일을 통제할 수 없다는 것을 배우게 된다. 아이는 부모의 성적인 요구에 복종해야 한다. 이것은 나중에 이 아이가 데이트하는 상황에서 또래의 성적 접근을 거절할 만큼 강하지 않다고 느껴질 때 문제가 발생한다. 이로 인해 피해자는 데이트 상대와 성관계를 하고 싶지 않아 했으나 적극적으로 "싫어"라고 말한 적이 없는 데이트 강간 유형 사건에 많이 발생할 수 있다.

"가족 내 강간범"이 있는 가족 구조에서 피해자는 자존심이 매우 낮으며 성적 행위 자체에 대한 감정을 완전히 차단한다. 그러한 아동과의 면담에서 피해자는 성행위 자체에 대한 질문에 감정적으로 반응을 하지 않을 수 있다. 피해자는 실제로 일어난 일에 대해 매우 "사무적"일 수 있다. 이 유형의 아이는 부모와의 성적인 행위와 관련하여 어떠한 종류의 권력이나 보상을 받지 못했기 때문에 다른 가족 내 피해자만큼 교활하지 않다. 또한 이 아이는 가정에서 벗어나려고 애쓰며 도망가거나, 사소한 범죄를 저지르거나 가정으로부터 멀어질 수 있는 다른 활동들을 한 적이 있는 유형이기도 하다.

이런 유형의 아이는 기본적으로 모든 권위자들을 불신한다. 아이들은 인생에서 자신들을 보호해야 할 부모가 실제로 자신을 이용한다는 것을 알게 되었기 때문에 아이들은 자신을 보호하기 위해 낯선 사람을 신뢰하려 하지 않을 것이다.

근친상간이나 가족 강간 사건에서, 피해자에게 성적으로 혹은 노골적으로 사진을 찍히거나 사진을 본적이 있는지 질문해야 한다. 성행위 중에 사용한 성적인 장난감이나 기구에 대해서도 물어보아야 한다. 이 모든 항목은 압수수색검증영장으로 수집할 수 있는 잠재적 증거이다.

보고 사례: 근친상간 피해자

2016년 2월 2일, 아침 7시에 출근하였다. 15세 여성 피해자 #16-020 (바바라)와 이야기하였던 지역 경찰관에게 연락을 받았다. 지역 경찰관은 오늘 아침 일찍 바바라를 만났다고 했다. 그녀는 새벽 4시쯤 큰 길을 따라 걸어오고 있었다고 하였다. 그녀는 몹시 화가 나 있어 보였다고 했다. 그녀는 지역 경찰관에게 친아버지인 용의자가 자신을 성폭행하여 도망쳤다고 말했다고 했다. 지역 경찰관은 그녀를 경찰서로 데려왔고 성폭행과 관련하여 기본적인 질문을 하였다고 했다. 지역 경찰관은 나에게 그녀와의 심층 면담을 요청하였다.

나는 수사과 로비에서 바바라를 소개받았다. 나는 경찰서 마당 건너편 시청 건물 지하에 있는 구내식당으로 바바라를 데려갔다. 이 시간 때 구내식당은 사람들이 없다. 나는 구내식당 구석 테이블에서 이야기하였다.

나는 바바라에게 성폭행 의혹과 관련하여 최대한 자세히 말해주어야 하며, 여러 가지 법적 이유로 이 정보들을 알아야 한다고 말했다. 또한 나는 네가 더 많은 사실들을 이야기해 줄수록, 너를 위해 할 수 있는 일이 많고, 다시는 이런 일이 일어나지 않도록 도와줄 수 있을 것이라고 말했다.

기본 정보에 의하면, 바바라는 용의자인 아버지와 8살 난 남동생과 함께 살고 있다고 말했다. 약 4년 전쯤 알코올 중독자인 어머니가 집을 나가면서 어머니와 아버지가 헤어졌다고 했다. 그 이후로 바바라는 어머니와 만난 적이 거의 없다고 했다.

바바라는 13살 생일에 처음으로 아버지와 성적인 접촉을 했다고 말했다. 그날 저녁, 이른 저녁 시간에 아버지가 자신의 침실로 불렀다고 했다. 아버지는 그녀에게 "성에 대해 배울" 나이가 되었다고 말했다고 한다. 아버지는 결혼할 때 알아야 할 것들을 가르쳐 주겠다고 말했다. 처음에 그녀의 아버지는 그녀 앞에서 옷을 벗고 성기를 보여준 다음 "남자가 어떻게 느끼는지" 알 수 있도록 자신의 성기를 만지도록 하였다. 바바라는 아버지의 성기를 만졌을 때 아버지의 성기가 발기하였다고 했다. 이 상황이 무서웠지만 어떻게 해야 할지 몰랐다고 했다.

그리고 나서 용의자는 바바라에게 자신 앞에서 옷을 벗으라고 했다. 그녀는 팬티와 브래지어를 제외하고는 모든 옷을 벗었다고 했다. 용의자는 그녀의 살을 애무하면서 이런 종류의 스킨십을 결국에는 좋아할 것이고 이러한 스킨십은 남자 친구나 남편이 하게 될 스킨십이라고 말했다고 한다. 그날 밤 더 이상의 접촉은 없었다고 했다.

2주쯤 후, 그녀의 아버지는 다시 그녀를 침실로 불렀다고 했다. 그때 그는 그녀에게 옷을 완전히 벗으라고 했고 가슴과 질 부위를 애무하였고 결국 그녀 앞에서 자위를 하였다고 했다. 그는 성관계 중에 "무슨 일이 일어나는지"를 배우는 것이 필요하다고 말했고, 그래서 자기 앞에서 자위하는 것이라고 했다.

정확히 2주 후에 용의자는 그녀를 침실에 불렀고 그녀의 옷을 벗기고 이번에는 그녀와 질성교를 했다고 했다. 그때 아버지는 콘돔을 사용했고 "안전한 성관계"에 대해 배워야 한다고 말했다고 진술하였다. 그는 콘돔을 사용하는 한 실제로 성관계를 하는 것이 아니기 때문에 여전히 처녀라고 했다고 하였다.

바바라는 그날부터 격주 수요일 밤마다 용의자와 성관계를 하였고 그것이 그의 일상이었다고 말했다. 그러나 바바라는 용의자가 격주 수요일 밤 외에 *특별*한 날에도 성관계가 있었다고 말했다. 그날은 용의자의 생일, 크리스마스, 새해 그리고 7월 4일이었다고 했다.

그녀는 용의자가 매춘 여성을 사거나 성인 여성과 데이트하는 것보다 그녀와 성관계하는 것이 더 쉽다고 말했다고 진술하였다. 그는 그녀와의 관계를 유지하는 것이 단순히 더 쉬웠을 뿐만 아니라 성에 대해서도 가르쳐 주었다고 하였다. 용의자는 언젠가 그녀가 이러한 가르침에 대해 고마워할 것이라고 말했다고 한다.

바바라에 따르면, 지난 2년간 규칙적으로 성행위가 있었다고 한다. 그녀는 아버지를 피하려고 지난 몇 달 동안 여러 번 집을 나갔었다고 한다. 그러나 매번 어디로 가야할지 몰라 집으로 돌아갔다고 한다. 또한 그녀는 집에서 일어나고 있는 일을 말하여도 아무도 그녀를 믿어주지 않을 것이라고 생각했었다고 한다.

바바라는 아버지와 성관계를 하기 싫어 전날 밤 도망나왔다고 했다. 그녀는 저녁 식사 직후에 그녀의 방 창으로 빠져나와 탈출했다고 했다.

바바라는 용의자가 질성교를 할 때마다 항상 콘돔을 착용하였고 침대 근처 서랍에 콘돔을 보관했다고 했다.

아버지가 노골적인 성인 잡지 사진을 여러 번 보여줬다고 말했다. 그는 잡지에 묘사된 성행위를 하자고 하였고, 특히 구강 및 항문 성교를 하자고 하였다고 한다. 바바라는 하기 싫어했고, 용의자는 절대로 강요하지 않았다고 했다. 그녀는 성관계를 가질 때마다 침대 위에 바로 누워있었고 성관계는 2-3분 정도 걸렸다고 했다.

나는 바바라와 함께 수사과로 돌아왔다. 나는 기록과에 전화를 걸었고 용의자가 지난 밤에 딸의 가출신고를 했다는 것을 알았다. 또한 그녀에 대한 3건의 가출 신고가 있었다는 것을 알았다.

나는 바바라에게 용의자에 비밀 통화를 해보는 것에 대해 말했다. 이 전화의 성격에 대해 설명해 주었다. 그녀와의 성적 관계에 대해 인정하는 용의자의 확실한 진술을 얻기 위한 것이 목적이라고 설명해 주었다. 그녀에게 용의자와 다른 관계가 아닌 성적인 관계에 대해 얘기하고 있다는 것을 확실히 하기 위해서는 매우 구체적으로 이야기해야 한다고 말했다. 나는 약 15분 동안 그 전화의 성격과 절차를 설명했고, 바바라는 기꺼이 그렇게 하겠다고 말했다.

나는 마약단속반 안에 있는 "콜드 룸"으로 갔다. "콜드 룸"은 대화를 모니터링하고 녹음할 수 있는 전화기가 설치되어 있다. 장비를 시험하기 위해 경찰서 사무실의 개인 내선번호로 전화를 걸었다. 사건 번호, 날짜 및 시간은 물론 사건의 성격에 대해 나열했다(참고: 장비가 작동하는지 확인하기 위해 항상 녹음을 재생하고 전화 녹음에 관한 법을 확인하라).

그런 다음 바바라에게 "콜드 룸"으로 불렀다. 용의자의 전화번호를 누른 후 바바라에게 전화를 건네주고, 녹음되는 동안 양쪽의 대화를 들을 수 있게 헤드폰을 썼다.

용의자가 전화를 받자 바바라는 자기라고 얘기하고 친구 집에서 전화를 하고 있으며 몇 분밖에 이야기할 시간이 없다고 말했다. 용의자는 왜 또 집을 나갔는지 물었고, 그녀는 더 이상 아버지와 섹스를 하고 싶지 않아서 그랬다고 대답했다. 통화는 약 10분에서 15분 정도 계속되었는데, 용의자는 너와 성관계를 갖는 이유는 자신이 여자 친구를 만들어 가정에서 소홀히 하는 것보다 그렇게 하는 것이 가족에게 더 좋기 때문이라고 반복해서 말했다.

통화하는 동안, 그녀는 더 이상 아버지와의 성관계를 하고 싶지 않으며, 아버지가 계속 보여주는 성인잡지에 있는 다른 성행위도 하기 싫다고 여러 차례 말했다. 용의자는 진짜 자신과 성관계를 하고 싶지 않다면 집에 와서 이야기하자고 했다. 바바라는 집에 돌아갈지 모르겠다고 말했고, 내 지시에 따라, 전화를 끊었다.

　나는 바바라가 보호소에 들어갈 수 있도록 주선하였고, 바바라가 얘기한 콘돔과 노골적인 성인잡지를 압수하기 위해 용의자 거주지에 대한 압수수색영장을 청구했다.

여성 가해자 - 여성 피해자

　이 유형은 *가장 적게* 신고되는 성 피해 유형일 것이다. 조사해본 몇 가지 사건에서, 피해자들은 동일한 자존감 상실, 불신, 피해자 또는 사회 보복의 두려움이나 반감의 고통을 겪는다는 점에서 남성 가해자–여성 피해자와 동일한 역동성을 가진다. 이러한 유형의 피해는 유아부터 십대 후반까지 다양한 연령대에서 발생한다. 이런 유형의 피해자나 용의자 면담은 남성가해자–여성피해자를 면담할 때와 마찬가지로 모든 사건에서 동일하게 이루어져야 한다. 동일한 규칙과 기법이 두 상황 모두에 적용되어야 하며, 다음 단락에 설명되어 있다.

여성 가해자 - 남성 피해자

　미성년 남성과 성관계를 갖는 성인 여성은 매우 적게 보고되고 있는 범죄이다. 여성이 성폭행의 피해자라면 신고해야하고 기소해야하지만 성인 여성이 어린 소년과 성관계를 갖는 것은, 불행히도 성인으로 넘어가는 관문으로 여기는 미국의 사고의 이중성(이중 잣대) 때문이다.

　이 이중 잣대 때문에, 이런 유형의 많은 사건이 신고되지 않는다. 종종 사회는 성인 여성과 성관계를 맺는 십대 소년을 "운"이 좋고 이런 관계는 성인으로 넘어가는 관문이라고 본다. 일부 주의 법은 성인 남성이 미성년 여성과 관계를 갖는 것과 마찬가지로 범죄라는 점을 분명히 한다. 예를 들어 최근에, 캘리포니아 주는 "18세 미만과 불법적인 성관계"라는 성 중립적인 법을 제정했다(각 주법을 참조하시오).

이런 남성 피해자를 면담할 때는 여성 피해자와 동일한 방식으로 면담해야 한다.

"로빈슨 부인 증후군"은 우리 문화에서 낭만화되었다. '*1942년 여름*'과 '*개인교습*'은 성인 여성이 젊은 남성을 착취하는 것을 미화한 영화의 예이다. 그러나 이러한 범죄 피해자에게 미치는 정신적 충격에 대한 영향은 파괴적일 수 있으며, 이 피해의 장기적인 결과는 심각할 수 있다. 도서목록에 있는 몇몇 책에서 가장 흉포한 성 범죄자 중 일부는 어린 시절 여성 가해자의 피해자였음을 알 수 있다.

여성 아동 성추행범들은 매우 어린 아이들을 씻기거나 옷을 입혀주는 등의 과정에서 많은 부적절한 성적인 접촉을 하고, 이는 아이들이 이야기를 하더라도 "돌봄"이나 "양육" 활동으로 묵살될 수 있다. 그러나 이 같은 행동을 남성이 한다면 이들은 의심받을 것이다. 성 범죄 여부를 결정하는 핵심 요소는 *범법자가 아동의 이익이나 아동에게 미치는 영향을 고려하지 않고 자신의 만족을 위해 이런 행위를 했냐*는 것이다. 임상적으로 볼 때, 이러한 유형의 용의자는 고착되고 퇴행된 범죄자일 수도 있고, 강간범일 수도 있고, 가족 내에서 범죄를 저지를 수 있고, 가정 밖에서 범죄를 저지를 수도 있고, 심지어 낯선 사람을 폭행할 수도 있다.

남성 피해자가 나이가 들고 성적인 접촉이 더 심해지면, 여성에게 추행당하는 남성 아동의 피해는 다른 아동 성추행 상황과 동일한 역동성을 가진다.

성인 여성이 10대 소년과 성적인 관계를 맺으면, 피해자는 여성 성인에게 성에 대해 배우는 것을 "복" 받았다고 여겨지기 일쑤다. 실제에서 벌어지고 있는 일은 남성 피의자에게 폭행을 당하는 것과 똑같이 성적 피해를 당하고 있다는 것이다. 성별을 바꿔 성인 남성이 10대 소녀와 성관계를 갖는다면, 누구나 의심의 여지없이 잘못되었고 범죄라고 생각할 것이다. 사회는 이러한 유형의 행동을 용인하는 경향이 있으며, 결과적으로 피해자는 피해에 대한 자신의 감정을 억누르도록 강요받거나, 만약 신고한다면, 피해자들은 무시당하고 종종 권위에 있는 사람들은 사건 충격에 대한 심각성을 축소한다.

일반적으로 남성들은 분노로 부정적인 감정을 표현하는 경향이 있다. 남성들은 불안, 무력감, 외로움 등을 느낄 때 분노 행동이나 "마초"처럼 굴며 이러한 감정을 표현하려 한다. 극단적인 경우, 분노는 궁극적으로 남성에 의해 투사되고, 이 모든 감정들은 대체하고 어떻게든 낮은 자존감에 대한 기분을 없애기 위해, 분노를 터트리며 자신을 가해자로 만들고 종종 폭력적인 사람이 된다.

일부 전문가들은 남성이 정서적, 신체적 또는 성적으로 여성에 의해 학대를 당하면 여성이 자신의 모든 나쁜 감정의 원인이 되기 때문에 일반적으로 여성을 혐오하는 경향을 보일 것이라고 한다. 그리고 나서 그는 자신에게 행해진 이 모든 잘못에 대해 "되갚아" 주려고 할 것이다. 아동 피해자였던 성인 남성이 "되갚음"을 시도하는 것은 분노의 투영을 통해서이다. 폭력을 에로틱하게 배웠다면, 당신은 강간범의 모습을 보고 있는 것이다. 피해자가 폭력을 에로틱하게 배우지 않았다면 그는 계속해서 싸우거나 심지어 살인자가 될 수도 있다. 80년대 중반 산쿠엔틴에서 수행된 연구결과에 의하면 폭력 범죄로 투옥된 사람들 100%가 아동 학대의 피해자였다고 한다. 이것은 아동 학대의 진술을 간과하기 전에 유의해야 할 중요한 사실이다.

나는 여성에 의해 성폭행을 당한 십대 소년들과 이야기를 나눈 적이 있다. 많은 소년들이 자신에게 일어난 일에 대해 엄청난 두려움과 혼란을 느낀다고 했다. 그들은 폭행을 당하는 동안 자신의 몸을 완전히 통제하지 못하는 것을 느꼈고, 사건에 대해 갈등과 죄책감을 크게 느꼈다. 여성 피해자가 격려받는 것처럼 남자 피해자들도 그런 감정을 표현하고 그 감정을 처리할 수 있도록 해준다면, 피해에 대처 가능하고 그들의 삶을 나아갈 수 있을 것이다. 그러나 모든 정신적 충격의 감정을 억제하는 것과 마찬가지로, 그 감정을 해결하지 못하고 결국 분노를 표출하는 사람은 사회에 문제가 될 가능성이 있으며 성 범죄자가 될 수도 있다. 자신의 삶에 대한 통제력이 결여된 그들은 성폭력을 통제할 기회로 삼으려고 한다.

사례: 성인 여성 가해자 - 10대 소년 피해자

　몇 년 전 나는 이중 잣대의 사고를 심오하게 보여주는 사건을 조사한 적이 있다. 어느 날 밤늦게 지역 경찰관은 폐쇄된 공단 뒤에 주차된 차를 발견했다. 좌석은 뒤로 눕혀져 있었고, 지역 경찰관은 두 명의 "애인"을 우연히 만났던 것으로 보였다. 지역 경찰관이 차에 가까이 갔을 때 그는 옷을 완전히 벗은 채로 운전석 뒤에 있는 14살 소년을 발견했고 옆에는 옷을 다 입고 있는 40세의 여교사가 앉아 있었다. 지역 경찰관이 차에 가까이 오자 여성은 차량 밖으로 뛰어나와 "우리는 아무것도 할 시간이 없었어요. 우리는 성행위를 하려고 했지만 시간이 없었어요. 당신이 너무 빨리 왔어요. 아무것도 잘못한 게 없어요"라고 자진해서 말했다. 지역 경찰관은 소년의 옷이 트렁크에 있다는 것을 듣고, 소년이 옷을 찾도록 해주었다. 소년이 옷을 입는 동안 무슨 일이 있었는지 들었다.

　학교 선생님은 그 아이를 가르치고 있다고 말했고 그는 자신을 만나기 위해 자정에 몰래 집에서 나왔다고 말했다. 이것은 그들의 일상이라고 했다. 여성은 이 소년이 자신의 차를 운전하도록 허락했고(소아 성애자가 성행위 대가로 제공하는 것은 드문 일이 아니다) 뭔가를 먹기 위해 어딘가로 갔다고 했다. 여성에 따르면, 소년은 음식을 무릎 위에 엎질렀고, 모든 옷을 벗어 "차안 보다 트렁크에서 옷이 더 빨리 건조되기 때문에" 트렁크에 넣었다고 했다(가끔은 현장에서 경찰관이 이런 주장을 반박하기 어렵다!). 지역 경찰관은 소년의 부모님이 이 관계를 알고 있었고 몇 달 동안 그것을 막으려고 노력하고 있었다는 것을 알았다. 그러나 부모님은 막지 못했고 그 소년은 계속에서 밤에 몰래 빠져나가 "특별 과외"를 받기 위해 선생님을 만났다.

　지역 경찰관은 학교 선생님에게 소년은 운전면허가 없으므로 선생님이 차를 운전해야 하며 즉시 소년을 부모님에게 데려다 주어라고 했다고 한다. 그는 선생님이 직접 차를 몰고 가도록 했고 현장면담 보고서를 작성하는 것으로 사건을 처리했다.

　나는 이 사건을 발견하고는 나는 학교에 연락하였고 선생님이 이 특정 소년뿐만 아니라 지난 몇 년 동안 연락을 해왔던 다른 여러 소년들로부터 가까이 하지 말라는 경고를 여러 번 받았다는 사실을 알게 되었다. 학교 행정과는 그녀에게 교실 문을 절대 닫지 말 것과 남학생들과 "너무 친하게 지내는" 경향이 있으므로 어떤 남학생들과도 일대일로 만나는 것을 금지했다고 했다.

만약 학교 선생님이 남자였고, 14세 소년이 소녀였다면, 사건을 면밀히 조사했을 것이고, 전혀 다른 결과가 발생했을 것이다. 분명히 학교 선생님은 체포되었을 것이고 자녀의 부모님에게 딸을 데리러 오라는 연락을 했을 것이고, 형사고소가 제기되었을 것이다. 확실히 이중 잣대가 작용되고 있다.

나는 이 글을 읽고 있는 몇몇의 남성분과 여성분들 중에 여교사가 제자에게 성에 대해 "가르쳐" 주는 것이 부적절한 행동인지에 대해 의문을 가지거나, 소년에게 미칠 수 있는 정신적 충격의 가능성을 알지 못하는 사람이 있다고 확신한다.

열두 살 때 당신이 얼마나 취약했는지 잠시 생각해 보아라. 그때 계모의 내키지 않는 성적 파트너가 되었다고 상상해 보아라. 계모가 새벽 2−3시에 술에 취해 어떤 종류의 성적인 행위를 요구한다는 사실을 알면서 잠자리에 든다면, 매일밤 당신은 어떻게 느낄지 생각해 보아라. 이 시나리오는 공포로 가는 통로이지 성인이 되는 통로가 아니다. 충격을 더하는 것은 남자 아이가 계모가 찾아오는 순간을 두려워하고, 아버지를 배신하는 것에 양심의 가책을 느끼면서 완전히 발기하여 침대에 누워있는 자신을 발견한다는 것이다. 흥분된 성기는 양심에 따라 조절할 수 없다. 특히 남성이 11살이나 12살일 때 더욱 그렇다. 가능한 해결책이 없는 갈등은 정신적 불균형을 초래한다. 바라건대, 왜 이런 소년 피해자들이 폭력적인 성인이 될 수밖에 없는지 이해하는데 도움이 되기를 바란다.

피해자의 비밀 통화

이 연령대의 피해자는 용의자에게 비밀 전화를 걸 수 있는 좋은 후보자들이다. 그들은 용의자에게 죄를 인정하는 진술을 얻으려는 목적인, 통화의 성격을 충분히 이해할 수 있는 나이이다. 이 같은 통화는 가해자가 아이가 경찰서에 범죄 신고를 하러 온 사실을 모르는 경우에만 성공한다(비밀 통화 확인 목록은 부록 C를 참조하라).

데이트 강간

13세에서 18세 사이의 여성은 데이트 강간이나 지인에게 강간을 당할 수 있는 유력한 후보자들이다. 청소년의 정상적인 무책임한 행동때문에, 그들은 스스로 벗어날 수 없는 상황에 자주 빠진다. 종종 술이나 마약에 취해 히치하이킹을 하거나 낯선 사람을 만난다. 이 때문에 그들은 꽤 일상적으로 피해를 당한다.

이러한 강간을 저지르는 용의자는 낯선 사람을 납치하여 강간을 저지르는 사람과 같은 의미에서 포식자이다. 그러나 그들은 피해자의 나이 또는 취한 정도를 보고 더 공격하기 쉬운 사람을 고른다.

이러한 유형의 범죄 피해자는 주위의 안전한 사람을 선택하는 능력에 공격받기 때문에 피해자는 추가적인 정신적 충격을 받는다. 그래서 피해자는 신체 침해와 자신의 몸을 통제할 수 있는 능력 외에도 이제 안전한 친구를 선택할 수 있는 능력에도 의문을 품어야 한다.

면담자의 성별

내 경험상, 성폭행 피해자를 면담하는데 있어 남녀 성별에는 아무런 차이가 없다. 더 중요한 것은 개별 면담자/수사관의 능력이다. 나는 아주 훌륭히 면담을 수행하는 여자 수사관을 보았고, 아주 끔찍하게 면담을 수행하는 여자 수사관도 보았다. 남자 수사관도 마찬가지이다. 여성 피해자가 여자 수사관과 대화하는 것이 자동적으로 더 편안하게 생각할 것이라는 생각은 잘못되었다. 또한 남성에게 피해를 당한 후 남성이 곁에 있어도 안전하다는 느낌/감각을 되찾는데 도움을 줄 수 있기 때문에 남자 수사관이 여성 피해자를 면담하는 것이 최선이라고 말하는 학설도 있다. *유대를 통한 강점*(Stength Through Association)의 개념은 후속 장에서 더 자세히 논의할 것이다.

피해자를 면담하는 가장 중요한 자질은 피해자에게 당신이 능숙한 전문가라는 이미지를 보여줄 수 있는 능력이다. 직업상 알아야 할 필요가 있다는 진중한 이미지를 보여 주는 것은, 범죄구성 요건을 충족시키기 위해 알아야 할 모든 민감하고 적절한 성적인 질문을 할 수 있게 해준다.

낯선 타인에 의한 강간

제5장의 성인 피해자를 참조하라.

의료 검진

이러한 성 범죄 중 상당수는 위력의 위협이나 취한 상태로 인해 피해자가 저항 할 수 없는 상황에서 이루어지기 때문에 의료 검진으로 유일한 물적 증거가 발견되는 경우가 많다(자세한 내용은 5장, 성인 피해를 참조하라).

허위 신고

이 연령대에는 강간이라고 허위 신고하는 수많은 이유가 있다. 이러한 허위 신고 중 상당수는 피해자가 늦게 귀가했거나 가족 차를 훔쳐 탔거나 마약을 했거나 가족의 어떤 규칙을 어기는 등 자신이 저지른 잘못으로부터 주의를 딴 곳으로 돌리려는 단순한 시도이다. 간혹 가정의 규칙을 어긴 피해자는 훈계를 피하기 위해 성폭행을 당했다고 이야기를 꾸며내 동정심을 얻으려고 한다.

허위 보고의 다른 동기로는 합의된 성관계를 했지만 성병에 걸렸거나 임신을 해서 가족에서 설명하기를 두려워 거짓말을 하는 것이다.

다행히도, 이 연령대의 피해자들은 피해에 대해 매우 정교하게 이야기를 꾸며내지 못한다. 상세한 면담은 그들의 진술에서 일관적이지 않거나 구멍이 생겨 그들의 신고가 허위임을 알 수 있다.

CHAPTER
05 18-80세 면담하기

일반적으로 이 연령대의 피해자는 아동에게서 보이는 지속적인 형태의 피해와는 대조적으로 일회성의 납치·강간 피해자이거나 무작위 성폭행 피해자로 여겨진다(단, 추후 논하게 될 배우자 학대/강간 사건은 예외이다).

용의자가 낯선 사람일 경우

첫 신고

이 유형의 경우, 일반적으로 첫 신고는 피해자 혹은 피해자의 친구가 성폭행을 신고하기 위해 911로 전화하는 경우다. 911에 녹음된 통화 자료는 매우 중요한 증거품이다. 캘리포니아 증거법 전문법칙에서 예외로 두는 자발적인 진술은 폭행 직후 피해자가 자발적으로 진술한 진술과 마찬가지고, 911 녹음 테이프도 증거로 사용된다(개별 주 법 참조). 담당자에게 911 테이프 사본을 증거로 보관하도록 요청해야 한다.

또한 "생생한 고발2)"을 들은 목격자 모두와 반드시 연락해야 한다. 여기에는 남편, 남자 친구, 부모 혹은 실제로 경찰서에 전화하기 전 피해자가 연락한 모든 사람이 포함된다. 또한 응급실 간호사와 의사는 "생생한 고발 목격자"로 전문법칙의 예외 규정에 포함된다. 만약 피해자가 그들에게 자발적으로 진술을 했다면, 이는 법정에서 피해자의 진술을 입증하도록 돕는데 활용될 수 있다.

스토킹

일반적으로 성 범죄자는 성폭행하기 전 특정 피해자를 장기간 따라가지 않는다. 물론 드물게 그런 경우도 분명히 있지만, 일반적으로 성 범죄자는 당장의 성욕을 몇 달 혹은 몇 년 동안 지연시킬만한 통제력을 가지고 있지 않다. 전혀 모르는 사람에게 성폭행 목적으로 오랜 기간 스토킹을 당하거나 같은 용의자에게 반복적으로 성폭행을 당하는 피해자는 극히 드물다. 전형적인 스토커는 일반적으로 성적인 이유보다는 다른 이유로 한 개인에게 집착한다. 주로 그들의 집착은 실연에서부터 직장 문제나 심지어 유명 인사들로부터 비롯된다.

성 범죄자

통상적으로, 강간범/성 범죄자는 자신의 머릿속으로 저울의 균형을 맞추려 한다. 그 저울의 균형이 맞으면 그는 정상적으로 행동하고 폭행하지 않는다. 피의자 삶에서 뭔가 잘못된 일들이 실질적으로 일어나거나 혹은 감지됨으로 인해 균형이 깨지고 한쪽으로 기울어지기 시작하면 그가 힘이 있다 느끼게 해 줄, 머릿속 저울의 균형을 맞추도록 도와줄, 누군가를 강간하는 상상을 하기 시작한다. 점점 더 정상이 아닌 상태가 되면서 자신의 판타지를 실행에 옮기기 시작한다.

용의자가 가진 판타지는 그가 여자를 성폭행하고 이 성적인 경험이 용의자와 피해자 모두에게 압도적으로 긍정적일 것이라는 것이다. 그리고 용의자와 피해자는 미친 듯이 사랑에 빠질 것이고 함께 행복한 결말을 맺어 앞으로 행복하게

---

2) 피해자가 성 범죄를 당한 것에 대해 자신이 신뢰하는 사람들에게 진술한 것들이다.

살게 될 것이라고 상상한다. 불행하게도 이러한 일은 용의자에게 절대 일어나지 않는다. 피해자는 절대 그와 미친 듯 사랑에 빠지지도 않으며, 용의자는 발기 상태를 유지하는 데도 사정하는 데도 자주 어려움을 겪는다.

강간은 피해자에 대한 권력, 통제, 지배의 욕구는 충족되지만 대부분의 사회에서 볼 수 있듯이 기본적인 성적 욕구가 충족되지는 못한다. 그 결과 용의자는 피해자가 충분히 성적으로 매력있지 않았거나, 성폭행에 충분히 몰두하지 않았거나 아니면 판타지를 충족시키지 못하도록 하는 어떤 문제가 피해자에게 있었기 때문에 실패한 것으로 본다.

판타지와 용의자의 머리 속에 있는 힘 감정의 균형을 조합해야 하기 때문에 피해자가 그의 판타지를 충족시켜주지 못했다는 이유로 같은 피해자를 따라가 계속해서 반복적으로 성폭행할 가능성은 매우 낮다.

또한 용의자의 머릿속에 있는 감정 저울의 불균형은 매우 빠르게 일어난다. 그런 이유로 그는 자신의 감정을 처리할 수 없는 자신의 딜레마를 즉각적으로 해결하려고 한다. 결국 그는 기본적으로 편하거나 시기적절한 피해자를 노리게 된다.

강간범은 머릿속 저울이 균형에서 살짝이라도 벗어나게 되면, 그가 사는 동네를 배회하기 시작할 가능성이 더 크다. 이런 유형의 용의자는 피해자를 찾기 위해 아파트 단지를 계속 배회할 것이다. 그는 아파트 단지를 쇼핑몰과 같은 곳으로 생각한다. 그는 어느 집 창문이 열려 있는지, 아파트에 사는 여성들이 누군지, 여성들이 언제 혼자 있고, 언제 남편이 집에 있는지, 잠재적인 피해자를 훔쳐볼 수 있는 틈새를 모두 알게 될 것이다.

일반적으로 이렇게 엿보고 배회하고, 진행하는 과정은 그의 머릿속 감정적인 동요를 안정시키는 데 도움이 된다. 왜냐하면 무단 침입해서 피해자를 강간할 수 있을 것이라는 판타지가 피해자를 지배하고 통제한다는 감정적인 욕구를 충족시키기 때문이다. 머릿속 저울의 균형이 크게 깨졌을 때에만 실제로 판타지를 실행하고 아파트에 무단 침입해 강간을 하게 된다.

당신이 생각하는 일반적인 강간범은 그가 살고 있는 가까운 지역에 잠재적인 피해자가 많을 것이라고 생각할 가능성이 크다. 그가 특정한 밤에 성적 판타지를 행동으로 실행하려고 한다면, 그는 언제, 몇 시에 누구를 노려야 할지 알고 있기 때문에 그 시간에 가능한 피해자 집에 침입해 강간한다.

이와 같은 유형의 용의자가 여성을 통제하고자 하는 판타지가 있다면, 잠재적인 피해자를 찾기 위해 고속도로나 슈퍼마켓 주차장을 배회할 수도 있다. 이 타입의 용의자는 고속도로에서 혼자 운전하는 잠재적 피해자를 보고 장시간 따라가기 시작하는 유형이다. 용의자는 피해자를 따라가서 피해자를 강간할 수 있을 것이라는 판타지를 품을 것이다. 만약 용의자가 실제로 피해자를 따라 집까지 간다면 다시 강간에 대해 판타지를 품고 실질적으로 성폭행을 실행하기 위해 용기를 내어 한동안 밖에서 기다릴지도 모른다. 그런 다음 용의자는 피해자를 성폭행하기 위해 TV 수리공이나 가스 회사에서 온 사람이라고 문을 두드리는 것과 같은 계략으로 피해자에게 접근할 것이다

또한 그는 슈퍼마켓에서 끌리는 피해자를 발견하고 집까지 따라가 비슷한 방법으로 피해자를 성폭행할 수도 있다.

이 때문에 용의자에게 실제로 붙잡히기 전 최소 몇 시간 전으로 거슬러 올라가 성폭행 전 피해자의 행적에 대한 배경정보를 입수하는 것이 중요하다. 피해자의 일과 24시간 전으로 돌아가서 그 24시간 동안 용의자와 접촉한 적이 있는지 알아보는 것이 좋다.

만약 피해자가 어느 정도 거주한 동네나 아파트 단지에서 그러한 폭행을 당했다면 그녀에게 창문을 훔쳐 본 사람이나 세탁실에서 속옷 등이 도난당한 것과 관하여 이웃들이 알고 있는지 물어봐야 한다. 아파트 관리인은 피해자가 알지 못하는 배회자나 다른 불쾌한 범죄에 대해서 알고 있을 지도 모른다.

강간은 용의자가 피해자를 통제하려는 것과 관련되어 있기 때문에 용의자가 여성이 혼자 사는 빈집에 침입해 속옷을 훔치거나, 실제로 그녀가 집에 있었다면 강간할 수 있었다는 판타지를 품으며 침실에 머무름으로써 피해자의 소유물을 통제하는 일은 드물지 않다. 용의자는 피해자의 침대 위나 옷 위에서 자위행위를 할지도 모른다. 용의자가 피해자를 실제로 강간하기 전, 아파트 단지 내에서 일어나는 이런 종류의 범죄를 아파트 관리자들은 알고 있을 수 있다.

니콜라스 그로스 박사(Dr. Nicholas Groth) 등은 강간범을 몇 가지 다른 유형으로 정의하고 있다(이 주제에 대한 자세한 내용과 추가 판독은 이 책의 참고 문헌과 2부를 참조하시오).

M.O. vs. 강간범의 판타지

범행방식(M.O.)은 일반적으로 용의자가 은행을 털거나 빈집을 털기 위해 침입하는 방법을 말한다. 일반적으로 이런 유형의 범죄에서 범죄의 동기요인(돈을 얻고자 하는 것)을 이해하기 위해 M.O. 이상을 조사할 필요는 없다. 그러나 성 범죄에서의 M.O.는 재산범죄와는 상당히 다르다

성 범죄에서 M.O.는 용의자가 피해자와 접촉하는 전술, 즉 수법이다. 이러한 접근들은 간단하거나 기발한 것일 수 있다. 그 접근들은 용의자의 집으로 에스코트 서비스를 부르는 것에서 부터 여성들과 접촉하기 위해 데이트 서비스를 이용하거나 "데이트 강간 약물"을 사용하거나, 혹은 그의 성기로 피해자에게 특별한 약을 "주입"해야 하는 의사 행세를 하는 것까지 다양하다. 집에 침입해서 머리에 총을 겨누고 강간하거나 칼로 위협하여 길에서 납치하는 것처럼 간단할 수 있다. 그 접근법이 어떠하든 그것은 범죄의 진정한 동기를 달성하는 첫걸음일 뿐이다.

일단 용의자가 여성을 납치하는 데 성공하면 두 번째 단계로 폭행을 한다. 이것은 용의자가 어떻게 성폭행하고 싶은지에 대한 판타지를 행동으로 보여주는 실제 판타지 단계이다. 이 판타지는 매우 기본적일 수도 있고 꽤 정교할 수도 있다.

성폭행의 6단계

실제로 성폭행을 하는 동안 용의자가 하는 모든 행동은 그에게 의미가 있다. 면담자인 당신에게는 아무런 의미가 없을지 모르지만 용의자에게는 매우 중요한 의미를 가진다. 이를 염두에 두고, 만약 피해자가 다소 기이해 보이는 것을 말한다면 이 부분을 확실히 기록해 두어야 한다. 이것은 나중에 매우 중요해질 수도 있다. 가능하다면, 조사과정에서 성폭행의 다음 단계들을 확인해야만 한다. 단계는 다음과 같다:

1. 접근단계: 이 단계는 슈퍼마켓에서 피해자의 집까지 따라오거나 아파트 단지를 배회하거나 술집에서 만나는 것을 말한다.

2. 접촉단계: 용의자는 주차장에서 그녀와 직면해 칼로 위협하거나, 주거지에 침입해 침대에서 그녀와 직면하거나 히치하이커 혹은 매춘부에게 흉기를 들이댈 수도 있다.

3. 포획단계: 피해자가 살해되거나 중상을 입는 것과는 달리 일단 피해자가 성폭행에 응하기로 결정하면 사실상 포획된 것이다. 아마도 용의자의 70%에서 90%는 피해자를 포획할 수 있을 정도의 힘만 사용할 것이다.

실제로 피해자에게 육체적 고통을 가하는 것을 즐기는 용의자들이 있는데 이들은 피해자를 포획하기 위해 과도한 힘을 행사한다. 피해자를 포획하기 위해 필요 이상으로 피해자를 구타하거나 칼로 찌르는 행위를 할 것이다.

이 포획-항복 단계에서 예외로 적용되는 것은 피해자가 약물 혹은 물리적인 힘에 의해 의식을 잃은 상태일 때이다.

4. 폭행단계: 이 단계는 실제 폭행 그 자체를 말하며, 강간하는 동안 피해자가 특정한 행동을 하거나 말하도록 지시하는 용의자의 대화가 포함될 수 있다.

5. 폭행 후 행동단계: 이 단계에서, 용의자는 때때로 피해자에게 사과하기도 하고, 종종 왜 자신이 강간해야 했는지 설명하며 자신의 행동을 정당화하려 할 것이다. 그 변명은 보통 거짓말이지만, 그들은 대개 "여자 친구와 방금 헤어졌다"거나 "여자 친구가 임신해서 오랫동안 섹스를 하지 않았다"와 같은 핑계를 댄다. 용의자가 피해자에게 마실 것을 주거나, 전화번호를 물어보거나 일반적인 대화를 나누거나, 껴안거나, 앞으로 다른 사람이 침입하지 못하도록 집을 더 안전하게 지킬 수 있는 방법을 알려주는 것은 폭행 후 단계에서 드문 일이 아니다.

6. 탈출단계: 이 단계에서는 용의자가 실제로 피해자와 접촉을 끊고 도주한다. 강도강간 상황에서는 용의자가 출구를 실제로 사용하기 전에 미리 출구를 확보

해 두는 것이 드문 일은 아니다. 예를 들어 창문을 통해 침입하지만 피해자와 접촉하기 전에 현관문을 미리 열어 두어 빠르게 탈출할 수 있도록 하는 식이다.

이 도주를 위해 근처에 차량을 주차시켜 둘 수도 있고, 만약 그가 근처에 산다면 그는 그냥 걸어서 도망칠 수도 있다. 도주 경로를 파악하는 것은 도중에 폐기했을 수도 있는 증거를 찾는 데 중요하다.

성폭행의 6단계는 통상 피해자 면담 과정에서 파악해야 한다. 피해자가 어떤 유형의 범죄자와 관련하여 용의자에 대해 많은 것을 말해준다는 점에서 용의자 면담에서 이 정보들은 중요하다. 이것은 용의자 면담을 시작하기 전에 파악해야 할 기본적인 정보이다.

피해자의 연령

대부분의 용의자들은 피해자를 선택하는 데 있어 매우 기회주의적이다. 기본적으로 강간의 욕구가 생겼을 때 그들은 피해자의 연령을 상관하지 않고 성폭행할 피해자를 선택한다. 용의자는 피해자를 실존 인물이 아닌 소유할 사물로 보기 때문에 피해자의 연령에 대해서는 크게 신경을 쓰지 않는다. 필자는 11세에서 80세 사이의 피해자들을 공격한 동일한 용의자를 봐왔고, 그 모든 여성들은 기회의 피해자였다.

하지만 이러한 용의자들의 감정적인 기질 때문에 그들 중 많은 수가 여성들을 대할 때 본인이 충분하지 않다고 느낀다. 때때로 당신은 매우 어린 아이들 또는 노인들만을 폭행하는 용의자를 이 카테고리에서 보게 될 것이다. 이 두 그룹, 어린 아이들과 노인들은 모두 비 성적인 존재로 여긴다. 사회는 일반적으로 아이들이 어떤 성적 지식이나 경험이 없다고 생각하기 때문에 용의자는 이 아이에게 적절하게 행동할 필요가 없고, 결과적으로, 그는 피해자를 만족시키지 못해 비웃음을 당할 수 있다는 염려없이 그들을 폭행할 수 있다. 또한 우리 사회에서 할머니들을 성적인 존재로 여기지 않는다. 그러한 이유로 어린이들을 강간하는 동일한 용의자는 노인 피해자를 적절하게 행동할 필요가 없는 비 성적 존재로 볼 것이다. 이런 이유로 그는 이 연령대 집단도 공격할 수 있다.

강간 키트

때때로 용의자들은 성폭행을 할 때 가지고 갈 강간 키트를 준비한다. 여기에는 그들이 강간을 수행하기 위해 필요한 도구를 넣을 배낭이나 더플백이 포함될 것이다. 용의자가 가지고 다니는 강간 키트에는 스키 마스크, 장갑, 강력 접착테이프, 수갑, 총, 칼, 공구 등이 있고 용의자는 피해자를 포획하는 데 그 도구들을 사용할 것이다. 일부 용의자들에게 있어 이러한 물품을 실제로 소지하는 것은 판타지의 한 부분이며, 본질적으로 성폭행 전에 하는 "데이트"의 한 부분이다. 그들 중 일부는 기회가 있을 때 여자를 강간하는 판타지를 이루기 위해 강간 키트를 가지고 다닌다. 만약 그들이 성폭행을 하기로 결정한다면, 성폭행을 저지르기 위해 이용할 수 있는 도구를 가지고 있다는 것이 그들의 판타지를 진행시키는 데 도움이 된다.

강간범은 판타지 전문가이다. 그들은 머릿속 저울의 균형을 절대 극치로 안정시키기 위해 상상을 한다. 강간 키트가 그들의 판타지에 도움을 주는 것처럼 머릿속 감정적 저울의 균형을 맞추는 데도 도움을 준다.

단지 어떤 사람이 강간범(혹은 아동 성추행범)이라고 해서 또 다른 종류의 범죄를 저지르지 않는 것은 아니다라는 것을 명심하라. 강간범은 은행 강도 및 절도범일 수 있고, 위조수표를 쓸 수 있는 사람일 수 있고, 마약 중독자일 수도 있다. 또는 위의 모든 범죄를 저지를 수도 있다. 이러한 유형의 범죄를 조사할 때, 만약 여러분이 "강간 키트"를 발견하거나, 여러분이 조사하고 있는 사람이 강간범이라고 믿게 하는 다른 물품들을 발견하면 반드시 그 증거물들을 보관하거나, 적어도 그것들을 문서화해서 성 범죄 수사관들이 이 사람이 어쩌면 미해결 범죄와 관련된 사람일 수도 있다는 것을 알도록 하라.

강간 외상 증후군

강간 피해자들이 겪는 정서적이고 신체적인 증상들을 분석하여 '강간 외상 증후군'이라고 분류하였다(부록 "A" 참조).

성폭행 당한 사람의 초기 반응은 폭행의 감정적 충격을 부정하는 것이다. 이러한 이유로 초기에 피해자들은 감정이 없거나 부정적인 반응을 보일 것이다. 피해자는 당신과 처음 만났을 때 화를 내고 울지도 모르지만, 일단 안전하다고 느끼게 되면, 피해자는 모든 감정 표현을 차단하고 면담에 차분히 잘 응할 것이다.

아마 피해자는 폭행에 대한 감정적 동요를 부정하고 싶어 할 것이다. 이는 면담이 진행되는 동안 아주 사무적인 태도를 유지하도록 할 것이고 면담을 용이하게 한다. 하지만 당신이 실제 성폭행, 즉 실제 질삽입이나 피해자가 처음으로 경험한 구강 섹스에 대한 이야기에 접근하면 그러한 행동의 기억이 피해자들을 압도해 피해자들은 다시 감정적인 상태가 되어 울기 시작하거나 눈에 띄게 떨게 된다. 당신은 이제 자발적인 진술 목격자가 되었고, 증거 코드의 예외에 따라 그들과 접촉했을 당시의 피해자 감정 상태에 대해 증언할 수 있기 때문에 수사보고서에 이러한 감정들을 반드시 기록하도록 하라.

면담: 강간 피해자

일반적으로, 일회성 강간사건 현장에 출동하게 되면 당신은 수사관으로서 증거물 확보를 위해 범죄 현장을 조사하고 용의자에 대한 정보를 확보해야 한다. 이 과정은 진행 중인 모든 다른 사건에서도 당신이 처리할지도 모르는 최근 범죄사건에서도 동일하다.

이러한 성폭행 상황에서 당신은 보통 피해자를 병원으로 데리고 가기를 원할 것이다. 보통 이런 경우, 피해자를 치료해 줄 수 있는 의사를 기다리는 동안 피해자와의 면담이 진행된다.

이런 상황에서 피해자는 당신이 왜 거기 있는지 그리고 무슨 일이 일어났는지에 대해 면담할 것이라는 것을 매우 잘 알고 있다. 당신은 피해자에게 많은 시간을 할애해 대화를 나눌 예정이고, 실제 성폭행 행위 자체에 많은 시간을 할애하는 것이 아니라, 용의자의 접근방법, 접촉, 포획단계와 같이 실제 성폭행에 이르게 한 것이 무엇인지에 대해 많은 시간을 할애할 것이라고 설명하라. 피해자와 용의자가 만났을 때 용의자가 한 말과 범행 후의 행동에 대해 매우 궁금하다고 말하라. 이렇게 하면 피해자는 실제 물리적 삽입 과정에 대해 오랜 시간 이야기하지 않아도 되기 때문에 약간 긴장을 풀 수 있게 해준다, 일반적으로 일반인들은 성폭행 상황과 관련해 물리적 삽입 과정에 대해 이야기하는 것을 두려워한다.

당신이 질문하는 것은 *합법적으로 필요한* 정보들이기 때문이라는 것을 피해자에게 전달해야만 하고 경찰서에 돌아가서 면담을 할 때 미성년자 관람불가 등급 영화를 본 것처럼 자신의 피해에 대해 이야기하지 않을 것임을 확신시켜야 한다. 일단 피해자가 당신과 대화하는 것을 편하게 느끼게 된다면 일반적으로 면담은 꽤 쉽게 진행될 수 있다.

기본적인 용의자 정보를 보조수사관에게 전달한 후, 당신은 피해자와 장기적인 면담 과정을 진행할 필요가 있다. 당신은 피해자에게 지난 몇 시간 동안 무엇을 했는지, 즉 데이트에서 집으로 돌아왔는지, 슈퍼마켓에 있었는지, 직장에서 집으로 바로 돌아왔는지 아니면 방금 아침에 일어났는지 등을 물어보는 것으로 시작할 수 있다. 이것은 당신이 면담을 쉽게 시작하게 해주고 그녀가 어디에 갔었는지, 처음 용의자에게 목격되었을 만한 장소가 어디인지에 대한 정보를 얻을 수 있다.

피해자는 용의자가 실제로 자신을 본 첫 시점을 알지 못할 수도 있다는 점을 기억하라. 이러한 이유로 당신은 그녀에게 이 사실을 조언하고 용의자가 그녀의 집까지 따라갔을 가능성이 있고, 그녀가 잠재적인 용의자로 생각하지 않는 이웃 중의 한 사람일 수도 있다고 단순히 이야기하라. 면담 과정에서 그녀는 몇 시간 전에 시장에서 누군가를 만났다거나, 고속도로에서 부터 그녀의 집까지 따라온 사람이 있었는데 그녀가 첫 만남과 성폭행 사이를 연관짓지 않았다는 것을 갑자기 깨닫게 될 것이다.

용의자의 첫 접촉에 대해 질문할 때는 창문을 통해 침입했는지, 현관문을 두드리고 수리공 행세를 했는지 아니면 총을 손에 들고 길거리에서 그녀에게 접근했는지 등 물리적으로 무슨 일이 일어났는지를 알아보아야 한다. 또한 그의 태도가 어땠는지 물어볼 필요도 있다. 용의자의 불안이 고조되어 있었는지, 숨을 거칠게 쉬고 있었는지, 미안해했는지, 매우 화가 나 있었는지 물어보라. 그리고 만약 태도가 바뀐 시점이 있다면, 어떤 시점에, 어떻게 태도가 바뀌었는지 물어보라. 흔히 용의자는 피해자와 처음 접촉할 당시 매우 높은 불안 상태에 놓이게되지만 일단 피해자를 붙잡는 데 성공하면 오히려 더 여유로워질 수 있다. 편안한 상태라고 피해자가 착각할 수도 있는 상태는 용의자가 강간 시나리오의 판타지 단계에 들어섰을 가능성이 더 높다.

또 용의자가 그녀를 붙잡을 수 있는 만큼만의 힘을 사용하였는지 물어볼 필요가 있다. 물리적 힘을 사용한 강간의 요소 중 하나는 용의자가 힘, 공포 또는 신체상해 위협을 이용하여 피해자의 어떠한 저항도 이겨냈다는 것이다. 당신은 피해자에게 이러한 범죄 요건을 충족시키는 자세한 정보를 얻어야 한다. 기본적으로 용의자가 피해자의 얼굴에 총을 들이대고 응하지 않으면 죽일 것이라고 말했기 때문에 피해자가 살해당할까봐 두려웠다고 한다면 그건 분명히 그 요소를 충족시키는 것이다. 종종 용의자와 피해자의 덩치 차이만으로도 피해자가 이 공포 요소를 느끼기에 충분하며 용의자에게 심하게 구타당할까봐 두려워 이에 응하기도 한다.

피해자에게 각각의 성행위는 서로 다른 별개의 명백한 범죄가 된다는 점을 설명하는 것이 중요하다. 만약 용의자가 처음에 피해자의 질에 손가락을 넣었다면 그건 별개의 중죄다. 만약 그가 그녀에게 구강 성교를 했다면 그것 또한 별개의 중죄가 된다. 또한 그녀가 그에게 구강 성교를 했다면 그건 또 다른 중죄다. 만약 그가 그녀와 성교를 한다면 그것도 별개의 중죄다. 중죄를 범할 때 마다 피의자는 각각의 범죄로 기소할 수 있고, 각각의 행동에 대해 별도로 형을 선고받는다. 대부분의 성폭행은 피해자에게 자행된 몇 건의 중범죄를 포함한다. 일반적인 강간 사건의 경우 용의자는 아마도 그녀를 납치하거나 거짓으로 감금하거나 폭행하는 과정에서 총기를 사용하는 등 피해자에게 여러 건의 개별적인 성폭행을 저질렀을 수 있으며, 이는 형량을 높일 수 있다. 당신이 성폭력에 대한 자세한 내용을 원하는 이유는 이런 개별 범죄를 일일이 기록해서 피의자의 형량이 늘어날 수 있도록 하기 위해서라는 점을 피해자에게 설명할 필요가 있다.

일단 피해자가 이 점을 이해하면 무슨 일이 일어났었는지 당신에게 말하는 데 아무런 문제가 없을 것이다. 때때로 그녀는 자신이 특히 혐오스럽다고 생각하는 성행위를 해야만 했다는 것에 화를 낼 것이고 당신은 세심하게 그녀의 감정을 헤아릴 필요가 있다. 그러나 일반적으로 그들은 일어난 일에 대해 매우 솔직하게 말할 것이다.

만약 피해자가 성폭행 단계에서 일어난 일련의 사건들을 기억하는데 어려움을 겪는다면, 당신은 아마도 시간을 거꾸로 거슬러 올라가면서 즉, 가해자의 마지막 접촉부터 시작해 면담해 보아라. 당신은 그녀에게 알파벳을 A에서 Z로 암송하는 것이 매우 쉽겠지만 만약 알파벳을 Z에서 A로 거꾸로 암송하려고 한다면 올바른 순서로 말하고 있는지 확실히 하기 위해 멈추고 각각의 글자에 대해 생각해 볼 것이라고 설명해 주어라. 어떤 사건이 먼저 일어났는지에 조금 혼란스러워 한다면 실제 성폭행 그 자체를 떠올리는 것도 마찬가지 일 것이다. 만약 피해자에게 사건을 거꾸로 거슬러 올라가 생각해 보게 한다거나 조금 더 자세히 생각하도록 강요한다면 무슨 일이 일어났는지 조금 더 명확하게 알 수 있을 것이다.

실제 성행위 자체를 "과잉대응"할 실질적인 이유는 없다. 만약 피해자가 용의자가 발기했고, 발기된 성기를 자신의 질에 삽입했다고 말하면, 그것은 범죄의 요소를 만족시킨다. 2분, 3분, 5분 등과 같이 성교가 일어난 대략적인 시간을 얻을 수 있다면 범죄의 요소로서 괜찮지만, 범죄의 실제 요소들에 관해 매우 중요한 정보는 아니다. 유사 강간도 마찬가지다. 용의자가 한 손가락을 피해자의 질 안에 넣었는지, 두 손가락, 세 손가락을 넣었는지는 범죄의 요소를 전혀 바꾸지 않는다. 만약 피해자가 그것이 한 손가락인지 두 손가락이었는지 기억할 수 있다면 그건 괜찮지만, 이런 문제에 지나치게 얽매이지 말라. 피의자가 피해자 안에 손가락을 넣었는지, 하나 넣었는지 두 개 넣었는지 알아내는 데 너무 얽매여 어이없을 정도로 부담스러워하는 면담자들을 많이 봤다.

또한 나는 면담자들이 용의자가 사정했는지를 피해자가 아는지 확인하기 위해 아주 오랫동안 면담하는 것을 보았다. 피의자가 피해자와의 질내성교 과정에서 사정했는지 여부는 범죄의 구성요건이 아니다. 법과 관련해 그것은 전혀 중요하지 않다. 용의자의 신원을 확인하는 데 도움이 될 수 있는 생물학적 증거를 찾는 데 있어 어느 정도 중요한 것은 사실이지만, 그때에만 유일하게 중요하다.

피의자의 사정여부는 물리적 증거를 모으는 데 있어서만 중요하기 때문에 이것을 피해자에게 반드시 설명하고, 그러한 생물학적 증거가 그녀의 옷, 몸속, 침구, 시트 혹은 바닥 등에 있을 수 있는지 그녀에게 물어봐야 한다.

성폭행 하는 동안 피의자가 발기유지에 어려움을 겪었다면 가능한 한 상세하게 이 사실을 기록할 필요가 있다. 발기유지 문제를 해결하기 위해 자위를 했는지, 피해자에게 구강 성교를 시켰는지와 같은 그가 한 행동은 무엇인지, 그리고 이 때 그의 태도나 기분은 어땠는지를 물어볼 필요가 있다(그가 사과하였는지, 화가 났었는지).

피해자는 성폭행 중에 보인 피의자의 행동, 태도, 그리고 성폭행을 계속 이어가기 위해 사용한 말들을 설명할 수 있을 것이고 이는 피의자가 품은 판타지가 무엇인지를 알아내는 데 큰 도움이 된다. 대부분의 용의자들은 같은 판타지를 여러 번 해보고 네다섯 번의 성폭행 후에는 그 판타지를 조금 바꿀 것이다.

범행수법과 환상이 별개의 것이라는 점을 알고 있기 때문에 특정 용의자는 다른 방식으로 피해자들과 접촉할 가능성이 크다. 강간 용의자가 자신에게 맞는 범행수법을 가지고 있다면, 그 방법을 계속 사용할 것이다. 그러나 기회주의적 성격 타입은 범행수법이나 접촉방법을 순간순간 바꿀 것이다. 피의자가 새벽 3시에 집에 침입해 자고 있는 피해자의 목에 칼을 대고 강간한다고 해서 히치하이커를 강간하지 않는다는 뜻도 아니고, 매춘부나 출장 서비스 여성을 강간하지 않는다는 뜻도 아니다. 잠재적 피해자들과 접촉할 수 있는 여러 가지 다른 범행수법이 있을 것이다. 그러나 일단 피해자를 잡고 나면 그가 행동으로 옮기는 판타지는 같거나 매우 비슷할 것이다.

만약 현장에 가장 먼저 도착한 지역 경찰관이 성폭행 당시의 분위기와 사용된 용어에 대해 자세히 진술을 확보할 수 있다면 판타지를 통해 여러 건의 범죄를 저지른 용의자를 파악하는 데 큰 도움이 된다. 예를 들어 용의자는 피해자가 구강 성교를 하는 동안 피해자를 "나쁜 년" 또는 "창녀"라고 부를 수도 있지만, 그녀와 질 성교를 할 때는 피해자에게 "당신은 내가 만난 남자 중 가장 좋은 애인이다" 또는 "당신은 내가 본 것 중 가장 큰 성기를 가지고 있다"와 같은 말을 반복하기를 요구할 수 있다. 이것은 나중에 범죄자를 식별하는 데 매우 중요한 용어다.

용의자가 피해자를 붙잡은 뒤 성폭행이 계속되는 동안 마치 대본을 읽는 것 같은 모습을 보이는 것은 드문 일이 아니다. 종종 용의자는 마음속으로 강간 시나리오를 아주 여러 번 반복해서 공상한다. 만약 용의자가 보이지 않는 대본을 읽고 있는 듯한 모습을 보이는 단계로 들어갔는지 아닌지를 피해자로부터 파악할 수 있다면 이것은 나중에 그가 누구인지 알아내는 데 매우 도움이 될 수 있다.

남성 면담자 vs. 여성 면담자

내 경험상 면담자의 성별은 피해자에게서 얻은 정보의 질과 전혀 관계가 없다. 더 중요한 것은 라포를 형성하는 능력과 피해자로부터 정보를 얻는 데 필요한 진지한 접근법이다. 남성 면담자가 여성 강간피해자와 대화하는 것이 여성에게 매우 치료적이라고 말하는 학설도 있다. 피해자가 권력위치에 있고, 자신을 피해 입히지 않을 남성과 안전하게 접촉할 수 있게 하는 것은 남성을 믿을 수 있는 능력을 재구축하는 과정의 시작이라고도 한다. 이 유대를 통한 힘(Strength Through Association)은 회복 과정을 시작하고, 면담자와 피해자 사이의 라포를 형성하는 데 도움이 된다.

피해자가 여성 면담자와 면담하길 원한다고 분명하게 말한다면, 무슨 수를 써서라도 그녀의 요구를 들어줄 수 있도록 하라. 그러나 이것은 정말로 문제가 되지 않으며 대부분의 피해자들은 면담이 제대로 진행되는 한, 성폭행에 대해 남성에게 이야기하는 것을 완전하게 편안히 느낀다는 것이 나의 경험이다.

허위 신고

강간을 당했다고 허위로 신고하는 것은 대부분의 사람들이 알고 있는 것보다 더 큰 문제다. FBI가 성 범죄를 허위로 신고하는 사람의 프로필을 만들 정도로 큰 문제가 됐다. 이 프로필은 부록 "B"에 첨부되어 있으며, 반드시 읽어봐야 하는 내용이다.

아래에 열거된 것처럼 광범위한 범주의 허위 강간사건이 있다. 그렇다고 이러한 특징을 보이는 모든 강간사건이 허위라는 것은 아니다. 내가 알게 된 동기부여 요인은 다음과 같다:

A. 중독: 이것은 여성이 마약이나 알코올에 너무 취해서 "잘못된 남자"와 밤을 보낸 경우이다.

B. 임신/성병: 이것은 여성이 합의된 성관계를 했지만, 임신이 되거나 성병에 걸려 부모나 남자 친구 또는 남편에게 실제로 "어떤" 일이 있었는지 말하기 두려워하는 경우이다.

C. 관심: 이런 유형은 수사관 뿐만 아니라 친구나 친척들로부터 관심을 받고자 한다. 이 범주에 속하는 사람들은 종종 오랜 시간 동안 용의자에게 스토킹을 당했다고 정교하게 이야기를 한다. 또한 그들은 자신의 성적 피해를 "늦게" 신고하는 것으로 악명이 높다. 또한 자신의 강간 혐의를 입증하기 위해 자해할 가능성이 높은 유형의 사람이다.

D. 잘못된 방향: 이러한 유형은 일부 가정 내 규칙을 위반(주로 통금시간을 위반하는 것)한 것을 피하려고 한다. 이 유형은 자신이 늦게 귀가한 이유로 벌을 받는 대신 부모로부터 동정을 얻기 위해 강간당했다고 진술한다.

E. 집으로 돌아가기: 이 피해자는 "혼자 살기" 위해 부모님의 집을 나왔지만, 그 생활이 너무 힘들다는 것을 알게 된다. 하지만 이 사실을 인정하고 싶지 않아 가족들이 자신에게 집으로 돌아오라고 "강요"할 수 있도록 강간을 당했다고 꾸며낸다. 보통 새로 이사 간 집에서 발생한다.

F. 임대 계약 파기: 피해자는 임대 계약을 파기하기 위해, 누군가 자신의 집에 침입해 성폭행당했다고 신고한다. 그리고 나서 피해자는 집주인에게 너무 무서워서 살기 힘드니 계약을 파기해 달라고 한다. 또 다른 유형으로는 임대료로 마약을 사고서는 누군가가 집에 침입해 돈을 훔쳤고 강간당했다고 한다. 이렇게 해서 피해자는 다음 달 집세를 내지 않고 임대계약을 파기할 수 있다.

G. 동정/죄책감: 피해자들은 최근 남자 친구나 남편과 헤어져 그들에게 동정이나 죄책감을 얻기 위해 강간당했다고 신고한다. 성공하면 전 남친/남편은 강간범으로부터 그녀를 보호하기 위해 다시 돌아올 것이다.

H. 바람난 부인: 이 여인은 바람을 피우고 있고 "늦게까지 잠을 자는 바람"에 제시간에 귀가하지 못한다. 그녀는 집에 있지 않은 이유를 설명하기 위해 강간을 당했다고 거짓으로 신고한다. 임신이나 성병이 걸렸을 경우에도 "해당"된다.

I. 모방범: 이 유형은 관심병 환자와 비슷하다. 현재 실제로 발생한 강간 사건이 언론 매체의 주목을 받는 동안 나타난다. 이 여성은 자신도 같은 도둑이나 스토커에게 공격당했다고 보고한다. 이는 피의자가 진술하는 포획과 폭행 단계에 대한 내용을 자세히 기록하는 것이 중요한 또 다른 이유다. 그리고 이 정보가 일반적으로 알려지지 않도록 뉴스 매체로부터 멀리해야 한다. 이렇게 하면, 모방 피해자가 나타나더라도 다른 피해자들과 일치하는 이야기를 할 수 없을 것이다.

J. 정신장애: 이 범주에는 여러 하위범주가 있다.
  1. 정신적 장애가 심한 경우: 이 유형의 사람은 심한 정신적 장애로 인해 강간이나 다른 범죄를 허위로 신고한다.
  2. 감정 혼란: 이 유형의 사람은 심리적 도움을 얻으려고 노력하지만 어떻게 해야 더 합법적인 방법으로 도움을 받을 수 있는지 방법을 모른다. 그들은 그들의 삶에서 얻은 스트레스의 근원에서 벗어나야 할 필요가 있다. 그래서 그들은 가족과 친구들에게 "체면을 구길" 일 없이 강간 이야기를 꾸며낸다. 자신 스스로 뿐만 아니라 가족에게서도 성공해야 한다고 엄청난 압력을 받고 있는 대학생이 이 유형의 한 예이다. 이 성공에 대한 압박이 심해지면, 그녀는 공격자에게서 벗어나기 위해 학업에서 도망치기 위해 강간을 당했다거나 스토킹을 당하고 있다고 거짓말을 한다. '집으로 돌아가기' 유형과 매우 유사하다.
  이런 사람들을 대할 때에는, "궁지에 몰아넣지 않도록" 주의해야 한다.

정신적으로 불안정하기 때문에 그들과 대립하는(그들을 거짓말쟁이라고 부르는) 것은 그들을 자살하게 할 수도 있다. 당신은 그들이 "강간"과 관련하여 상담을 받을 수 있도록 제안할 수 있다. 좋은 상담가는 진짜 문제를 공략해 스트레스를 줄일 수 있을 것이고 스토커는 사라질 것이다.

3. 과거/생존자: 때때로 어린 시절 근친상간의 피해자인 성인이 거짓으로 강간 신고를 한다. 왜냐하면 그들은 인생에서 성적인 문제에 대해 이야기하고 싶지만 아직 근친상간을 밝힐 수는 없기 때문이다. 오랜 기간동안 진실을 묻어 아무도 자신의 말을 믿지 않을까봐 두려워 그들은 현재 성폭행 피해를 당했다고 이야기를 지어낸다. 이것은 성적인 문제와 관련한 감정적인 문제에 대해 이야기할 수 있도록 해준다.

다시 말하지만 이런 사람을 대할 때는 "그들을 궁지에 몰아" 자살에 이르지 않도록 조심해야만 한다. '수사관'은 그들을 추행한 아버지처럼 힘 있는 위치에 있기 때문에 그들의 "거짓말"과 맞서서는 안 된다. 그들이 상담을 받도록 해 진짜 문제가 해결될 수 있도록 하는 것이 훨씬 더 낫다.

이는 수사보고서를 작성하는데 몇 시간의 시간을 낭비한다는 것을 의미한다. 그러나 수사관(보통 남성)이 이러한 피해자에게 옳은 일을 하고 말을 하는 것은 윤리적인 일이고, *유대를 통한 힘*의 또 다른 예이다.

4. 노출증환자: 진정한 여성 노출증환자는 관할 경찰서를 미치게 할 수 있다. 그들은 경찰관들이 자주 가는 가게에서 많은 시간을 보내며 야간 근무를 하는 모든 사람들에게 "모두 다 보여주"며, 이는 경찰관들에게 제재를 받는 것으로 끝나기도 한다. 이 여성이 모든 사람이 볼 수 있도록 커튼을 열어 놓은 채 자신의 거실에서 반쯤 벌거벗고 걸어다닐 것이다. 또한 그들은 허위 강간 신고를 할 것이다. 이 신고들은 "여성이 쓰러졌다"는 형태일 것이다. 출동한 경찰관은 두부 외상 없이 바닥에 의식을 잃고 누워있는 벌거벗은 피해자를 발견할 것이다. 그녀는 출동한 경찰관과 소방관(구조요원)의 절반에게 그녀의 벌거벗은 모습을 보여준 후 기적적으로 아주 빠르게 의식을 되찾을 것이고, 그녀는 누군가

가 자신의 옷을 벗기고 강간하였고, 가해자가 뒤에서 자신의 머리를 가격했다라고 진술할 것이다. 만약 여러분이 이런 유형의 "피해자들" 중 한 명을 만난다면 혼자 피해자를 면담하지 마라.

다행히도 대부분의 허위 강간 신고에는 그 혐의와 관련된 신원을 확인할 수 있는 용의자가 없다. 대부분의 경우 피해자는 용의자의 신원을 확인할 수 없는 상황을 만들 것이고 용의자로 이어질 수 있는 단서나 목격자, 물적 증거가 없을 것이다.

예를 들면 대낮에 시내에서 가장 번잡한 교차로에서 누군가가 자신에게 접근해 끌고 갔고, 성폭행을 당했고, 가해자의 얼굴을 잘 보지 못했다고 신고하는 것이다. 피해자는 가해자에 대해 설명할 수도 없고 목격자도 찾을 수 없다.

또 다른 예로는 한 여름에 스키 마스크를 착용하고 장갑을 끼고 피해자를 자신의 양손으로 제압하면서도 성폭행하기 전에 콘돔을 착용했다고 하는 것이다. 장갑을 낀 채 콘돔을 사용해 본 적이 있는가?

강간범이 콘돔을 사용하는 것은 이제 꽤 흔한 일이다. 그들은 DNA 증거(그 증거는 그들을 한 번에 감옥으로 보낼 수 있다)에 대해 알고 있고, 강간 중에 성병에 걸릴 것을 두려워한다. 용의자가 콘돔을 사용했다고 하는 신고가 거짓이라는 것이 아니다.

이러한 허위 강간신고가 지연되는 것 또한 흔한 일이다. 이렇게 해서 피해자는 증거물이나 옷을 세탁했다고 하고 용의자에 대해 기억이 잘 나지 않는다고 말할 수 있다. 만약 피해자가 임신하거나 성병에 걸린 경우, 이 증상이 나타나기까지 몇 주가 걸리고 마지막에 신고하게 된다.

아주 일반적인 규칙은 강간 신고가 마치 TV 영화처럼 들린다면 아마도 그건 거짓일 것이다. 일반 대중들은 진짜 강간범들이 실제로 어떤 생각을 하고 행동하는지 전혀 모르기 때문에 그들은 자신들이 텔레비전에서 본 것을 바탕으로 이야기를 지어내는 경향이 있다.

피해자가 이러한 요소들 중 하나 이상이 포함된 강간을 신고한다고 해서 그 신고가 자동적으로 거짓이라는 것을 의미하지는 않는다는 것을 강력하게 다시 말한다. 그러나 수사관은 이러한 가능성을 인식하고, 적용할 수 있는 경우 이 가능성을 알아볼 필요가 있다. 이는 일반적으로 질문이나 피해자의 배경에 대한 질문으로 이루어진다. 그 질문은 다음과 같다:

"여기 얼마나 살았습니까?"
"남자 친구나 남편이 있습니까?"
"남자 친구나 남편과 최근에 헤어졌습니까?"
"이 같은 일이 전에도 일어난 적이 있습니까?"

이 질문들은 비난적인 질문이 아니라 일반적인 질문이나 배경정보로 표현된다. 그들은 신고가 거짓인지 아닌지를 규명하는 데 도움이 되는 종류의 정보를 자주 요청할 것이다.

합법적인 강간 수사보고서에서 피해자는 당신에게 폭행에 대한 관련 세부 정보를 줄 수 있을 것이다. 이것은 아동이 성추행 혐의에 대해 줄 수 있는 것과 같은 종류의 세부사항이다.

강간 수사보고서: "실제보다 더 괜찮게" 만들기

때때로 경찰관들은 범죄 당시 피해자의 행동을 실제보다 더 좋게 만들어야 할 필요성을 느낀다. 일어난 일은 *당신의 책임이 아니다. 당신의 책임은 단지 일어난 일을 문서화하는 것이다.* 만약 피해자가 강간 전에 술에 취했거나 마약을 복용했거나 여러 명의 섹스 파트너를 가졌다고 말한다면, 당신은 단순히 그것을 문서화하기만 하면 된다. 피해자를 "정화"할 의무가 있다고 생각하지 말라. 만약 그녀가 주차장에서 강간당하기 몇 분 전에 용의자와 함께 나이트클럽 댄스 플로어에서 유혹적으로 춤을 추고 있었다고 말한다면 그것을 은폐하거나 경시할 필요가 없다.

보고 사례: 낯선 사람에 의한 강간

2015년 8월 3일 새벽 2시 30분. 나는 피해자 #15−123('피해자'라 언급함)을 그녀의 아파트에서 만났다. 그녀는 누군가가 자신의 아파트에 침입해 성폭행을 했다고 말했다. 나는 처음에 용의자 인상착의와 마지막 이동경로를 파악해 경찰관들에게 그 정보를 알렸다. 경찰관들은 경계망를 설정하고 용의자를 수색했다.

피해자의 얼굴은 주먹에 맞은 것처럼 오른쪽 눈에 멍이 들었고 그녀의 코에서 약간 피가 났다. 그녀의 얼굴 오른쪽에도 약간의 붓기가 있었다. 그녀는 현장에서 응급구조대원들에게 치료를 받은 후, 의료 추적과 ASAV 검사를 위해 애너하임의 마틴 루터 병원으로 이송되었다. 나는 브라운 경찰과 CSI 요원들이 물리적 증거를 수집하고 현장을 촬영할 수 있도록 하였다.

나는 병원에서 피해자와 다시 만났고 진료를 받기 전에 휴게실에서 면담을 하였다.

피해 여성은 어제도 평소와 마찬가지로 오전 6시 30분에 일어나 출근 준비를 한 뒤 본인이 사무직으로 일하는 공장으로 출근했다고 했다. 그녀는 약 오후 5시쯤 퇴근을 하였고 옷을 갈아입기 위해 집으로 돌아왔다고 했다.

오후 6시 30분쯤, 그녀는 쇼핑몰에서 친구 메리 스미스를 만나기 위해 집을 나섰다. 쇼핑몰에서, 피해자와 친구는 저녁을 먹었고 그들은 몇 시간 동안 쇼핑을 했다. 피해자는 오후 9시 30분쯤 쇼핑몰을 나와 차를 몰고 집으로 갔다고 진술했다. 집으로 돌아오는 길에 주유를 위해 그녀의 집에서 반 마일 떨어진 주유소에 들렀다. 아파트 단지 안으로 들어갔고 보안 게이트를 통과한 뒤 본인 주차 구역에 주차했다. 피해자는 당시 자신의 집까지 따라온 사람을 기억하지 못했다. 그러고 나서 그녀는 차를 잠그고 곧장 그녀의 아파트로 걸어갔다. 밤 10시가 조금 지나 집으로 들어왔고 그녀는 현관문을 잠궜다.

그 후 그녀는 잘 준비를 했다고 말했다. 그녀는 밤 11시경에 긴 셔츠와 팬티를 입고 실제로 잠자리에 들었다. 그녀는 잠자리에 들기 전 환기를 위해 1층 미닫이 유리문을 약 6인치 열어놓았다고 말했다.

또 피해자는 잠자리에 들 때 평소처럼 TV를 보고 있었고, 평상시에는 TV를 켜놓은 채 잠이 든다고 말했다.

그녀는 새벽 2시 30분경에 얼굴에 손이 닿는 것을 느끼고 잠에서 깼다고 말했다. 그녀는 놀랐고 그녀는 침대에 일어나 앉으려고 했고 이때 용의자에게 얼굴을 여러 차례 맞았다고 했다.

그런 다음 용의자는 자신 앞에서 오른손에 칼을 든 채 조용히 하라고 말했다고 한다. 이때 용의자는 화장실에서 목욕수건을 꺼내와 TV 화면을 가렸다고 언급했다. TV는 켜져 있었지만, TV 화면에서 나오는 불빛만으로 그의 얼굴을 잘 볼 수 있을 만큼 충분치 않았다고 한다. 피해자는 용의자의 요구를 들어주지 않으면 자신을 죽일지도 모른다는 두려움이 있었다고 말했다.

그러고 나서 그는 그녀의 팔을 잡고 침대 밖으로 나오도록 했다. 그는 칼을 그녀의 목에 갖다 댄 채 집에 아무도 없는지 확실히 하기 위해 그녀와 함께 아파트 안을 걸었다. 그러는 동안 그는 그녀에게 혼자 사는지, 남자 친구가 있는지 물었다. 그녀는 남자 친구가 있지만 이 지역에 살지 않으며, 아파트에는 아무도 살고 있지 않다고 대답했다. 그녀는 용의자와 아파트 안을 하나하나 둘러보는 동안 미닫이 유리문이 당시 활짝 열려있는 것을 보았다고 한다.

그녀는 용의자와 함께 아파트 안 전체를 둘러보며 걷는 동안 그가 매우 초조하고 동요하는 것 같았다고 했다. 그는 그녀에게 아주 모욕적인 말투로 말을 걸었고, 마지막으로 언제 남자 친구와 "섹스"를 했는지 알려달라고 했다.

그 다음 용의자는 피해자를 침실로 다시 데려갔고 그녀에게 옷을 벗으라고 명령했다. 그녀가 옷을 다 벗자 그는 그녀에게 침대에 등을 대고 누우라고 말했다. 그는 계속해서 자기를 쳐다보지 말고 눈을 감고 있으라고 요구했다고 한다.

그러고 나서 용의자는 허리띠를 풀고 청바지 단추를 풀고 바지를 발목까지 벗었다. 또한 그는 앞에 단추가 달린 와이셔츠를 입고 있었는데 셔츠를 벗지도 단추를 풀지도 않았다. 피해자는 용의자가 발기가 되지 않은 상태였다고 말했다. 그는 침대 옆 스탠드에 칼을 내려놓고 나서 자위를 하기 시작했다. 용의자는 여전히 발기하기 힘들어 했고 이 지점에서 매우 불안해했고 피해자를 '나쁜 년'과 '창녀'라고 불렀다. 그런 다음 그는 그녀에게 자기 앞에서 자위행위를 시작하라고 요구했다. 처음에 피해자는 거절했지만 용의자가 다가와 시키는대로 하지 않으면 죽이겠다고 하자 용의자의 지시에 따라 그녀의 질 부위를 애무하기 시작했다.

아마 1, 2분 정도 이러한 행동을 한 후에 용의자는 발기를 했고 용의자는 그녀의 위에 누워 피해자의 질내 삽입을 시도했지만 발기를 유지할 수 없었고 이때 실제 삽입은 이루어지지 않았다고 했다.

용의자는 다시 화를 내고 불안해하기 시작했고 피해자에게 구강 성교를 하라고 요구했다. 그녀는 침대 끝에 일어나 앉았고, 용의자가 그녀 앞에 서 있는 상태에서 그녀에게 자신의 성기를 입에 넣으라고 명령했다. 그녀는 아마도 1분에서 1분 30초 동안 용의자가 시키는대로 구강 성교를 했다고 진술했다.

이 시간 동안 용의자는 피해 여성의 머리를 쓰다듬으며 "너 이런 거 좋아하는 거 알아 자기야"라고 말하기 시작했다. 용의자는 그녀에게 다시 침대에 누우라고 말했다고 했다. 이때 그녀는 그의 태도가 변했고 이전보다 훨씬 덜 불안해했고 그가 하는 행동과 그녀에게 대하는 태도가 다소 로봇 같았다고 했다. 용의자는 피해자에게 침대에 다시 누워 있으라고 말했고, 그 때 그는 그녀에게 구강 성교를 하기 시작했고 용의자는 아마도 2-3분 동안 그녀의 질을 애무했었다고 말했다.

그 후 용의자는 피해자의 위에 누웠고 그녀의 질에 성기를 삽입하는 데 성공했다. 그녀는 그들이 짧은 시간 동안 성교를 했고, 그 후 그는 그녀 위에서 내려왔고 삽입을 중단했다고 했다. 그리고 그는 그녀에게 엎드리라고 했고 뒤에서 질 삽입을 했다. 피해자는 이 자세로 약 2-3분 이상 성교를 했다고 진술했다. 이 시간 동안 용의자는 그녀에게 "너는 최고야, 넌 내가 경험한 남자 중 최고야"라는 말을 반복해서 말하라고 했다고 한다.

그 다음 용의자는 자신의 성기를 그녀의 몸에서 빼내고 피해자를 침대 가장자리에 앉혀놓고 그녀 앞에서 자위행위를 했다. 그리고 나서 그는 침대 아래의 카펫 위로 사정했다.

그 후 용의자는 바지를 다시 올렸으나 피해자는 옷을 입지 못하게 했다. 그러고 나서 그는 그녀에게 그녀의 보석상자가 어디에 있느냐고 물었고, 그녀는 침실 반대편 화장대를 가리켰다. 그는 화장대 보석함에서 작은 하트 모양의 펜던트가 달린 14캐럿의 금목걸이를 꺼내어 주머니에 넣었다.

그 후 용의자는 여전히 벌거벗고 있는 피해자를 침실에서 거실로 데려가 소파에 앉게 했다. 그리고 용의자는 피해자에게 자신의 여자 친구가 임신해 몇 달 동안 섹스를 하지 못했다고 설명했다. 그는 그녀에게 한 말들에 대해 다소 미안한 생각이 들었다고 했으며 여자들과 성관계를 할 때 누구도 해치지 않으려고 항상 매우 조심하고 있다고 그녀에게 말했다. 그는 또 피해자에게 "괜찮아. 너랑 섹스하고 싶었어. 날 해치지 않았어."라는 말을 반복하라고 했다. 이 말을 여러 번 반복하게 한 후 피의자는 가야겠다고 말했다. 또한 그는 그녀에게 앞으로 미닫이 유리문을 열어두지 말아야 한다고 말했다. 그 후 용의자는 정문을 통해 나갔다.

피해자는 용의자가 현관문으로 나갈 때 자물쇠 잠금을 해지하지 않았다고 했다. 그 말은 그가 처음 피해자의 집에 들어왔을 때 자물쇠 잠금을 해지했다는 것을 말해준다.

피해자는 용의자가 아파트에서 도망친 후 이 일대를 빠져나가는 차량 소리를 듣거나 차를 보거나 하지 못했다고 말했다. 피해자는 용의자가 일단 아파트 밖으로 나가자 현관문으로 가서 문을 닫고 잠궈 그가 다시 돌아오지 못하도록 했다고 말했다. 피해자는 자신의 남자 친구인 제프 존스에게 전화를 걸어 자신이 성폭행을 당했다고 했다고 진술했다. 몇 마일 떨어진 곳에 사는 남자 친구는 피해자에게 전화를 끊고 "911"에 전화해 즉시 경찰을 부르라고 하였다고 말했다.

스미스 박사는 피해자 검진을 실시했다. 나중에 그는 피해자가 한 이야기와 일치하는 질적 외상 증거가 있었다고 말했다. 의료진은 피해자의 검게 멍든 눈과 피범벅이 된 코를 치료했고, 부상은 심하지 않고 생명에는 지장이 없다고 말했다. 의사는 피해자 검진에서 확보한 강간키트 증거를 내게 주었고, 나는 경찰서에 증거로 등록했다.

병원 직원들은 병원 전담 직원이 있는 카운티의 피해자-목격자 사무소에 연락했다. 또 피해자의 여동생이 연락을 받고 새 옷을 가지고 병원으로 왔다. 피해자가 병원에서 입고 있던 옷은 증거물로 가져갔다. 의료검진이 끝난 뒤 피해자는 여동생과 함께 병원을 떠났다.

또한 나는 피해자의 아파트에 있는 경찰관들에게 돌아가 침대 옆 바닥에 있을 수 있는 증거물(정액)의 위치와 보석함에서 목걸이를 훔쳐갔다는 정보, 그리고 용의자가 실제 강간을 저지르기 전에 도망갈 출구를 마련해 두었다는 정보를 전달했다.

피해자는 그녀가 자신의 남자 친구와 합의된 성교를 마지막으로 한 것이 아마도 8-10일 전이라고 말했다.

데이트 강간/지인에 의한 강간

데이트 강간범은 낯선 강간범과 마찬가지로 성 범죄자이지만 범행 방식에서 약간 차이가 난다. 데이트 강간과 낯선 사람에 의한 강간의 차이를 사기범과 은행 강도에 비유할 수 있다. 데이트 강간 사건에서 용의자는 피해자가 매우 취약해질(술에 취하는 등) 때까지 기다렸다가 성폭행을 시도하는 사기꾼에 가깝다.

피해자와 피의자가 지인/이전에 만난 적 있는 관계이기 때문에 기소하기가 더 어렵다. 피해자가 용의자와 이전에 합의된 성관계를 가졌을 가능성이 크거나 혹은 피해자가 용의자와 사귀던 관계일 경우, 사람들은 사실상 그들의 관계가 성적인 관계였다고 믿는 경향이 있다. 데이트 강간 시나리오에서 피해자는 술을 마시고 마약을 한 적이 있으며, 용의자와 함께 했던 적이 있을 수도 있다.

종종 성폭행 자체는 낯선 사람에 의한 강간과 같은 역학을 가진다. 그 차이는 용의자가 접근하여 접촉하고 피해자를 붙잡는 방식에서 온다. 일단 포획에 성공하면 용의자는 낯선 강간범이 가지고 있는 것과 같은 종류의 강간 판타지를 실연할 수 있다.

이러한 유사성 때문에 낯선 사람에게 당한 강간 피해자와 같은 방식으로 데이트 강간 피해자를 면담해야 한다. 그녀와 용의자의 첫 접촉부터 시작해서 실제 폭행 자체와 폭행 후 행동까지 면담해야 한다.

이러한 데이트 강간은 즉시 신고되지 않는다. 하지만 실제 성폭행 사건 발생 96시간 이내에 사건이 보고되면 다른 성폭행 사건과 마찬가지로 피해자를 병원으로 데려가 성폭행 검사를 받도록 해야 한다. 그러나 데이트 강간에서 ASAV 검사는 더 어렵다. 의료검사에서는 강제적인 성기 삽입과 일치하는 찰과상, 찢김 등을 찾는다. 데이트 강간 경우에서는 이 증거가 종종 나타나지 않는다. 실제 강간 전에 피해자가 용의자와 키스했거나 애무했을 경우 대부분 여성의 신체는 성교할 준비가 되었기 때문이다. 그리고 나서 피해자가 "싫다"라고 말하지만 용의자는 멈추지 않는다. 그렇게 되면 낯선 피의자와의 강간에서 발견할 수 있는 질적 외상을 발견하지 못할 수도 있다.

신고 담당자인 당신은 성폭행에 이르게 된 피해자의 행동에 대해 책임이 없다는 것을 기억하라. 무슨 일이 일어났는지 정확하게 보고하는 것이 당신의 일이다. 만약 피해자가 마르디 그라스(유방을 내놓는 축제, 파티) 축제에서 가슴을 보여주었거나 파티에서 알몸으로 수영하더라도 당신은 이 사실을 보고할 필요가 있다. 피해자가 성폭행을 당하도록 자초하는 행동이란 없다. 하지만 어떤 범죄자들은 같은 행동이라고 생각할 것이다. 이것은 수사관이 알아야 할 중요한 정보다. 이 책의 뒷부분에서 우리는 범죄자 면담의 다섯 가지 대표 특징에 대해 이야기할 것이다. 이 정보는 형사가 범인의 자백을 얻기 위한 카드가 될 테니 빼먹지 말고 읽기 바란다. 게다가 사실적인 정보를 빼면 당신의 보고서는 피해자를 더 좋은 사람으로 보이게 하기 위한 편파적이고 일방적인 보고서로 만들 뿐이다. 이것은 피고인측 변호사가 재판 중에 악용할 것이다.

또한 강간은 강간이라는 것을 기억하라. 데이트 강간과 낯선 피의자에 의한 강간은 전혀 다른 것처럼 많은 논쟁이 있어 왔다. 이것은 전혀 사실이 아니다. 일명 범인의 판타지와 이유인 근본적인 동기는 동일하다. 데이트 강간을 하는 권력형 강간범도 있고, 데이트 강간을 하는 분노형 강간범도 있다. 둘 다 낯선 사람을 공격할 수도 있고 공격할 것이다. 범죄의 원인이 되는 요소는 피해자와의 이전 관계가 아니다. 강간할 기회이다. 다양한 유형의 강간범들은 이 책의 제2부에 자세히 나와 있다.

몇 시간 전에 파티에서 만난 여자, 아니면 전혀 모르는 여자 중에서 범죄자가 여자 혼자 남도록 하기에 누가 더 쉬울까? 술을 조금 많이 마신 후에 가해자가 집까지 태워다 준다고 했을 때 누가 더 승낙할 것 같은가? 가해자와 수업을 같이 듣는 여성일까? 가해자를 한 번도 본적이 없는 여성일까?

강간은 기회와 판타지에 관한 것이다. 다른 사람은 그렇게 해석하지 않겠지만 가해자는 가슴을 잠깐 내보이는 것, 알몸으로 수영하는 것, 태워주는 것을 승낙하는 것 등을 피해자를 폭행하기 위한 초대장으로 해석할 것이다. 낯선 사람의 집에 침입하는 가해자는 열린 창문이나 잠겨 있지 않은 문을 위와 같은 초대장으로 생각한다. 어떤 경우든 피의자의 행동은 같다. 피해자와 가해자와의 면담 과정은 똑같다.

이 개념을 한 발 더 나아가 보자. 의붓아버지가 자신의 의붓딸이 10살 때부터 시작해서 현재 15살까지 늦은 밤 그녀의 침실에 들어왔다고 하자. 그는 일주

일에 세 번 그녀와 구강 성교와 질삽입성교를 한다. 소녀의 나이가 어리다고 해서 그가 소아성애자인 것은 아니다. 그는 같은 피해자를 여러 해 동안 어쩌면 수백 번을 계속해서 공격하는 연쇄 강간범이다. 이 사람은 피해자를 감금할 수 있는 충분한 힘을 사용한 강간범이다; 이 경우 부모의 역할은 동의를 얻어내기에 충분하다. 의붓아버지는 자신의 행동을 합리화하기 위한 방법으로 "나는 단지 그녀에게 성에 대해 가르친 것 뿐입니다"라는 변명을 사용할 가능성이 높다. 이는 권력형 강간범의 대표 특징인 '캐묻고 지시적인' 대화를 사용하는 것과 같다. 피의자 면담의 5가지 대표 특징에서 볼 수 있듯이 이것은 면담을 하는 동안 용의자에게 불리하게 사용될 수 있는 근거이다.

의붓딸에 대한 이런 지속적인 성폭행은 일종의 지인 강간이다. 법 제도를 포함해 대부분의 사람들이 이런 식으로 보지 않지만, 이것이 정확히 강간이고 앞에서 언급했듯이 강간은 강간이라는 것이다. 가해자가 의붓아버지이거나 동급생이라고 해도 여전히 강간이고, 강간으로 조사될 필요가 있다.

이 개념은 제7장, 교내 성추행에서도 논의될 것이다.

몇 년 전 데이트 강간에 대해 많은 논의가 있었는데, 알게 된 지 24시간 미만인 지인과 알게 된 지 24시간 이상인 지인 사이에 차이가 있다는 생각을 중심으로 모든 논의가 이루어졌다. 그 차이는 피해자의 상황을 더 고려한 것으로, 폭행 전에 피해자가 범인을 얼마나 더 신뢰했느냐를 고려한 것이다. 나는 누군가가 지인에서 친구로 바뀌고 난 후에 더이상 강간을 할 수 없었다는 것을 암시한다는 점에서 문제가 된다고 생각한다. 물론 그것은 사실이 아니다. 캘리포니아 주(및 대부분의 다른 주)에는 '지인 강간'이라는 죄목의 법 조항이 없다. 무력에 의한 강간, 의식이 없는 상태의 사람에 대한 강간, 거짓으로 강간, 불법적인 성교(한 쪽이 미성년일 때), 집단 강간, 배우자 강간 및 몇 가지가 더 있지만 지인 강간은 없다.

성폭행 혐의를 둘러싼 감정의 골이 깊어지는 경우가 많은데, 이것은 지인 강간사건에서도 마찬가지이다. 몇 년 전 NBA 슈퍼스타가 콜로라도의 한 고급 스키 리조트 자신의 호텔 방에서 한 여성을 강간한 혐의로 기소되었다. 피해자는 슈퍼스타에게 호텔 내 시설을 안내해 주었던 호텔 직원이었다. 결국 그들은 그의 호텔방에서 성관계를 했다. 언론은 그 이야기를 바로 기사화하였고, 반대편의 이야기도 빠르게 전개되었다.

만일 당신이 그런 사건에 연루되었다면 정의의 저울을 들고 있는 동상인 유스티티아(Justita—Lady Justice)가 눈가리개를 하고 있으며, 귀마개 역시 하고 있을지 모른다는 것을 명심하라. 이것은 사건의 감정적인 부분을 차단하고 그녀와 당신이 사실들을 볼 수 있도록 하기 위해서이다. 당신의 일은 피해자와 피고의 권리를 보호하는 것이다. 즉, 내가 말하는 것은 "중립적이고 편견이 없는 정보 수집가"라는 것이다. 성 범죄전담 수사관으로서 살아남을 유일한 방법이라는 점을 명심해야 한다.

지금까지 말한 모든 것은 피해자와 범죄자 사이에 있었던 이전의 모든 관계를 찾아내고 문서화해야 한다는 것이다. 그가 어떤 유형의 범법자인지 파악하기 위해 피해자와 가해자 간의 행동, 대화와 함께 성폭행 6단계를 알아볼 필요가 있다.

보고 사례: 데이트/지인 강간

2014년 12월 15일 14시 목요일, 나는 피해자 #14—138(베티)를 그녀의 언니이자 증인인 넬슨과 함께 그녀의 아파트에서 만났다. 베티는 자신이 지난 2014년 12월 11일 일요일 저녁에 지인에게 강간을 당했다고 신고하고 싶다고 말했다.

베티는 보험 회사에서 중간관리직으로 일한다고 했다. 그녀는 2014년 12월 11일 일요일 그녀와 동료 몇 명이 일부 고객들과 샴페인 브런치를 갖기 위해 자리를 마련했었다고 했다. 이 모임은 "반은 업무적이고 반은 친목"이 될 예정이었다. 브런치에는 8명에서 10명 정도가 참석하기로 되어 있었고 베티는 거래처 고객인 용의자를 만날 예정이었다. 베티와 용의자는 공식적으로 '소개팅'을 하지 않았지만 브런치 동안 그 용의자와 친해지게 된다면 사귀는 관계로도 이어질 수 있다는 암묵적인 합의가 있었다고 했다. 베티는 이혼한 지 2년이 되었고 현재 남자 친구가 없다고 하였다.

베티는 그녀와 친구들이 일요일 오전 11시경에 레스토랑에서 만나 업무/사교 모임에 참석했다고 말했다. 베티는 용의자를 만났고 꽤 좋은 시간을 보낸 것 같다고 하였다. 브런치는 몇 시간동안 계속되었다. 오후 4시경에 브런치가 끝났고,

근처 용의자의 아파트에 자신의 차를 세워두고 용의자와 나머지 시간을 함께 보내기로 하였다고 했다. 용의자의 아파트 단지에 차를 주차한 후 그의 차를 타고 함께 해변으로 갔고, 그곳에서 몇 시간 더 걷고 이야기를 했고, 결국 그들은 함께 저녁을 먹으러 갔고 그리고 나이트클럽에 춤을 추러 갔다고 말했다.

베티는 함께 있는 시간 내내 용의자는 매우 예의가 바르며 친절했고 그들은 샴페인 브런치에서, 저녁 식사에서, 그리고 춤을 추면서 술을 마셨다고 진술했다. 그녀는 술기운이 있었지만 술에 취하지는 않았다고 말했다. 베티는 또한 춤을 추는 동안 댄스 플로어에서 용의자와 키스를 했다고 진술했다.

베티는 밤 10시 30분경 용의자의 아파트로 돌아왔다고 했다. 주차장에 주차한 후에도 계속 그의 차에 앉아, 그에게 자신의 전화번호를 알려 주었고 주중에 전화하라고 했다고 말했다. 그리고 난후, 베티는 집으로 돌아가기 전에 화장실을 사용할 수 있냐고 물었고, 화장실을 사용하기 위해 그의 아파트로 올라갔다고 했다.

베티가 용의자의 아파트에 들어가자 그는 그녀를 안방 화장실로 안내했는데 화장실은 실제 안방 안에 위치해 있었다고 했다. 화장실을 사용한 뒤 안방으로 나왔을 때 용의자는 속옷만 입은 채 출입구에 서서 침실 출구를 막고 있었다고 했다. 용의자는 "저녁이 아직 끝나지 않았는데"라는 취지의 말을 했다고 한다. 베티는 그와 어떤 종류의 성적인 접촉도 하고 싶지 않다고 대답하고는, 나갈 수 있게 옆으로 비켜달라고 했다고 했다.

이때 용의자의 태도가 완전히 바뀌었다고 말했다. 그녀는 그가 하루 종일 신사적으로 행동했었는데, 이제는 매우 안절부절 못하고 화가 난 것처럼 보였다고 했다. 그녀는 그를 지나치려고 했지만, 그는 그녀의 어깨를 잡고 다시 방으로 밀어 넣었다고 했다. 그녀가 다시 출입구 쪽으로 가려고 하자 그는 왼쪽 주먹으로 그녀의 얼굴을 두 번 때렸다. 엄청난 통증에 그녀는 두 손을 얼굴에 대고 침대에 주저앉았고, 그 다음 용의자는 그녀에게 다가가 침대 위로 밀쳐 눕히고 "내 성기를 빨아"라고 말했다고 한다.

베티는 용의자가 자신을 계속 때릴까봐 무서웠다고 했다. 그녀는 그의 덩치가 그녀보다 훨씬 더 크고, 여전히 매우 화가 나있었고 불안한 상태였다고 덧붙였다. 그는 사각 팬티 구멍으로 발기된 성기를 꺼냈고 그녀는 실제로 구강 성교를 했다고 한다.

용의자는 옷을 벗으라고 했고, 베티는 시키는대로 했다. 그녀의 왼쪽 눈이 부어 오르기 시작했고 또 맞을까봐 무서웠다고 했다. 그녀는 시키는 대로 옷을 모두 벗었고 침대에 누웠다. 그러자 용의자는 그녀의 질 부위를 애무했고 그 다음 질내 삽입 성교를 했다. 성교를 마친 후 용의자는 그녀에게 가도 된다고 말했다. 그는 방금 일어난 일은 단지 '거친 섹스'일 뿐이고 걱정할 필요가 없다고 했다. 또한 그는 주중에 전화하겠다고 말했다.

베티는 옷을 입고 아파트를 나와 운전해 집으로 왔다고 했다. 집에 도착해서는 언니이자 증인인 넬슨에게 전화를 걸어 집으로 와 도와달라고 부탁했다. 넬슨이 도착했을 때 베티는 그녀에게 무슨 일이 있었는지 설명했다. 이때 베티는 왼쪽 눈에 얼음 팩을 대고 있었다. 베티는 그 당시는 병원에 가거나/가고 경찰에 신고하는 것을 꺼려했다. 그러나 넬슨은 나중에 베티가 신고하겠다고 결심했을 때를 대비해 베티의 얼굴과 눈 사진을 찍었다. 이 사진은 아직 인화하지 않았고, 베티는 다음 날이나 이틀 안에 형사들에게 이 사진을 제출하겠다고 말했다.

나는 베티의 왼쪽 눈에 아직도 약간 멍자국이 남아있다는 것을 보았다. 그녀는 이 멍의 대부분을 화장으로 가린 상태였다. 나는 그녀에게 부상 사진을 촬영할 수 있도록 눈 화장을 지워달라고 부탁했다.

사진을 찍는 동안 나는 목격자인 넬슨과 이야기를 나누었다. 그녀는 4일전 자정쯤에 동생의 전화를 받았다고 말했다. 피해자는 당시 화가 나있고 울고 있었으며 자신에게 무슨 일이 있었다 말했지만 전화로 자세히 설명하지는 않았다고 했다.

넬슨이 베티의 아파트에 도착했을 때, 그녀는 왼쪽 눈이 부어 눈이 감긴 채로 울고 있는 베티를 보았다고 했다. 베티는 언니에게 샴페인 브런치에서 용의자를 만났고, 그와 함께 하루를 보냈으나, 그의 아파트를 떠나려고 하자, 그가 그녀의 얼굴을 때리고 강제로 섹스했다고 말했다. 베티는 넬슨에게 성폭행 그 자체에 대한 어떤 세부사항도 상세히 설명하지 않았다. 넬슨은 동생과 함께 밤을 보냈다고 말하면서 베티는 자신에게 일어난 일을 떠올리면서 계속 울었고 떨었다고 했다. 넬슨은 그날 밤 여동생에게 강간 위기 긴급전화와/혹은 경찰에 신고하자고 했지만 베티는 신고하기를 두려워했다고 한다.

베티는 그날 밤 입고 있던 옷을 아직 세탁하지 않았고 여전히 세탁바구니에 있다고 했다. 나는 범죄 현장 감식요원에게 증거품으로 그 옷들을 수거하도록 했다.

배우자 강간

배우자 강간은 보통 두 가지 형태로 나타난다. 첫째는 결혼 과정동안 배우자가 지속적으로 성적 학대하는 것이고, 다른 하나는 남편과 아내가 헤어진 후 별거한 남편이 돌아와 별거 중인 아내를 강간하는 것이다.

지속적인 배우자 학대

이 상황에서 당신은 피의자/남편이 일상적으로 자신의 아내를 신체적으로 그리고 정서적으로 학대하는 기본적인 폭력 환경을 접하게 될 것이다. 이러한 여성 비하와 학대의 일환으로, 남편이 아내를 비하하고 굴욕감을 주려는 방법으로 성행위를 강요하는 것은 드문 일이 아니다. 피해자는 본질적으로 성행위에 동의하고 있기 때문에 이런 유형의 사건을 기소하기는 어렵다. 이런 유형의 관계에서 성폭행은 자신의 아내를 해치고 굴욕감을 주기 위한 남편의 무기에 불과하다.

수사관은 피해자가 용의자와 동의하지도 그렇다고 반대하지도 않은 성행위를 아마 수년간 당해 왔다고 말할 때, 피해자를 비판하지 않도록 해야 한다.

면담 과정에서 남편과 아내가 어떻게 만났는지, 그리고 그들의 관계가 초기에 "정상적"이었는지, 그리고 언제 비정상적인 학대 관계로 바뀌었는지에 대해 파악해야 한다. 일반적으로 피해자는 용의자/남편의 지속적인 성폭행과 관련이 있을 것이다. 마지막 학대에 대해 상세히 기록하라. 보통 마지막 성폭행은 피해자가 집을 나와 여성 보호소로 가기 직전에 일어난다. 이는 가장 최근 성폭행이기 때문에 다른 강간 시나리오에서와 마찬가지로 물리적 증거를 수집할 수 있다.

보고 사례: 지속적인 배우자 강간

2015년 8월 12일 오전 11시 나는 피해자 #15-076(낸시)을 경찰서 로비에서 만났다. 그녀는 여성생활변화센터(WTLC)의 자원봉사자(메리)와 동행했다. 메리는 피해자인 낸시가 이틀 전 남편에게 성폭행을 당한 후 WTLC에 왔고 낸시는 성폭행에 대해 경찰에 신고하고 싶어한다고 했다.

나는 그들과 이야기 나눌 수 있는 면담실로 낸시와 메리를 안내했다. 낸시는 8년 반 동안 용의자와 결혼 생활을 지속했다고 했다. 처음 5년 동안은 모든 것이 평범했었다고 했다. 그러나 첫 아이가 태어난 후 용의자는 변한 것 같다고 했다. 남편은 술을 마시기 시작했고 자주 말다툼을 했다고 했다. 가끔 실제로 때렸고, 가끔 발로 차기도 했다고 했다. 이러한 신체적 폭행이 아마도 4-5개월에 한 번씩 있었다고 했다.

낸시는 두 달 전에 둘째 아이를 낳았다고 했다. 분만이 순조롭지 않아서 분만 이후 계속 의사의 진료를 받고 있다고 했다. 이런 이유로 첫째 출산 때와 달리 바로 업무로 복귀하지 못하고 있다고 했다. 직장에 복귀하지 못해 경제적인 어려움이 생겼고, 이러한 이유로 용의자와 더 자주 말다툼을 하게 되었고, 신체적으로 더 학대를 당하고 있다고 했다.

낸시는 용의자와 성관계를 함으로써 싸움을 끝내고 싶어 했고, 이런 관계는 지난 몇 년 동안 자주 있었다고 했다. 보통 그가 몹시 화를 내고 격분한 후에 자신에게 "자신이 너를 사랑했다"는 것을 보여주고 싶다고 했으며, 그들이 싸우고 있는 와중에도 성관계를 요구했었다고 했다. 그녀는 성관계 이후에는 신체적으로 폭행할 가능성이 낮다는 것을 알고 있기에 그의 성관계 요구에 응했다고 했다.

3일 전 아침, 남편이 몸이 좋지 않다며 출근하지 않는다고 했다. 낸시는 오전 9시경에 아기에게 젖을 주고 낮잠을 재웠다고 했다. 그 후에 용의자는 그녀에게 다가와 "관계를 하지 않은지 너무 오래됐다"고 하며 성관계를 요구했고, 용의자는 성관계를 가져도 될만큼 그녀의 내상이 충분히 치유된 것 같다고 말했다고 한다. 낸시는 남편에게 내상으로 인한 산발적인 질 출혈이 아직 있고 섹스를 하는 것이 안전하지 않을 것이라 생각한다고 설명하려고 했다고 한다. 이것이 용의자를 자극해 그녀의 뺨을 때렸고, 용의자는 성관계를 하고 싶다고 계속 말했다고 한다.

낸시는 그의 요구를 들어주었고 옷을 벗고 침대 위에 누웠다고 말했다. 그녀는 피가 나기 시작할 때까지 몇 분 동안 성관계를 했다고 말했다. 그 출혈은 용의자를 더욱 화나게 했고 그는 그녀의 뺨을 두 번 더 때렸다.

그 후 용의자는 그녀에게 함께 샤워를 할 것을 요구했다. 그들은 안방 화장실의 샤워실에 들어갔고 그는 그녀의 몸을 씻기기 시작했다. 낸시는 용의자가 자신을 걱정하는 모습을 보이는 것은 정상적이지 않으며, 보통 성관계를 할때 샤워도 하지 않았기 때문에 용의자의 행동에 혼란스러웠다고 말했다.

그러나 샤워하는 동안 용의자는 비누 하나를 집어 그녀의 질속에 넣으며 그녀의 몸을 깨끗하게 해줄 것이라고 생각한다고 말했다. 비누가 그녀의 질 안으로 들어갔고 그는 비누를 꺼낼 수 없었다. 그날 늦게, 낸시는 질에서 비누를 빼내기 위해 병원에 가야만 했다.

메리는 낸시가 그날 저녁 이후 남편을 떠나기로 결심하고 두 아이를 데리고 WTLC로 왔고, 그 날 이후로 WTLC에 거주하고 있다고 진술했다(참고: 배우자 학대 피해자를 보호하고 그들의 행방이 학대자에게 알려지는 것을 방지하기 위해 모든 보호소의 위치는 비밀로 하고 있다). 메리는 수사보고서에 적혀 있듯이 그녀의 언니를 통해 그녀와 연락할 수 있다고 했다.

다음으로 나는 스미스 박사에게 전화를 걸어 피해자가 자신의 질에서 비누를 제거하기 위해 병원을 방문했었다는 사실을 확인했다.

별거 중인 남편

별거 중인 남편이 아내를 성폭행하는 것은 드문 일이 아니다. 이별이나 이혼 상황에 수반되는 정서적 혼란으로 인해 남성은 매우 화가 나 어떤 식으로든 분노를 표출하게 된다. 그는 전처를 이 모든 나쁜 기분과 감정의 근원으로 본다.

남성들은 무력감, 슬픔, 불안감 등 자신의 모든 감정들을 분노로 바꾼 다음 그 분노를 이 모든 감정의 근원으로 여기는 무언가에 투영하는 능력을 가지고 있다. 그들은 피해자를 자신보다 더 기분 나쁘게 만들어서(머릿속 감정적인 저울의 균형을 잡는다) 기분이 나아지기를 원하는 것이다. 이렇게 피해자에게 투영함으로써 그들은 종종 집으로 돌아와 피해자를 성폭행할 것이다.

이 사건에서 당신은 다른 모든 성폭행과 마찬가지로 같은 종류의 강간 역학을 볼 수 있다. 피해자에 대한 용의자의 접근 방식을 알고 있다; 초기 접촉의 경우, 관계를 회복하길 원한다거나 일종의 위자료를 주는 것으로 가장할 수 있다. 그리고 낯선 사람에 의한 강간 시나리오와 마찬가지로 전남편이 그녀를 실제로 포획하는 폭행의 감금 부분을 볼 수 있다.

그런 다음 당신은 남편이 일어난 일에 대해 피해자를 비난하는 폭행 그 자체와 폭행 이후의 행동을 보게 된다. 이런 유형의 시나리오에서 남편은 아내를 강제적인 성행위를 포함해 자신이 적합하다고 보는 어떤 방식으로든 사용할 수 있는 개인 소유물로 보는 경우가 많다.

이런 유형의 시나리오에서 당신은 다른 모든 폭행과 마찬가지로 성폭행을 기록하고 그에 맞춰 피해자를 면담해야 한다.

보고 사례: 별거한 남편의 배우자 강간

2016년 2월 6일 나는 피해자 #16-36(제인)을 경찰서 안내데스크에서 만났다. 그녀는 닷새 전에 별거 중인 남편에게 성폭행을 당했다고 했다. 나는 그녀를 면담실로 데리고 갔다.

제인은 4년 전에 용의자와 결혼했다고 했다. 지난 1년 사이에 그들의 관계는 악화되었고, 그들은 헤어졌다. 제인은 혼자서 아파트로 이사했고, 그 곳에서 범죄가 발생했다.

2월 1일 일요일 오후, 그녀는 아파트 단지 수영장 옆에 누워 있었고, 용의자가 그녀에게 걸어왔다고 말했다. 용의자는 이혼과 재산분할에 대해 이야기하고 싶다고 말했고, 그녀의 아파트로 들어가 이야기하자고 말했다.

제인은 그가 술을 마신 것 같아 무서웠다고 했다. 처음에 그녀는 그와 함께 집으로 들어가는 것을 거절했지만, 그가 함께 안으로 들어가지 않으면 그녀의 가족과 친구들에게 그녀의 누드 사진을 보내겠다고 말했다고 한다. 제인은 결혼 기간 동안 용의자가 성적으로 노골적인 사진들을 많이 찍었었고, 그 중 일부는 보조기구를 가지고 포즈를 취하면서 찍은 사진도 있다고 말했다.

제인은 이 사진들을 너무나 돌려받고 싶었고 그래서 용의자와 함께 아파트로 가는 것에 동의했다. 일단 안으로 들어가자마자 그들은 다투기 시작했고 그녀는 용의자에게 나가달라고 했다. 그녀는 그에게 친구들을 만나기로 했고 옷을 갈아입어야 한다고 말했다. 그녀는 용의자가 자신의 아파트에서 나가 그녀가 옷을 갈아입을 수 있게 되길 정말 바랐다고 했다. 그녀는 자신의 침실로 들어가 수영복을 벗었고 그때 용의자는 침실로 들어왔다. 그녀가 옷을 입고 있는 동안에도 계속 다투었다. 제인은 아직 부분적으로 나체 상태였고 용의자는 그녀에게 남자친구가 있는지, 아니면 다른 사람과 성행위가 있었는지 알려달라고 요구했다. 제인은 누구와도 성관계를 한 적이 없다고 말했지만 그는 그녀를 믿지 않았다.

그녀가 옷장으로 가기 위해 그에게 등을 돌렸을 때, 그는 그녀의 어깨를 잡고 그녀를 침대 위로 내동댕이쳤다. 그러고 나서 그는 그녀에게 자신의 것이라고 말했다. 그는 그녀의 다리 앞에 앉아 그녀의 팬티를 벗겼다. 그녀는 2년 전 다투고 용의자가 술을 마셨던 때와 마찬가지로 자신의 얼굴을 때려 다치게 할까봐 두려웠다고 말했다.

용의자는 바지를 벗었고 그의 성기는 발기가 되어 있었다. 그는 성관계를 요구했다. 그는 그녀의 위에 올라타서 약 3분 동안 성교를 했다. 제인은 그가 자기를 해치지 않기를 바라며 그저 이 상황을 끝내고 싶었기 때문에 그 당시 저항하지 않았다고 말했다. 아파트를 떠나기 전, 용의자는 만약 그녀가 성폭행 사실을 신고하더라도 아무도 믿지 않을 것이고 자신은 그 사실을 부인할 것이라고 말했다고 한다.

제인은 강간을 당했을 때 사용했던 침구와 입고 있던 옷을 세탁했다고 말했다. 그녀는 아무도 자신을 믿어주지 않을 것이라고 생각했기 때문에 신고를 미루었고 여전히 용의자에게 자신의 나체 사진을 돌려받을 수 있기를 기대하고 있었다. 그녀는 어젯밤 어머니에게 전화를 받았는데 용의자가 그 사진들 중 몇장을 어머니와 다른 가족들에게 보냈다고 했다. 그녀는 강간을 신고하기로 결심했다.

강간당한 시기가 너무 경과되어 강간검사는 시행하지 않았다.

고령의 피해자들

본 단락에서는 양로원, 요양원 또는 기타 유형의 요양시설에 있는 피해자에 대해 논의하고자 한다. 이들은 나이, 의학적 문제 및 장애로 인해 성폭력에 매우 취약하다. 또한 앞에서 논의한 바와 같이 그들은 무성, 즉 섹스와 무관한 피해자로 보이기 때문에, 이러한 유형의 피해자를 폭행하려는 범죄자에게는 완벽한 표적이 된다. 일부 성 범죄자들은 아마도 말을 할 수 없거나, 어떤 종류의 성폭행도 신고하거나 저항할 수 없는 수많은 피해자들에게 접근할 수 있는 요양원 시설에서 야간 간호사나 의료 보조원으로 일자리를 구하기도 한다.

당신은 수사의 일환으로 의사나 간호사 및 피해자 가족으로부터 피해자의 의료 경력을 조사해야 한다. 피해자가 어떤 종류의 신체적, 정신적 문제를 가지고 있는지 정확히 이해해야 한다. 이것은 그녀에게 어떻게 그런 일이 일어나게 되었는지에 대한 아이디어를 줄 것이다.

당신은 피해자와 세대 차이를 느낄 것이다. 수사관으로서 당신은 당신의 할머니보다 나이가 많은 사람과 성 문제에 대해 이야기하는 것이 어려울 수 있다. 또한 피해자는 강제적인 성행위와 관련된 문제들이 전혀 논의되지 않았었던 다른 시대의 사람이기 때문에 이러한 문제에 대해 얘기하기를 어려워 할 수 있다. 또한 당신은 피해자와 같은 것에 대해 이야기하고 있는지 확실히 하기 위해 신체 부위 지칭하기를 해야 할 수도 있다. 지난 수십 년 동안 우리의 언어가 성장하고 변해왔기 때문에 그녀가 어떤 성적인 행위를 강요당하는 것에 대해 이야기할 때 당신은 피해자가 같은 언어로 이야기하고 있는지 확실히 하길 바란다.

시력 문제, 청력 장애, 그리고 노화 과정에 수반되는 모든 의학적 문제때문에 피해자에게 사진 라인업을 하거나 대면 라인업을 하는 등의 일반적인 방식으로는 피해자가 용의자를 식별하지 못할 수 있다.

때때로 이런 신원 확인 과정은 폭행 사건 당시 실제로 이 폭행 사건을 우연히 목격한 목격자에 의해 해결된다. 이 과정은 잠재적인 용의자 범위를 정황에 따라 좁혀 나가면서 해결되기도 한다. 당신은 환자를 기본적으로 1시간씩 정기적으로 확인하는 간호사 중 한 명이 피해자가 자정에는 옷을 입고 있었고 상태가 양호했지만, 새벽 1시에 확인했을 때는 화가 나 있고 옷이 일부 벗겨져 있었으며 피를 흘리고 있었다라고 얘기하는 것을 들었다면, 당신은 누가 그 피해자에게 접근했는지 또는 누가 그 1시간 동안 방에 들어갔는지 확인하여 잠재적인 용의자 범위를 좁혀 나갈 수 있다. 그리고 용의자 신원을 확인하기 위해 생물학적 증거, 모발, 섬유 등 물리적 증거를 수집하는 것은 매우 중요할 것이다.

이 모든 것을 명심하고 피해자와의 실제 면담은 다른 성폭행 피해자들에게 사용되는 면담 기법을 가능한 한 확실하게 따라야 할 것이다.

보고 사례: 고령 피해자

2014년 3월 7일 오전 8시 토요일, 나는 해피힐스 요양병원에서 노인 학대 및 성폭행 사건이 발생했다는 신고를 받았다. 나는 간호사 윌슨과 얘기를 했는데. 그녀는 요양환자 중 한 명이 폭행을 당한 게 분명하다고 진술하였다. 윌슨은 오늘 새벽 3시에 평소와 다름없이 회진을 하였고 피해자는 잠들어 있었고 상태는 양호했었다고 진술했다. 오전 7시 윌슨은 회진을 하다가 피해자의 이마에 길게 베인 상처를 보았고 잠옷은 젖가슴이 드러나게 옆으로 당겨져 있는 것을 보았다고 했다. 피해자는 윌슨에게 "그가 날 범했어."라고 말했다고 한다.

윌슨은 피해자가 89세이고 시력 및 청력 상실을 포함해 많은 의학적 문제를 겪고 있고, 심장 질환과 다른 질병으로 약을 복용하고 있으며 단기 기억 상실을 앓고 있다고 했다. 그녀의 주치의는 로스 박사인데 그는 출장 중으로 월요일까지 돌아오지 않을 것이라고 했다.

구급대원들이 상처 부위를 검사하기 위해 현장에 출동했다. 그들은 피해자를 치료하기 위해서는 응급실로 이동해야 한다며, 상처가 심각하다고 했다. 같이 응급실로 이동하기 전에 나는 요양원 직원에게 증거로 필요하니 침구를 걷어 종이가방에 넣어달라고 부탁했다. 또한 나는 자정부터 7시 사이에 근무했던 모든 직원들의 명단을 준비해 달라고 요청했다.

내가 응급실에 도착했을 때 데이비스 박사는 그녀의 머리를 열 바늘 꿰매어 상처를 치료했고, 그 상처가 칼과 같은 날카로운 물체에 의해 베인 것이 아니라 누군가의 손가락에 낀 반지에 머리를 세게 부딪치고 베여서 생긴 상처일 가능성이 더 높다고 말해 주었다. 또한 데이비스 박사는 그녀가 강간당했을 가능성이 있기 때문에 피해자의 질 검사를 실시했다. 그는 그녀의 질 입구가 아주 작아서 검사를 하기 위해서는 소아 질 검사기가 필요할 것 같다고 말했다.

나는 성폭행 검사 경험이 더 많은 마틴 루터 병원으로 피해자를 이송할 수 있도록 준비했다. 나는 피해자와의 면담을 시도했지만 그녀의 나이와 정신 상태 때문에 그녀는 "그가 나를 범했어"라는 말밖에 하지 않았다. 나는 이것이 그녀가 강간을 당했다는 것을 의미한다고 생각했다.

마틴 루터 병원의 아담스 박사는 피해자에게 ASAV 검사를 실시했다. 그는 피해자의 방광이 실제로 질관으로 빠져 있었다고 말했다. 그것은 그녀의 나이 또래의 여성에게는 드문 일이 아니라고 했다. 일단 방광을 들어올려 그녀의 질 입구가 정상인 것을 확인했고, 강간을 당한 것과 일치하는 여러 개의 찢겨진 흔적과 찰과상을 확인했다. 또한 그는 질 안에서 정액으로 추정되는 것을 채취했다. 나는 증거를 위해 의사로부터 성폭행 키트를 입수했다

이 지역에 피해자의 친척이 살지 않아 사설 구급차에 태워 그녀를 요양원으로 돌려보냈다. 나는 요양원으로 돌아와 직원 명단과 평소 안내데스크에 보관되어 있는 손님/방문자 방명록을 입수했다. 그 시설을 방문하는 사람은 누구든지 거주자를 방문하기 전에 사인을 해야 한다.

시설을 떠나기 전 나는 노인학대보호소에 전화를 걸어 대체할 수 있는 요양소를 마련해 달라고 요청했다.

조건부 심문/면담

법은 특정한 상황에서 범죄의 피해자를 법정 밖에서 면담을 하고 그 면담을 법정 목적으로 사용할 수 있도록 허용하고 있다. 법은 피고인측 변호인이 이 면담에 출석하도록 규정하고 있으며, 피고인측 변호인은 피해자에게 대질 심문할 기회를 갖도록 하고 있다. 이러한 요건들이 충족되는 한 법정 밖에서의 피해자 면담은 나중에 재판 자체의 증거로 제출될 수 있다.

고령인 피해자들을 다룰 때는 재판 전에 그들이 사망할 경우를 대비해 그들의 진술을 얻고자 이러한 조건부 심문을 실시하는 경우가 종종 있다. 조건부 심

문은 일반적으로 배정된 조사실과 검사실에서 이뤄진다. 판사, 법원서기, 피고인 측 변호사, 심지어 피고인까지 피해자 병실에 모여 심문이 이뤄질 수 있도록 한다. 법은 조건부 심문이 용의자의 변호사가 출석한 상태에서 실시되도록 요구한다. 만약 용의자가 아직 체포되지 않았거나, 아직 신원조차 밝혀지지 않았다면 조건부 심문을 실시할 수 없다.

당신은 나중에 검사가 법정에서 피해자가 이미 세상을 떠났기 때문에 그녀의 증언 대신 비디오 테이프에 녹화된 면담을 사용할 수도 있다고 주장할 수 있기를 바라면서 피해자와의 면담을 비디오로 촬영하는 것을 고려할 수도 있다. 현재로서는 그것을 허용할 어떤 법원도 없겠지만, 법정에 가기 전에 피해자가 사망할지도 모르는 상황에서 적어도 피해자의 증언을 보존할 수 있는 한 가지 방법일 것이다.

용의자가 요양원 내에서 일을 하고 있다면, 여러 명의 피해자가 있을 수 있다. 피해자들 중 다수가 고령이거나 건강이 좋지 않을 것이고, 이 사건이 법정에 갈 때까지 살지 못할 가능성이 있기 때문에 비디오테이프는 범행수법, 연쇄범죄 혹은 양형 또는 다른 법적 문제들을 입증하는 증거로 제출할 수 있는 유일한 희망일 수 있다.

고령 피해자들은 성폭행에 매우 취약하다. 이 극도로 어려운 사건들을 성공적으로 기소하기 위해서는 담당자가 매우 철저하고 심도있는 조사를 해야만 한다.

특별한 관리가 필요한 피해자들

심각한 정신 장애가 있거나 특별 관리가 필요한 성인을 다룰 때 마주칠 수 있는 완전히 다른 문제들이 있다. 이 사람들은 다른 사회 구성원들과는 전혀 다른 환경에서 자랐기 때문에, 그 결과 그들의 문화는 실제로 당신이나 나의 문화와는 다르다. 그들은 순응하는 법을 배우는 문화에서 자랐다. 또한 그들의 삶은 매우 체계적이다. 그들에게는 아침에 일어나 스스로 정리하고, 스스로 목욕하고,

스스로 옷을 입고, 식사를 하는 일상적인 활동들에 참여하도록 도와주는 사람들이 있다. 그 사람들은 또 그들에게 점심을 먹이고, 오후 활동을 도와준 다음 다시 그들을 거주지로 데려와 청소하고, 목욕을 하고, 잠자리를 준비하는 것을 돕는다. 하루의 거의 매 시간이 분단위로 그들을 위해 예정되어 있다. 그들의 모든 교육/훈련은 그들이 그 일과를 받아들이도록 하고 그들의 능력이 허락하는 만큼 그 일과를 하도록 하는 것이다. 이 때문에 그들은 그들을 돌보는 사람들이 요구하는 행동이 무엇이든지 거기에 순응하고 따를 경우에 보상을 받는다.

이러한 "학습된 규정 준수"는 그들을 매우 취약한 피해자로 만든다. 어떤 연구를 검토하느냐에 따라 장애인은 비장애인에 비해 2배에서 10배까지 더 자주 피해를 당한다.

배경정보

이런 사람과 면담에 임하기 전에 당신은 그들에 대한 의료 기록을 가능한 많이 파악할 필요가 있다. 가능하다면 그들의 주요 돌보미를 찾아가 피해자의 언어수준 및 대화능력에 대해 물어보라. 이 과정은 피해자에게 접근하는 방법에 대한 통찰력을 줄 것이다. 만약 이 주요 돌보미가 피해자와 면담에서 당신을 도울 수 있다면, 큰 도움이 될 것이다.

피해자가 5살 아이의 IQ 혹은 '지적 수준'을 가지고 있기 때문에, 피해자가 5살 아이와 대화하듯이 대화하기를 원한다고 가정하지 마라. 피해자의 인생 경험에 따라 그들은 어른과 비슷한 일부 능력을 가지고 있을 수 있고, 일반적으로 그 수준으로 대화하는 것을 선호할 수 있다. 이런 유형의 정보는 주요 돌보미로부터 얻을 수 있다.

면담: 특별한 관리가 필요한 사람들

이런 유형의 피해자와 대화할 때는 물리적으로 그들과 편안한 거리를 유지하도록 해야 한다. 피해자가 당신과 대화하는 것을 편안하게 느끼게 하는 거리이다. 어린 아이를 다루듯이 그들과 소통하고 그들을 만지고 싶겠지만 이 범주에 속하는 누군가에게는 정반대로 행동해야 한다. 당신이 그들을 만지거나 그들과 너무 가까이 있는 것에 대해 그들이 거부할 가능성이 상당히 높으며 그들의 "공간"을 침범하는 것에 대해 난폭하게 반응할 수도 있다.

성폭행에 관한 얘기는 차치하더라도 피해자가 당신과 대화할 만큼 충분히 편안함을 느낄 때까지 피해자와 여러 번의 접촉이 필요할 지도 모른다. 일단 그들과 라포를 형성하면 당신은 그들과 같은 이야기를 하고 있는지 확실히 해야만 한다. 신체 부위 및 용어의 식별은 매우 중요하다. 이 사람들 대부분은 인체 해부학을 배웠고 그들의 신체 부위에 대한 적절한 이름을 가지고 있다. 일반적으로 위생상의 이유와 성에 대해 가르치기 위해 행해졌다. 당신이 지적장애자라고 생각하는 사람이 그들의 성기에 적절한 신체 이름을 사용하는 것은 드문 일이 아니다.

중증 장애자/지적장애자는 일주일 내내 많은 돌보미들과 접촉하고 있다. 결과적으로 잠재적인 용의자들은 꽤 많을 것이다.

신체적 또는 정신적 장애를 가진 사람을 면담하는 것은 수사관 입장에서 많은 인내심을 필요로 한다. 이들 각자가 가지고 있는 능력에는 차이가 있으므로 누군가 정신적 어려움이 있다고 해서 어떤 일이 일어났는지 정확히 설명할 수 없을 것이라고 가정하지 말라. 어려움은 그들의 말을 이해할 수 있고 그들과 같은 이야기를 하고 있음을 확신하는 데에 있다. 당신이 피해자가 말하는 것을 이해하고 있는지 확실히 하기 위해 면담 과정 중 그러한 사람을 돌보는 주요 돌보미와 상의해야만 한다.

당신이 출동한 요양시설에 한 환자가 임신해 있다면 당신은 요양소 직원에게 다른 여성 환자들의 임신과 성병 여부를 검사해 보라고 권해야 한다.

보고 사례; 특별한 관리가 필요한 피해자

2015년 9월 15일 15시 15분 나는 캐니언 밸리 고등학교에서 보도단체 소속인 나탈리 존슨을 만났다. 캐니언 고등학교의 전체 학생은 장애나 지적장애로 인해 특수 교육 혹은 특별 관리를 받고 있다. 존슨 여사는 이러한 특별 관리가 필요한 아이들을 상대하는 학교의 직원으로 일하고 있다.

존슨 여사는 나에게 피해자 15-1101(앨리스)가 걱정된다고 했다. 앨리스는 여섯 살에서 일곱 살의 지적능력을 가진 열일곱 살의 여성이다. 존슨 여사는 오늘 아침 일찍 앨리스가 자신의 양아버지와 함께 있을 때마다 자신의 가슴을 애무하고 불편하게 한다며 불평하기 시작했다고 했다. 앨리스는 주중에는 주거 치료 시설에 살며 캐니언 밸리 고등학교를 다니며, 주말에는 그녀는 친어머니와 양아버지가 살고 있는 집으로 돌아간다고 하였다.

앨리스는 낯선 사람 주변들 사이에서는 수줍음을 타는 다소 소극적인 십대라고 했다. 그녀는 앨리스에게 너무 가까이 다가가면 도망칠 수 있으니 조심하라고 하였다. 또 그녀는 앨리스가 누군가를 좋아하기 시작하면, "꽉" 안고 몇 분 동안 놓아주지 않는다고 했다. 이러한 행동 때문에 존슨 여사는 내가 처음 앨리스와 접촉하는 동안 그녀의 "공간"을 침범하지 않도록 하기 위해 그녀로부터 떨어져 책상 건너에 앉는 것을 제안했다. 존슨 여사는 앨리스가 꽤 완벽한 어휘력을 가지고 있지만 혀 짧은 소리를 내고 말할 때 침을 흘리기도 한다고 덧붙였다. 이것은 가끔 그녀의 말을 이해하기 다소 어렵게 만든다고 하였다. 그녀는 내게 아주 천천히 말하고 앨리스가 말하는 것을 매우 주의깊게 들어보라고 제안했다. 비록 앨리스는 약간의 정신적 결함이 있지만, 간단한 질문들을 이해할 수 있고 정상적으로 대화를 이어갈 수 있다고 하였다.

존슨 부인의 사무실로 앨리스가 들어왔고 존슨 부인은 면담에 동석했다. 나는 앨리스에게 내가 누군지 소개하고 그녀와 테이블에 앉았다. 나는 앨리스와 라포를 형성하기 위해 가지고 있던 몇 장의 용지에 '막대사람그림'으로 여성을 그리기 시작했다. 그런 다음 나는 앨리스에게 이 그림을 완성하도록 도와줄 수 있냐고 물었고 그러자 그녀는 '막대사람그림'에 옷을 그렸다. 존슨 부인이 앨리스는 남성과 여성 양쪽 신체에 대한 적절한 이름을 배웠다고 말했기 때문에 나는 이 초기 과정 동안 신체 부위를 확인하기는 필요가 없다고 생각했다. 하지만 이 작업은 앨리스와의 라포를 형성하는데 도움을 주었고 주말에 그녀가 집에 갔을 때 나는 그녀에게 "나쁜" 일이 있었는지 물어보기 시작할 수 있었다.

앨리스는 가끔 그녀의 양아버지가 "윗옷"을 입지 않고 집안을 돌아다니게 만든다고 말했다. 또한 그녀가 옷을 입지 않고 있을 때 그가 실제로 그녀 뒤로 다가와 그녀의 양쪽 가슴에 그의 손을 둔 채 그녀를 팔로 감쌀 때도 있었다고 진술했다. 그녀는 이런 일이 욕실과 침실에서 다 일어났다고 했다.

나는 앨리스에게 처음으로 추행을 당했을 때 무슨 일이 있었는지 기억할 수 있는지 물었다. 그녀는 처음에는 양아버지가 그녀의 등을 문질렀고 기분이 좋았다고 했다. 그녀의 등을 문지른 후 그녀의 가슴 주위에 손을 뻗어 옷 위로 그녀의 가슴을 세게 만졌다고 했다. 그 후 그는 그녀의 가슴을 옷 위와 아래로 세게 만지기 시작했다고 했다. 앨리스는 언제 이런 일이 처음 일어나기 시작했는지에 대한 시간 정보 및 발생 횟수는 말하지 못했다.

앨리스는 이러한 만짐은 자신을 "슬프게" 만든다고 말했다. 또한 그녀는 어머니가 용의자를 사랑한다는 것을 알고 있기 때문에 무슨 일이 일어나고 있는지 어머니에게 알리는 것이 두려웠다고 덧붙였다.

앨리스와의 면담에서 더 얻은 정보는 없다.

존슨 부인은 앨리스의 사회복지사에게 연락해서 다음 주말에 앨리스가 집으로 돌아갔을 때는 앨리스의 안전을 확실히 하기 위해 준비하라고 요청할 것이라고 말했다.

악마숭배

불법 행위에 연루되지 않는 한, 악마숭배 집단의 존재 자체는 법집행과는 아무런 상관이 없다. 성 범죄전담 수사관이 그들에게 관심을 갖는 유일한 때는 개인들이 자신들이 종교 활동의 일환으로 성적 피해를 입었다고 주장하거나 또는 광신자들이 그들의 활동 중에 미성년자를 성적으로 이용하는 경우이다. 또한 사이비 종교 신자들이 "아기 사육자"였고, 이 아기들은 악마숭배 활동 중에 제물로 바칠 목적으로 특별히 잉태되었다는 주장도 있었다.

분명히, 어떤 조직이 유아를 대량 학살한다는 보도는 매우 심각한 혐의이다. 이러한 많은 범죄들은 FBI를 포함한 정부기관들에 의해 조사되어 왔고, 내가 아는 바로는 그 주장들 중 하나도 제대로 입증되지 못했다. 때때로 당신은 그러한 악마적인 살인을 목격했다거나 한 명 이상의 광신자들에게 일종의 성폭행을 당한 피해자라고 주장하는 피해자를 만나게 될 것이다.

종교의식 활동에 기인한 범죄의 피해자라고 주장하는 사람을 면담하는 것은 비교적 쉽다. 내 경험으로 볼 때 이런 사람을 면담하는 가장 좋은 방법은 단순히 그들이 자신의 이야기를 하도록 허락하는 것이다. 이 개인들은 그들의 이야기를 들을 준비가 된 *모든 사람*에게 기꺼이 말하려고 한다. 그들 중 많은 이들은 결국 텔레비전 토크쇼에 돌아가며 출연해 그들의 범죄 피해와 그들이 목격한 범죄들에 대해 설명하는 것으로 그친다.

일단 그들이 당신에게 이야기를 다 하고 나면 그들에게 만약 그 일들이 실제로 일어났다면 기억하기 쉬울 사건의 구체적인 세부내용에 대해 물어볼 수 있다. 구체적인 세부 사항에 대해 질문할 때 중점을 두어야 할 핵심 영역은 다음과 같다.

먼저 *악마 숭배 행위가 일어난 장소*에 대해 물어봐야 한다. 일반적인 대답은 모텔 방, 개조를 위해 문을 닫은 교회, 그리고 탁 트인 사막이나 산에 있는 외딴 야외 장소가 될 것이다. 보통 장소 자체에 대한 아주 모호한 기억이 있을 것이다.

모텔방과 관련하여 종종 피해자는 자신이 설명한 모든 활동이 일어나기에는 실제로 너무 작은 방을 묘사할 것이다. 개조된 교회의 경우 피해자들이 실제로 그 위치를 식별하는 경우는 매우 드물다. 야외 장소도 마찬가지다. 그 위치를 찾지 못할 것이다. 이런 유형의 피해자들은 그런 사건이 일어났다는 증거를 모두 가지고 있는 사이비 종교 활동의 현장을 알려줄 수 없다는 것이 내 경험이다.

피해자에게 *다중 인격 장애를 앓고 있는지, 만약 그렇다면 어떤 종류의 치료를 받고 있는지, 약을 복용하고 있는지* 물어보라. 주로 당신은 그들이 집단 치료를 받고 있다는 것을 알게 될 것이고, 지지 그룹의 다른 구성원들로부터 비슷한 이야기를 들었고, 피해자의 진술은 오염되었을 수 있다.

신원을 확인할 수 있는 용의자와 장소 파악의 부족에 관한 일반적인 이론은 사실은 "밖"에서 실제로 일어나는 것이 아니라 한 내면 안에서 사이비종교집단 및 관련된 종교 활동이 존재하며 실행된다는 것이다. 다중 인격 장애에 대한 심층적인 논의는 이 본문과 밀접한 관련이 없기 때문에 나는 이 이론을 지지하지도 반박할 수도 없다.

신고 당사자에게 할 수 있는 또 다른 핵심 질문은 *사이비종교집단의 다른 신도들의 신원과 직업을 묻는* 것이다. 일반적으로 공무원, 성직자들의 구성원 그리고 때때로 지역 장의사라고 할 것이다. 이 전문가들은 여러 가지 목적에 맞는 일을 한다. 피해자가 일부 경찰관들이 사이비 종교단체 신자라고 믿는다면 피해자들은 그 경찰관들이 다른 광신자에게 알릴 것이고 경찰관이기도 한 광신자들에 의해 조사가 좌초될 것이라는 두려움으로 인해 신고에 나서기를 주저한다. 피해자에 따르면 성직자 구성원들은 사탄 활동을 할 수 있는 장소를 제공하고, 교회에서의 자기 지위를 이용하여 광신도들을 추가로 모집하기도 한다. 신고자에 따르면 지역 장의사는 사탄 모임 중에 희생된 시신을 처분하는 책무를 맡고 있다고 한다.

사건 관련 세부 사항과 관련하여 피해자에게 장의사가 관련된 활동에 집중하도록 하라. 대부분의 사람들은 장의사에 대한 지식이 매우 제한적이기 때문에 장의사의 활동에 대한 그들의 설명은 매우 모호할 것이다. 장의사가 참여한 활동에 대한 일반적인 설명들은 장의사가 휴대용 화장장을 악마숭배 활동 장소로 가져와 "그 아이들이 살해된" 후 그들을 휴대용 화장장에서 처리한다는 것이다. 당신은 이 휴대용 화장장에 대해 가능한 상세하게 묘사해 달라고 요청해야 한다. 또한 당신은 아마 장의사가 어떻게 차량관리부에 등록된 휴대용 화장장을 가지고 있는지 질문할 수 있다. (a) 레크리에이션 차량인가, (b) 스포츠 유틸리티 차량인가, (c) 영업용 차량인가, 아니면 (d) 그러한 것이 없기 때문에 위의 어떤 것도 아닌 것인가?

인체를 화장하기 위해 필요한 열의 양은 어마어마하다. 내가 아는 바로는 실제로 이 열을 견뎌낼 수 있는 어떤 종류의 휴대용/이동식 차량은 없다. 일단 시신을 화장하고 나면 뼈를 제대로 처리하기 위해서는 분쇄를 해야 한다. 그 차량은 소각장과 분쇄기를 결합한 것인가? 난 그렇지 않다고 생각한다.

만약 피해자가 사이비 종교단체 신도들에 의해 자신이 프로그래밍되었다고 믿는다면 피해자를 조사하라. 나는 광신자들에 의해 최면 후 암시 방법과 다른 정신 통제 방법으로 악마숭배 활동에 참여하도록 프로그램 되었다는 피해자들의 이야기를 들었다. 38세의 한 피해자는 어렸을 때 사이비 종교단체 신자들이 그녀를 프로그래밍하기 위해 버튼식 전화기 소리를 사용했다고 말했다. 이제 성

인이 된 그녀는 전화기에서 이런 음조를 들으면 '좀비 같은' 상태가 되어 집을 나와 그날 저녁의 종교 활동을 위해 숭배에 참여하게 되는데, 최면 후 암시방법으로 인해 어떤 일이 일어났는지에 대한 기억이 남아있지 않다고 했다. 그러나 그녀의 폭로에서의 문제점은 프로그래밍이 일어났다는 그녀의 어린 시절에는 (그녀의 행동을 조종하기 위해 버튼식 전화기를 사용해) 아직 버튼식 전화기가 도입되지 않았던 때라는 점이다.

주로 범죄와 행동에 관한 이야기에는 "초자연적인 힘"에 의해 조종된다는 신고 당사자의 진술이 포함될 것이다. 내가 들은 바에 따르면 사이비 신도들은 피해자가(일반적으로 피해자와 사이비 신도들 간의 원치 않는 성행위를 포함한) 악마숭배의식에 참여하게끔 어떤 장소에 가도록 하기 위해 경우에 따라 피해자를 공중 부양시킬 뿐만 아니라 어떤 형태의 정신적 텔레파시를 사용한다고 한다. 일부 증언자들은 마인드 컨트롤이 사이비종교 활동 중 어디에서 무슨 사건이 발생했는지에 관한 피해자의 기억을 차단할 정도로 강력하다고 보고했다.

당신이 피해자에게 요청해야 하는 마지막 질문 중 하나는 과거 주소이다. 이를 통해 이 피해자가 다른 도시에서 유사한 신고를 한 적이 있는지를 확인하기 위한 배경 정보로 활용할 수 있을 것이다. 이들 피해자들 중 다수는 실제로 일어났다고 믿는 범죄에 대해 뭔가 조치를 취하기를 원하며, 사법기관에 집요하게 신고하기 때문에 가능한 한 철저히 그들의 진술을 문서화 할 필요가 있다.

악마숭배집단 강간 혐의를 입증하거나 반증하기 위한 단계들은 다른 강간 고발과 정확히 같다. 이런 사건의 경우, 수사 목적은 피해자의 진술을 반박하는 것이 아니라 진실을 밝히기 위해 고안된 질문을 하는 것이다. 일단 진실이 밝혀지면 자동적으로 합법적인 범죄 또는 거짓 진술을 가리키게 될 것이다.

불법적인 성관계

캘리포니아 주는 "성 중립"으로 법안을 바꾸었다. 그 결과 남성이든 여성이든 18세 미만의 사람과 성행위를 하는 사람은 누구나 법에 저촉된다.

일반적으로 말하면, 미성년 여성이 연상의 남자 친구와 성관계를 가지는 경우들을 포함한다. 종종 소녀의 부모는 그녀의 일기를 보고 이 사실을 알게 되거나 딸이 임신했다는 것을 알게 된다. 그리고 그 남자 친구를 형사 고발하고 싶어 한다. 부모들이 누군가를 고발하는 것은 법으로 허용되지 않는다. 고발은 지방검찰청이 하는 일이다. 또한 이 사안에 대해서 전해들은 말은 인정되지 않기 때문에 아이의 일기를 읽은 것 또는 아이가 한 자발적인 진술은 범죄구성요건이 되지 않는다.

이런 상황에서는 피해자가 직접 나서서 남자 친구와 성관계를 가진 것에 대해 이야기하도록 해야 한다. 그리고 이 사건이 당신 카운티 내에서 발생했고 공소시효가 만료되지 않았는지 확인할 필요가 있다.

이렇게 할 용의가 있는 피해자를 만난다면 그녀와의 면담 과정은 매우 간단하다. 당신이 해야만 하는 일은 성관계가 언제 일어났는지, 본질적으로 합의가 된 관계인지, 실제 질내 삽입을 했는지, *그리고* 용의자는 그녀가 미성년임을 알고 있는지에 대해 조사하는 것이다. 나이 문제는 일반적으로 피해자가 용의자에게 자신이 몇 살인지 말해줬다거나 몇 번이나 중학교로 데리러 갔거나, 그녀의 15번째 생일 파티에 참석했다거나 또는 그러한 다른 어떤 방법들로도 충족된다.

실제 성행위 자체에 대해 세부적으로 파악할 이유는 없다. 만약 미성년자가 용의자와 일주일에 두 번, 지난 두 달 동안 매주 질내 성관계를 가졌고, 그 성관계가 방과 후에 그의 집에서 일어났다라고 표현할 수 있다면, 그것은 보통 범죄의 구성요건을 충족시키기에 충분하다.

이런 유형의 경우, 용의자에게 소녀와 성관계를 가졌다고 자백을 받는 것도 매우 쉽다. 보통 남자 친구-여자 친구 관계에 있다면 처음에는 다소 주저하겠지만, 궁극적으로 그러한 관계에 연루되어 있다라고 인정하고 그들이 성관계를 가졌다는 사실까지 "흥분한 채" 밝히겠지만, 본질적으로 합의가 되었었다고 할 것이다. 일단 그 구성요건들을 파악하게 되면 범죄 혐의자를 기소하는 일만 남았다.

보고 사례: 불법적인 성관계

2014년 9월 1일 16:00시, 나는 피해자의 어머니를 집에서 만났다. 어머니는 피해학생의 일기를 읽었고 그녀의 딸이 25살 남자 친구와 성적인 관계를 맺었다는 사실을 알게 됐다고 말했다. 피해학생은 14살이다.

나는 피해학생과 면담을 했는데, 그녀는 약 4개월 전 서로의 친구를 통해 용의자를 소개받았다고 했다. 그들은 친구로 시작했지만 결국 연인관계가 되었다고 했다.

피해학생은 용의자가 지난 두 달 동안 매주 금요일 방과 후에 그녀를 데리러 학교에 왔다고 말했다. 금요일 오후에는 그의 부모님이 집에 없기 때문에 그들은 차를 타고 그의 집으로 갔다. 피해학생은 보통 금요일 오후 두 번씩 용의자의 방에서 합의된 질내 성관계를 맺었다고 말했다. 피해자는 이러한 합의된 성관계를 하는 동안 어떠한 종류의 피임이나 "보호기구"도 사용하지 않았다고 진술했다. 그녀는 생리가 3주나 늦어져 지금 임신한 것 같다고 덧붙였다. 그녀는 용의자에게 그녀가 임신했을지도 모른다고 말했고, 그는 그녀가 실제로 임신했다면 그녀와 함께 아이를 기르고 싶다고 말했다고 했다.

나는 피해학생의 집에서 용의자에게 전화를 걸었다. 그는 스스로 이름, 생년월일, 주소, 운전면허 번호로 신원을 확인해 주었다. 처음에는 피해학생과의 성적인 관계에 대해 이야기하기를 꺼려했다. 하지만 나는 피해학생이 임신했을 가능성이 있고 그러면 유아에 대한 유전자 검사로 그가 아버지라는 것을 확인할 것이라고 말했다. 그러자 그는 피해학생과 합의된 성관계를 맺었다고 했다.

피의자는 매주 금요일 오후 지난 수개월 동안 학교에서 피해학생을 태워서 그의 집으로 데려갔고 그들은 그의 침실에서 합의된 성관계를 맺었다고 했다. 이어 그는 "피해자가 미성년자인 것은 알았지만 그들이 서로 사랑하기 때문에 그녀와 성관계를 해도 괜찮다는 생각이 들었다"고 덧붙였다.

녹음을 할 것인가 말 것인가

이 본문을 통해 나는 대화를 녹음하는 것의 장점과 단점에 대해 이야기할 것이다. 내가 면담을 녹음하는 것에 대해 전적으로 반대한다는 것은 이 책의 대부분에서 확인할 수 있다. 나는 왜 녹음을 해야 하는지 이해하지 못한 채 기계적으로 녹음하는 것을 반대한다. 여러 번 말했듯이, 법집행 기관은 녹음을 해야 할 법적 의무가 있는 것은 아니다. 녹음하는 것이 큰 가치가 있는 경우가 분명히 많다. 피의자 면담은 예외일 수 있다. 마지못해 증언하는 목격자나 나중에 자신의 진술을 변경할 수 있다고 생각하는 사람의 경우도 마찬가지이다. 또한 만약 당신이 녹음을 해야겠다는 "직감" 혹은 본능을 느꼈다면, 어떻게 해서라도 녹음을 하라.

나는 법정에서 왜 피해자나 목격자 이야기를 녹음하지 않았는지에 대해 피고인측 변호사로부터 심문을 받은 적이 있다. 그 질문에 대한 대답은 "내가 녹음하지 않은 몇 가지 이유가 있다"이다. 만약 변호사가 그 이유들이 무엇인지 더 물어본다면 대답은 다음과 같아야 한다.:

1. "우선 법에는 누군가를 녹음하라고 요구하지 않는다."
2. "녹음하려는 목적만으로 아이와 다시 면담을 하는 것은 아이의 트라우마를 줄이기 위해 면담 횟수를 제한한다는 개념에 위배된다."
3. "녹음된 면담은 어떤 것이든 증거로 제출되기 위해서는 글로 옮겨져야 한다는 것이 법정의 규칙이고, 면담 내용을 글로 옮겨 적는 것은 시간이 많이 걸리고 비용이 많이드는 과정이라는 것을 알고 있다. 이 테이프들을 글로 옮기는 일은 매우 노동 집약적이기 때문에 보통 면담을 녹음하지 않는 것이 나의 비공식적인 방침이다."
4. "향후 자신들이 한 이야기를 바꿀 수도 있을 것 같은 사람들만 녹음하는 것이 나의 개인적인 방침이다. 내 경험으로는 피의자들이 일상적으로 말을 바꾸는데, 특히 변호인과 이야기를 나눈 후에 말을 바꾼다. 아

마도 변호사는 실제 일어난 일에 대해 다른 버전을 생각해 내라고 제
안했을지도 모른다. 또 가족들이 이런저런 이유로 그들이 한 이야기를
바꿀지도 모르는 상황이 있고, 살인이나 마약 관련 범죄에서 이런 유형
의 증인은 그들이 살고 있는 하위문화때문에 일상적으로 자신의 이야
기를 바꾸는 경향이 있다."

5. "나 또한 어떤 이유로든 녹음해야 할 필요가 있다는 직감이 든다면 녹
음하기로 결정할 수도 있을 것이다. 특히 이번 사건에서는 이런 요소가
전혀 없었기 때문에 피해자와의 면담 내용을 녹음하지 않기로 했다."

최근에는 과거에 비해 아동 면담을 녹화하는 추세이다. 이 비디오들은 기소
된 많은 범죄자에게 유죄 판결을 내리는 데 도움이 될 뿐만 아니라 무죄를 입증
하는 데도 도움이 된다. 당신이 어떤 결정을 내리든 편견없이 면담을 제대로 수
행하고 면담한 내용들은 정확하게 문서화해야 한다.

피해자가 대화하지 않으려 할 때

명백한 증거에도 불구하고 피해자가 일어난 일에 대해 밝히지 않으려 하거나
일어난 일들에 대해 완강히 부인하는 상황은 무책임한 행동일 것이다. 이런 일
은 수없이 발생한다. 목격자들의 진술에도 불구하고 어떤 이유에서든 그들에게
일어난 일을 말하지 않는 피해자를 보았다.

나는 피해자가 "아무 일도 일어나지 않았다"고 말하는 면담을 다섯 번 하는
것보다 첫 번째 만남에서 그 주저함을 받아들이는 것이 훨씬 더 낫다고 믿는다.
이후 여섯 번째 면담에서 신뢰가 구축됐거나 결국 속이는 것에 싫증이 났다는
이유로 피해자들은 자신의 곤경을 알리기로 결심한다. 피고인측 변호사는 피해
자들이 범죄를 부인했던 처음 다섯 번의 면담을 증거로 피해자 증언의 타당성에
대해 상당한 "합리적인 의심"을 불러일으킬 수 있다는 것을 확신할 수 있다.

가혹하게 들리겠지만, 내가 해줄 조언은 그냥 손을 떼고, 사건을 종료하고 도움을 필요로 하는 피해자에게 넘어가라는 것이다. 당신이 보호할 수 있는 피해자들ー보호받을 준비가 된 피해자들을 보호하라. 불행하게도 나머지는 계속 피해자로 남아있을지도 모른다. 이러한 방법은 미래의 어느 시점에서 자신들이 당한 범죄에 대해 뭔가를 하고 싶다라고 결정할 수 있는 피해자를 위해 항상 문을 열어 둘 수 있다. 이후 피해자가 원할 때 다시 조사를 하는 것이 자신의 의뢰인의 무죄를 입증하거나 최소한 의혹을 밝히겠다라는 이유로 "아무 일도 없었다"라는 수많은 피해자면담보고서를 가지고 있는 경험 많은 피고인측 변호사를 상대하는 것보다 훨씬 더 쉽다.

"만약 피해자들이 말하지 않는다면 손을 떼라"는 입장에 대해 약간의 비난을 받을 수도 있겠지만, 그렇게 하는 것이 피해자를 위하는 것이라고 생각한다. 나는 피해자들이 법정에서 그런 상황을 경험하는 것을 보는 것보다 그들이 문을 두드릴 때를 기다리겠다!

여성 해부학

지난 몇 년 동안 강간 피해자의 골반을 검사 수행에 사용된 기술이 증가해 왔다. 특히 검사에 도움을 주기 위해 질 확대경을 사용하면서 과거에 비해 폭력과 외상의 물리적 발견을 훨씬 더 많이 발견하게 되었다. 또한 현재 이런 종류의 검사를 전문으로 하는 임상간호사와 의사가 있으며 그들은 무엇을 찾아야 하는지 실제로 알고 있으며, 그 결과 물리적 발견은 과거에 비해 더 극적으로 많다.

합의된 성관계 동안 여성의 몸은 질 삽입을 할 수 있도록 몇 가지 해부학적 변화를 겪는다. 그리고 나서 수정을 돕기 위해 질관안 뒤쪽에 정액을 가둔다. 합의가 안 된 성관계에서는 이러한 신체적 준비가 일어나지 않는다. 경험이 풍부한 의사는 질관 안쪽에 둔기 형태의 외상, 자극/마찰형 부상을 발견할 수 있다. 음순소대 뒤가 찢어졌거나 심지어 자궁경부 자체에 타박상을 입은 것은 제대로 시행된 의학검사 중 발견되는 특이한 증거가 아니다. 질 내부의 조직은 입이나 볼의 안쪽과 농도에 있어서 비슷하다. 이 조직들은 강제 성폭행 중 쉽게 손상되고 또한 빨리 치유된다.

기본적으로 질속을 들여다 볼 때 사용되는 광학적 시각 장치인 질 확대경의 도움으로 의사는 강제 성관계와 일치하는 질 부위 내부의 작고 미세한 찢어짐을 실제로 볼 수 있다. 성관계 시 마찰로 손상된 세포막에 들러붙은 보라색 염료(톨루이딘 블루)의 도움으로, 질 부위가 합의가 안 된 성관계에 의해 손상되었다는 것도 쉽게 알 수 있다.

질 확대경은 여성이 입은 내상을 촬영할 수 있다. 대개의 경우, 이러한 내상은 합의가 안 된 성행위에 대한 피해자의 진술을 뒷받침하는 유일한 물리적 증거이다.

ASAV 보고서에 "증거물 없음" 또는 "정상 범위(WNL)"라고 적혀 있다고 해서 그것이 피해자가 강간당하지 않았다는 것을 의미하지 않는다. 건강하고 성적으로 활동적인 여성에게 부상이 없는 것도 흔한 일이다.

수사관과 피해자 전담변호사의 협업

수사관과 피해자 전담변호사는 두 가지 매우 다른 역할을 가지고 있는데, 둘 다 같은 목적을 이루기 위해 고안된 것이다; 그것은 용의자를 기소하는 것과 피해자의 건강한 삶으로 회복시키는 것이다.

피해자 전담변호사는 첫 면담 때 수사관과 동행할 수 있는 사회복지사나 아동보호서비스 직원이 아니다. 피해자 전담변호사는 카운티 피해자 증인 프로그램에서 온 사람이거나 CASA(법정에서 임명된 전문 변호사)의 자원봉사자 또는 지역 비영리 기관의 개인이다.

피해자 전담변호사는 보통 초기 면담 후에 사건을 맡게 된다. 소속 기관의 협약에 따라 사건이 관할 지방검찰청에 기소된 후에만 사건을 맡도록 제한되기도 있다. 강간과 관련된 사건에서, 피해자 전담변호사들은 경찰이나 검찰의 요청에 따라 하루 24시간, 주 7일 상시 출동하며, 보통 피해자가 성폭행 검사를 하는 동안 담당 수사관을 만난다.

비영리 단체 피해자 전담변호사는 소송이 제기되었든 그렇지 않았든 요청될 때마다 출동할 것이다. 때때로 그들은 사건을 이끌어내는 정보의 원조가 되기도 한다. 비영리 기관의 피해자 전담변호사들은 카운티의 협약에 얽혀있지 않기 때문에 그들이 할 수 있거나 할 일에 대해 더욱 자유롭게 행동한다.

수사관과 피해자 전담변호사는 변호사가 *경찰 수사를 맡거나 증거를 수집하거나 면담을 하기 위해서가 아니라* 도움을 주기 위해 그곳에 있다는 것을 항상 명심해야 한다. 먼저 피해자 전담변호사는 즉시 확인할 수 있는 사건의 개요를 확인해야 하는데 그 개요에는 그들이 필요로 하는 모든 중요한 정보가 포함된다. 그 다음으로 피해자 전담변호사는 모든 수사 정보, 새로운 혐의, 사실, 사건 또는 기타 정보 등을 파악하여 *경찰에게 전달*해야 한다. 피해자는 피해자 전담변호사가 사건을 강화하기 위해 새로운 정보를 수사관에게 제공하고 있다는 사실을 아는 것이 중요하다. 그렇게 해야 피해자는 피해자 전담변호사에게 배신감을 느끼지 않는다.

사건의 모든 세부사항을 피해자 전담변호사에게 완전히 공개하는 것을 피해야 사건의 진실성이 보호되고 해당 변호사가 향후 난처한 상황에 처하는 것을 막을 수 있다. 피해자 전담변호사를 그 사건에 대해 알아야 할 것보다 더 많이 아는 위치에 두지 말라. 만약 피해자, 용의자 혹은 언론에 사건이 유출이 된다면 의심받을 수 있다.

기억해야 할 것!—모든 면담의 목적은 정보를 얻는 것이지 정보를 제공하는 것이 아니다. 수사관에게 정보를 제공하는 것 외에 피해자 전담변호사의 일은 피해자의 심리적 욕구를 돕고 일반적인 절차와 협약을 설명하는 것이다. 피해자 전담변호사는 피해자와의 관계를 모호하게 할 수 있는 모든 세부 사항들을 필요로 하지도, 원하지도 않는다.

CHAPTER
06 모든 정보 파악하기

　　지금까지 무엇보다도 독자들에게 "모든 정보 파악하기"를 가르치고자 많은 시간을 할애했다. 그러나 이제 이것은 너무 이상적이고 실현 불가능한 목표라는 것을 말하고자 한다. 내가 말하고자 했던 바는 어떻게 하면 현실적으로 최대한 이 목표를 달성할 수 있을지에 대한 것이었다.

　　예를 들어 설명하자면, 가장 친한 친구가 유럽으로 한 달간의 긴 휴가를 떠나 유럽 전체를 보려고 쉬지 않고 여러 나라를 여행했다고 가정해보자. 친구가 여행에서 돌아온 후 함께 점심을 먹으며 친구에게 여행하면서 있었던 "모든 것"을 말해달라고 부탁한다. 친구는 여행에서 있었던 "모든 것"에 대해 한 시간이 넘게 이야기한다.

　　2주가 지난 후 친구와 점심을 먹게 되었는데 친구가 여행에 대해 추가적으로 이야기한다. 두 주가 지난 후 다시 점심을 먹게 되자 친구는 또다시 여행에 대해 추가적인 이야기를 덧붙인다. 만약 이러한 일이 일어났다고 가정한다면 여행에서 돌아온 후 함께 한 첫 점심식사 자리에서 친구가 당신에게 거짓말을 했다는 의미인가? 그렇지는 않을 것이다. 친구는 처음 여행이야기를 할 때 미처 생각하지 못했던 이야기를 덧붙여 말한 것이거나, 단순히 "모든 것을 말하기"에는 시간이 모자랐기 때문에 나중에 이어서 이야기 한 것일 뿐이다. 현실적으로 한 달 동안 일어난 모든 일에 대해 듣는 것은 절대 불가능하다.

이제 일주일에 서너 번씩 매주, 몇 년에 걸쳐 계속해서 성추행을 당해온 아이의 경우를 생각해보자. "모든 정보 파악하기"가 가능할 것인가? 역시 아니라고 생각한다.

향후 피고측 변호사가 "증인 면담에 대한 훈련을 받았는지?", "그 훈련에서 모든 사실을 획득하는 방법에 대해 배웠는지?," 그리고 "경찰 보고서에 이러한 사실들을 다 적도록 훈련 받았는지?" 와 같은 일련의 질문들을 할 것이다(내가 무엇을 말하려고 하는지 알 수 있을 것이다).

이런 질문을 받게 되면 지방 검사에게 앞서 말한 가상의 유럽여행에 대해 말해주어 검사가 이 이야기를 잘 활용하게 함으로써 증인으로서의 당신의 권위를 회복하게 하고, 중요한 점들을 배심원에게 강조할 수 있도록 할 필요가 있다.

07 교내 성폭행

성 범죄자에게 대학캠퍼스는 범죄 대상이 넘쳐나는 곳이다. 학생들은 처음으로 부모로부터 떨어져, "통과의례"라고 생각하는 것들에 참여하는데, 이때 수천 개의 위험에 맞닥뜨린다. 엄청난 술 또는 마약을 접하게 되고 잠재적 피해자 집단은 수백 배나 더 커지게 된다.

많은 캠퍼스는 대부분의 미국 도시보다 규모가 크며 학생 수는 수만 명에 이른다. 많은 사람이 모여 있는 곳에는 언제나 성 범죄자도 있다는 것을 장담할 수 있다. 여기에는 창문 사이로 엿보는 사람, 노출증 환자, 속옷 도둑부터 강간 범에 이르기까지 다양한 성 범죄자들이 포함되어 있다.

캠퍼스에서의 생활은 *주체형 공격자*와 *추종형 공격자*로 이름 붙인 범죄자들로부터 위협을 받는다. 만약 이러한 유형의 범죄자들을 보게 된다면, 이들이 범죄자로서의 많은 특징들을 공유하고 있다는 것을 알게 될 것인데 이는 2부에서 논의하고자 한다.

피해자의 특성들

캠퍼스 폭행에서 흔히 볼 수 있는 피해자 특성 중 하나로 높은 위험 행동과 "내가 원하는 것은 무엇이든 할 수 있어야 한다."라는 이상주의적 사고가 결합된 점을 들 수 있다. 두 가지 모두 대학에서 할 수 있는 자신만의 것을 하라는 자유주의적 사고의 부작용이다. 여기에 "나는 총알도 막을 수 있다"라는 흔한 십대의 생각과 모든 사람이 자신의 방법으로 세상을 본다라는 순진한 생각이 결합된다. 이 그룹의 사람들에게 토가테마 사교모임에 가서 미친 듯이 술에 취하는 것은 더할 나위 없이 좋은 일이 되겠지만, 사실상 이는 명료하게 사고하고 외부로부터의 잠재적인 위험을 인지하는 능력을 잃게 되는 것을 의미한다.

여러 해 동안 나는 이웃 도시의 한 대학에서 인간의 성에 대해 초청강사로 강의를 했었다. 강의실에는 약 300명의 학생이 있었는데 그 중 반은 여성이었다. 강간에 대한 환상과 캠퍼스 파티에서 열리는 젖은 티셔츠 경연대회에 대해 용의자가 어떻게 받아들일지에 대해 이야기했을 때, 약 절반 이상의 여성들은 그런 경연대회에 대해 아무런 문제도 느끼지 못했다.

나는 젊은 여성이 자신이 "좋아하는" 동료 학생과의 만남에서 발생한 몇 가지 사례에 대해 매년 조사하였다고 설명을 이어나갔다. 두 남녀는 어느 정도의 합의를 거친 후 "남자의 집"으로 가 옷을 모두 벗고 클린턴 대통령이 섹스가 아니라고 주장한 모든 행위를 하기로 결정했고, 이러한 "만지고 간지럽히는" 행위는 성관계로 이어졌다. 이 사건은 추후에 강간으로 신고되었다.

이러한 사건들을 기소하는 것이 불가능하지는 않지만 기소에 어려움이 있는 이유와, 여성이 성관계를 갖고 싶지 않다면 옷을 벗지 말아야 하는 이유에 대해 설명하였다. 어김없이 열 명 혹은 그 이상의 여성들이 자리를 박차고 일어나 "나는 내 행동의 경계를 정할 권한이 있으며 남성들은 이를 존중해야 한다."라고 외칠 것이다. 지구가 아닌 다른 행성에서 이는 사실일 수도 있지만, 이러한 사건에서 "강제에 의한 강간"이나 "지인에 의한 강간"의 범죄구성요소인 강제력을 증명하기란 어려울 것이다.

이러한 사건들이 기소될 수 없다고 말하고자 하는 것은 아니다. 다른 범죄와 마찬가지로 이런 사건들도 조사할 필요가 있다. 수사관은 사건이 일어나기 전 논의된 사항과 합의에서 벗어나서 행동한 지점이 무엇인지에 대해 가능한 한 많은 정보를 획득할 필요가 있다. 아무리 경미한 것이라 하더라도 피해자 측의 저항은 명확하게 규명되어야 하며, 가해자의 태도 변화에 대해서도 분석해야 한다. "네가 원했다는 걸 알고 있었어"라든지 "여자들은 다 똑같아"처럼 피해자를 비하하는 의미를 담고 있는 진술에 특별히 주의를 기울여야 한다. 이 진술은 잠재된 환상의 일부일 수도 있고 피해자를 통제할 필요에서 기원된 것일 수도 있다.

순진하고 그다지 똑똑하지 않은 이런 유형의 피해자 행동때문에 사건 기소에 어려움을 겪기도 한다. 이런 사건에서 기소를 이끌어내기 위해서는 피해자의 행동과 스스로 그런 행동을 할 만한 자격이 있다고 생각하는 가해자를 결부시켜 생각할 필요가 있다.

스스로 자격을 부여한 가해자

스스로에게 자격을 부여한 가해자는 자신이 언제 어디서든 성관계를 가질 자격이 있으며 파티나 젖은 티셔츠 경연대회에 있는 모든 여성들을 자신이 원하는 대로 해도 되는 존재로 간주한다. 이러한 사고방식의 극단적인 형태는 부잣집 도련님, 즉 남학생 사교클럽 회원에게서 볼 수 있는데 이들은 "안 돼"라는 말을 들어본 적이 없으며 항상 자신이 원하는 모든 것들을 손에 넣을 수 있었던 부류이다. 이 부류에게 술 취한 남녀가 함께 어울리는 것은 매우 자연스러운 일이다. 이 범주의 다른 극단적인 형태는 가난하게 자란 아이로, 드디어 대학에 들어와 자신이 원하는 모든 것을 얻을 수 있는 새로운 세계로 들어왔다고 믿는 부류이다. 숙련된 면담자는 피해자를 면담하는 동안 이러한 요소들을 파악할 수 있다. 그리고 용의자를 면담할 때 "여성이 당신과 함께 침대에 들어갔잖아? 그런데 안 될게 뭐가 있어, 그렇지?" 그리고 "여성도 가슴을 보여 준 후엔 그만둘 수 없다는 걸 확실하게 인지하고 있었을 거야, 그렇잖아?"라는 식으로 용의자의 경계를 누그러뜨릴 수 있다. 이러한 질문방식은 피의자 면담을 구성하는 5가지의 고유한 특징(트레이드 마크)에 기반하는데 이는 추후 논의하고자 한다.

스스로에게 자격을 부여한 가해자는 "누군가를 해치는 것도 아닌데 이 여자들을 좀 가져도 괜찮지. 그리고 이 여자는 정신을 잃으면 어차피 기억도 못할 텐데 왜 강간을 하면 안되지?"라는 사고방식을 가지고 있다.

이 유형의 가해자는 남학생 사교클럽 파티를 하는 동안 구석에서 여성이 만취하기를 기다렸다가 "그녀를 도와" 침실로 데려가 눕힐 것이다. 일단 여성이 의식을 잃으면 여자를 강간하는 데 아무 문제가 없다고 보고 "이 여자는 어차피 오늘밤 누군가와는 섹스를 했을 거야, 나라고 안 될 이유가 없지"라며 자신을 합리화시킬 것이다. 이러한 사건을 조사할 때는 피해자가 만취하여, 성관계나 다른 어떤 것에 합의할 수 없는 상태였음을 확인해 줄 수 있는 목격자를 찾는 것이 매우 중요하다.

추종자형 공격자

우두머리 가해자를 따라하는 추종자도 캠퍼스에서 발견할 수 있다. 이러한 부류의 가해자는 "핵심 그룹"에 속하고 싶어하며 "그들 중 하나" 혹은 "팀의 일부"이고 자신이 믿을 수 있는 사람임을 증명하고 싶어 한다.

피해자가 한 명 이상에 의해 피해를 입었다고 신고하는 사건에서 이런 가능성에 대해 생각해 볼 필요가 있다. 피해자를 가장 먼저 범한 사람이 강간범 또는 스스로 자격을 부여한 강간범일 가능성을 고려하라. 그는 동료팀원이나 남학생 사교클럽의 멤버 또는 "똘마니들"에게 피해자와 성관계를 맺도록 요구할 것이다. 첫 번째 가해자는 이를 통해 여성이 "원하고" 있으며 따라서 여성을 범하는 것이 문제될 것이 없다는 자기 합리화를 공고히 한다. 나머지 가해자들은 "음, 그래야 할 것 같아", "그가 했으니(의식을 잃은 여성과의 성관계) 괜찮을 거야."라고 생각하며 피해자를 강간한다.

수사의 관점에서는 이러한 용의자 사슬의 약자부터 공략하는 것이 이상적이다. 피해자가 의식을 잃고 있었으며, 너무 취해서 어떤 일이 일어나는지 알지 못했다는 것을 확인해 줄 수 있는 한 명 또는 그 이상의 추종자를 확보하는 것이 사건을 기소할 수 있는 유일한 방법일 수 있다.

사실들을 수집하고 그 사실들이 유죄와 무죄 또는 그 사이의 어떤 지점을 가리키고 있는지 파악하는 것이 임무임을 명심하라. 가능한 한 많은 정보를 수집하라. 범죄 구성 요소는 있을 수도 있고 없을 수도 있다. 어느 쪽이든 자신의 소임을 다하면 된다.

보고 사례 #1 교내강간

나는 피해자 #15-34(메리)와 메리를 돕기 위해 함께 온 메리의 언니를 경찰서 로비에서 만났다. 메리는 약 10일 전 성폭행을 당했다고 말했고 나는 두 자매를 경찰서 2층에 위치한 면담실로 데리고 갔다.

메리는 자신이 주립대학교의 신입생이며 고등학교 졸업 후 이곳으로 왔다고 말했다. 용의자인 존스와는 교내에서 만났으며 영어와 사회학 수업을 함께 듣고 있다고 했다. 존스는 또한 수영 다이빙 팀에서 활동하고 있었는데 사건이 일어나기 며칠 전 존스와 메리는 수업 시작 전 학생라운지에서 커피를 마시며 전화번호를 주고받았다고 했다. 메리는 존스가 "멋있어 보였고" 그와의 데이트를 생각해 보았다고 말했다.

성폭행이 일어났던 날 저녁, 메리는 존스에게 전화해 약 30분 동안 통화를 했는데 대화를 하는 동안 두 사람은 그 주 주말 데이트를 하기로 약속했다. 대화를 나누며 메리는 존스가 성관계를 기대하고 있는지 물었다. 존스는 여러 차례의 성경험이 있으며 이전에 사귀었던 여자 친구들과는 성관계를 가졌다고 대답했다. 메리는 관계에 대한 확신이 들 때까지 성관계를 가지는 것은 불편하나 "진한 애무와 나체상태로 있기, 그리고 서로 자위하기"는 "괜찮다"고 말했다.

둘은 다음 날 교내에서 만나기로 하고 전화를 끊었다.

두 시간 후 메리는 존스가 살고 있는 곳으로 운전해 가기로 마음먹었다. 대화 초반에 존스는 메리에게 살고있는 아파트의 위치를 가르쳐 주었는데 그는 학교 건너편에 살고 있었다. 도착 당시 메리는 빅토리아 시크릿 파자마를 셋트로 입고 있었는데, 상의는 브이넥 모양이었고 속옷은 입지 않은 상태였다. 존스는 메리를 집 안으로 초대하였고 둘은 소파에 앉았는데 이 때 많은 대화를 나누지는 않았다.

두 사람은 키스를 하며 서로의 몸을 만지기 시작했는데, 메리는 존스가 자신의 옷을 벗기는 것을 허락했고, 소파에서 바닥으로 자리를 옮겨 계속해서 키스를 나누며 약 한 시간 정도 서로의 몸을 애무했다.

이를 계속 이어나가던 중 메리는 두 사람이 성행위를 하고 있음을 인지했다. 메리가 "멈추어 달라"고 말하자 존스는 성행위를 멈추었는데 메리가 멈추어 달라고 말하기까지 약 2분 정도 성행위가 있었다. 둘은 키스와 애무를 이어나갔다. 약 15분 정도가 지난 후 메리는 다시 성행위를 하고 있음을 깨닫고 존스에게 "그만 두라"고 말하자 그는 성행위를 멈추었다.

메리는 "너무 늦어서" 집에 돌아가야겠다고 말한 다음 두 사람은 옷을 입었다. 존스는 차가 있는 곳까지 메리를 바래다 준 다음 키스를 하고 메리의 차가 도로변에서 빠져나갈 때까지 기다려 주었다.

다음 날 두 사람은 교내에서 이야기를 나누었는데 존스는 다가오는 주말은 바쁠 것 같으나 그 다음 주말에는 만날 수 있을 것이라고 말했다.

존스와의 사이에 일어난 일에 대해 생각한 후, 메리는 교내 상담사와 이야기를 해보기로 결정했다. 상담사는 메리가 추행을 당했다고 느꼈다면 이를 대학 당국에 보고 할 필요가 있다고 조언했다. 하루 동안 더 생각할 시간을 가진 후 메리는 교내 경찰에 알렸고 그들은 메리가 경찰에 신고하도록 조치했다.

보고 사례 #2 교내강간

나는 카운티 병원의 성폭행 검사실인 '세이프 플레이스'에 파견되었는데 도착하자마자 SART 간호사인 베티 하우의 연락을 받았다. 베티 하우는 몇 명의 친구들이 피해자#16-18(미아)를 병원에 데려다 놓고 내가 도착하기 전 병원을 떠났다고 말했다. 또한 미아의 혈중 알콜 농도가 0.18%이며 체내에서 나른 약물이 발견될 수도 있다고 했다. 미아는 주립대학의 교정에서 조금 떨어진 한 집에서 열린 파티 도중 집단 강간을 당했다고 간호사에게 말했다. 의학적인 검사를 하기 전 면담실에서 미아와 단 둘이서 대화를 나누었다.

미아는 몇몇의 친구들로부터 학교 밖 파티에 대해 들었으며 친구들과 함께 파티에 참석하기로 하고 10시에 파티 장소에 도착했다고 했다.

파티가 열리고 있던 집 안과 주위에는 수 백 명의 사람들이 있었는데, 미아는 누가 파티를 주최했으며 그 집에 누가 살고 있는지에 대해 알지 못했다.

미아는 파티에서 자신이 한 행동에 대해 구체적으로 생각해 내는데 어려움을 겪었다. 그녀는 남자들이 주는 맥주 몇 잔과 데킬라 세 잔 정도를 마셨다고 말했다. 이 때 자신의 여자 친구들이 무엇을 하고 있었는지에 대해서는 모르고 있었다. 미아는 파티 도중 제이슨이라는 남자가 준 데킬라를 마신 것을 기억해 냈는데 술을 마신 후 "이상하다"고 느끼기 시작했고 몸의 균형을 유지하는데 어려움을 겪게 되었다고 했다. 또한 제이슨과 키스를 하고 뒤쪽 방에서 그의 무릎에 앉아있었던 것을 기억해냈다.

제이슨은 미아가 위층으로 올라가 누울 것을 제안했다. 제이슨은 파티에서 처음 만난 사람으로 미아는 그와 함께 위층에 올라가는 것에 대해 동의한 기억이 없다고 했다. 미아는 한 명 이상의 사람에 의해 계단을 "끌려 올라간" 것을 기억해 냈는데 이 일이 일어난 것이 자정 직후 쯤이라고 생각했다. 두 사람은 침실로 들어가 계속해서 키스를 나눴으며 미아는 제이슨이 옷 위로 가슴을 만진 것을 떠올려냈는데 이 접촉에 대해 미아는 반대의사를 표하지 않았다고 했다.

미아의 다음 기억은 상의와 브래지어가 가슴 위로 끌어올려진 채 침대 위에 누워있었던 것이다. 또한 누군가가 그녀의 속옷을 옆으로 끌어당기는 것을 느꼈다고 했다. 미아는 자신의 청바지가 완전히 벗겨졌었는지 아닌지 알지 못했다. 다만 누군가가 몸 위에 올라타 그녀의 질에 삽입하고 성관계를 하고 있다고 느꼈는데 미아는 그가 제이슨이라고 믿었다.

미아는 방 안에서 다른 목소리들을 들은 것도 기억하고 사건이 일어나는 동안 적어도 세 명의 다른 사람이 있었다고 추정했다. 그리고 제이슨이 "진정해, 이게 네가 원했던 것이라는 걸 알아."라는 취지의 말을 한 것과 "그녀에게 해줘."라는 말을 수차례 반복적으로 말하던 또 다른 목소리가 있었던 것도 기억해

내었다.

미아는 제이슨 말고도 다른 성폭행 가해자가 있으며, 확신할 수는 없지만 아마도 두 명의 다른 남성과도 성관계를 가진 것 같다고 덧붙였다.

다음으로 미아가 기억해 낸 것은 욕실에서 격렬하게 구토를 하고 있었던 것이다. 미아는 자신을 두고 다투고 있는 남자들의 목소리를 들었는데 그 중 몇 명은 그녀를 병원에 데려가자고 했고 다른 몇 명은 이에 반대했다. 미아는 자신이 어떻게 병원에 왔는지 알지 못했다.

IX 법안

대학생과 관련된 성폭력 사건을 조사할 때, 주의해서 다루어야 할 또 다른 사안이 있는데, 이는 감당하지 못할 만큼은 아니지만 당혹스러울 수 있다.

1972년 시행된 교육개혁법의 IX 법안에 대해 이야기하고자 한다. 이 법령과 그에 수반되는 규칙과 규정들은 학생들의 권리를 보호하기 위해 만들어졌다. 법령은 대학 당국이 학교 안팎에서 발생한 모든 성폭력 사건에 대해 자체적으로 조사하도록 요구하고 있다. 또한 신고 절차와 기밀 문제, 증거수집, 그리고 학교가 취해야 할 조치 등 경찰조사와 별개로 많은 규정이 있다.

당신에게 연락을 하기 전 대학당국이 먼저 자체 조사를 실시하게 될 수도 있고 당신과 정보를 공유하는 것을 꺼려할 수도 있다. 이러한 상황에 직면하게 되면 대학 당국은 단지 IX 법안을 따르고자 할 뿐이라는 것을 명심하면 된다.

대부분의 학교에는 IX 법안과 관련한 사안들을 처리할 때 공조를 필요로 하는 IX 법안 담당자나 학생품행/사법사건을 담당하는 사무실이 있다.

성 범죄자
면담하기

CHAPTER

08 사건을 채택할 때 고려할 사항들

의문을 품은 적이 있는가?

성 범죄 사건을 수사하는 과정에서 스스로에게 질문한 적이 있는가:

- 뭔지는 잘 모르겠지만 뭔가 냄새가 나는 것 같아.
- 피의자는 왜 그렇게 했을까?
- 피해자가 진짜 말하고 싶은 건 무엇일까?
- 사건에서 손 떼라고 하는 상사를 어떻게 납득시킬 수 있을까?
- 이 사건에 뭔가 있다고 생각하는 상사를 어떻게 납득시켜야 내가 원하는 방향으로 움직일 수 있을까?
- 이 피의자가 이야기하고 싶어하는 것은 알겠지만 어떻게 이야기하도록 할지 잘 모르겠어.
- 그는 아이를 성추행했으니 소아성애자가 틀림없다, 그렇지 않은가?
- DNA결과가 틀렸을 거야. 어떻게 8살 아이 성추행사건과 75세 여성 강간살인사건의 DNA가 일치할 수 있겠는가?
- 어떻게 매번 성 범죄자들의 행위들을 모두 다르게 정의할 수 있는가?
- 용의자를 면담할 때, 용의자에 대한 모든 행동 데이터를 어떻게 사용하는가?

나는 이 질문들 외에도 다른 질문들을 수백 번이나 자문하여왔지만, 이 질문들이 그렇게 어렵지 않다는 것을 깨닫게 되었다. 당신이 먼저 해야 할 일은 조사를 더 어렵게 만드는 모든 복잡한 정의와 난해한 심리학 이론들에서 벗어나는 것이다. 그리고 나서, 사건을 보다 일반적인 형태로 살펴보기 시작해라.

수사관으로서 당신의 일은 성 범죄자들을 잡는 것이다. 그들을 치료하는 것은 다른 이들에게 맡겨라. 당신은 성 범죄자들의 모든 행동적 특성을 알 필요가 없고, 면담과 관련된 용의자의 행동만 이해하면 된다. 내가 여기에서 말하고 있는 면담은 피해자와 용의자 모두를 말하는 것이다.

당신이 특정 용어들에 초점을 맞추기 보다 좀 더 넓은 시야로 용의자의 행동을 살펴보기 시작하면, 범죄의 단서, 물리적 증거, 목격자 진술에서 뿐만 아니라, 면담과 사건 진행에서도 행동적 요소를 적용할 수 있게 될 것이다. 이렇게 하며 성 범죄자를 면담할 때 당신은 면담에서 우위를 점할 수 있으며, 이 장의 시작 부분에서 다루었던 질문들에 대한 답을 찾게 될 것이다.

대부분의 범죄자들은 돈이나 복수 때문에 범죄를 저지르지만 성 범죄자들은 "좋은 기분"을 느끼고 싶은 욕구 때문에 범죄를 저지른다. 발가락을 빨며 쾌감을 얻는 것, 강간을 통해 힘과 통제감을 느끼는 것, 로드킬 당한 동물과 성관계를 하며 좋은 기분을 느끼는 것 등이 그러한 것들이다. 그들에게 섹스는 자신의 기분을 좋게 만드는 그 무엇으로 정의된다. 그들이 발기하기 위해 똥기저귀를 온몸에 문지르는 것이 부모의 잘못된 양육 때문인지 아니면 어린 시절 시리얼을 먹을 때 너무 많은 설탕을 넣어서 먹었기 때문인지를 확인하는 것은 당신의 업무가 아니다. 대신 당신의 업무는 a) 피해자와 성 범죄자가 함께 그 자리에 있었는지 확인하고, b) 이러한 정보를 이용하여 용의자를 찾고, c) 그를 검거하기 위해, 그것이 성적으로 동기부여된 행동이었는지(그 행동이 그를 기분 좋게 하였는지)를 확인하는 것이다.

다음 몇 페이지에서는 성 범죄자들에 대한 몇 가지 비밀들을 공유하고자 한다. 이것들은 너무 단순해서 왜 스스로 알아채지 못했는지, 그리고 행동 과학자들이 왜 이것을 이렇게 이해하기 어렵게 만들었는지를 의아해 하게 될 것이다. 더 중요한 것은 이러한 정보를 용의자 면담 전략에 어떻게 적용할 것인지 그리고 자백 비율을 어떻게 높일지 알게 될 것이라는 점이다.

내가 여러분에게 여기서 이야기하고자 하는 것은 모든 유형의 성 범죄자들에 대한 완벽한 심리학적 프로파일링은 아니다. 다만 성 범죄자들이 어떻게 행동하고 말하는지에 대한 단순하고 일반화된 사실을 깨닫는다면 여러분의 면담수준을 전문학사 수준에서 석사수준으로 향상시킬 수는 있을 것이다.

그들은 서로를 싫어한다

다른 유형의 성 범죄자들이 서로를 좋아하지 않는다는 것을 깨닫는 데 오랜 시간이 걸렸다. 이 간단한 진술은 매우 심오하다. 이 사실을 깨닫게 되면 1분 전만 해도 없었던 면담 전략을 갖게 된다.

성 범죄자들은 그들 자신의 변태적 행태를 정상적으로 보거나, 적어도 그들의 마음속에서 변태적 행태가 사회적으로 용인될 수 있는 곳이라고 여겨지는 곳을 찾게 된다. 그러나 성 범죄자들은 다른 성 범죄자들의 변태적 행태나 성도착에 대해서는 이상하고 기괴하고 정상적이지 않다고 생각하며, 심지어 범죄라고 여긴다. 그래서 만약 당신이 12살짜리 소녀를 성폭행한 강간범을 면담하게 되는 경우 당신의 전략은 다음과 같은 사항을 포함하게 될 것이다:

> "내 상사는 당신이 소아 성애자들 중 하나라고 생각해. 어린 아이를 성적으로 선호하는 유형 말이야. 나는 당신이 그렇지 않다고 생각해. 내가 당신을 이해할 수 있도록 도와주겠나."

용의자를 그가 좋아하지 않는 유형의 범죄자와 대조해 줌으로써, 그에게 그 자신이 그렇게 나쁘지 않으며, 적어도 자기 자신이 다른 유형의 성 범죄자들만큼 나쁘진 않다는 것을 설명할 수 있도록 기회를 준다.

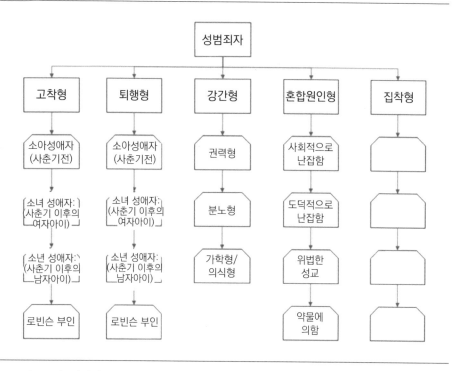

▼ **그림14** 성 범죄자 도표

참고: 나열할 수 없을 정도로 수 많은 패티시가 존재함.

"성 범죄자 도표(그림 14)"는 다양한 유형의 성 범죄자 사이의 근본적인 차이를 묘사하고 있다. 이것으로 모든 성 범죄자의 유형을 설명할 수는 없지만, 성 범죄자의 여러 카테고리들에 대한 일반적인 이해를 얻는데는 도움이 된다.

고착형 (첫 번째 열)은 "기호(애호) 성 범죄자"라고도 한다.

다음은 다양한 유형의 성 범죄자에 대한 간략한 정의이다.

소아성애자(pedophile) 사춘기 이전의 어린이를 성적으로 선호하는 사람.

선호(preference)와 *수행*(performance) 간에는 차이가 있다. 일반적으로 아동과 성관계를 하는 용의자는 소아성애자가 틀림없다고 가정하게 된다. 진정한 소아성애자, 즉 *사춘기 이전*의 아이들에 대한 성적 *선호*, 지향 또는 끌림을 느끼는 사람은 상대적으로 드물다. 기회형 성범자와 비교해보라.

집에 침입하여 아이를 성추행하는 용의자를 강간범으로 생각할 수는 있지만 반드시 소아성애자라고 단정할 수는 없다. 다음 범행에서는 그 용의자가 성인을 강간할 수도 있다. 친인척 아이들을 수년간 성추행한 범죄자조차도 소아성애자이기 보다는 강간범일 가능성이 더 크다.

다른 성 범죄들이 동성 또는 이성으로 성별을 구분하여 성추행하는 것과는 반대로, 진정한 소아 성애자들은 아이들을 단지 아이들로 여긴다는 것이다. 그들은 성별을 가리지 않고 모두 성추행할 가능성이 있다.

소녀 성애자(Hebephile) *사춘기 이후* 여성을 성적으로 *선호*하는 사람.

다시 언급하지만 그 비결(trick)은 진정한 선호와 수행을 구별하는 것이다. 이 유형으로 정의되는 범죄자들은 성별에 대해선 선택적이다. 16세 때 14세의 여자 친구를 사귀고 26세 때 14세의 여자 친구를 사귀고, 36세 때 14세의 여자 친구를 사귀는 식의 남성이 이 유형에 해당한다.

소년 성애자(Phoebephile) *사춘기 이후* 남성을 성적으로 *선호*하는 사람.

진정한 성적 *선호*와 상황에 의한 *수행*에는 차이가 있다는 것을 기억하라. 내 경험상 이런 유형의 범죄자는 매우 적극적이며 다수의 피해자를 양산한다. 그는 십대처럼 옷을 입고, 말하고, 행동하며 십대들 속에 어울려져 있을 것이다.

로빈슨 부인(Mrs. Robinson) *사춘기 이후 남성*에 대한 성적 *선호*를 가진 여성.

'졸업(역저 설명: The Graduate: 1967년 제작, 더스틴 호프만, 앤 밴크로포트, 태서린 로스 출연)'이라는 영화 속 인물의 이름을 딴 이 유형의 범죄자는 어린 소년들을 성적으로 선호한다. 6학년 학생과 사귀는 학교 선생님이 이 유형에 속한다. 그리고 금요일 밤에 베이비 시터를 데려다 주는 길에 차 뒷자석에서 성관계를 가지는 세 자녀 어머니도 이 유형에 해당한다. 최근에 이런 종류의 범죄자에 관한 뉴스가 몇 건 있었다. 그들은 대부분 사람들이 생각하는 것보다 훨씬 더 흔하다. 소년이 나이 든 여성과 성관계를 하는 것은 행운이지만 소녀가 나이 든 남성과 관계를 맺는 것은 이용당하는 것이라는 인식을 통해 우리 사회의 이중성을 확인할 수 있다.

여기에는 몇 가지 다른 문제가 있다. 만약 10대 소년이 자신의 동료 집단보다 훨씬 높은 수준의 성적 경험에 노출되어 있다면, 그는 또래 소녀와 정상적인 관계를 형성할 수 있을까? 만약 12세 소년이 매일 밤 계모가 자신의 방에 들어와 강제로 섹스를 하게 될까봐 두려워 잠을 자지 못한다면, 이는 성년이 되는 통로일까, 아니면 공포에 빠지는 길일까? 수 년 전 내가 참석한 강연에서 연사는 가장 폭력적인 연쇄 살인범과 강간범 중 많은 수가 어린 시절 여성에게 성추행을 당한 경험이 있다는 이론을 제기했다.

고착형 그룹의 모든 범죄자는 어린이와 장기적인 관계를 추구한다. 만약 필요하다면 오랜 기간 동안 아이를 유혹할 것이다. 그들은 어린이의 세계에 받아들여지기를 원하며 성적 접촉을 그 수용의 증표로 본다. 이 범죄자는 자기 자신을 아이의 동료로 여긴다. 그는 아이와의 성관계를 통한 해로움보다 아이에게 보여준 자신의 사랑이 훨씬 더 크다고 자신의 행동을 합리화한다. 또한 아이들과의 성관계를 자연스럽고 정상적인 것으로 본다. 소아성애자는 이를 이성이나 동성에 대한 성적 취향과 다를 바 없는 정상적인 성적 취향으로 여긴다. 소아성애자는 이성애자과 마찬가지로 자주 섹스를 하고 싶어 한다. 때문에 이 범죄자의 일생 동안 수백 명의 피해자가 생기고, 수천 건의 추행이 발생하게 되는 것이다.

이 범주에 속하는 범죄자들은 절대 아이를 해치지 않는다. 아이를 납치하고 강간한다는 생각은 그들에게는 이질적이다.

다음열은 상황적 범죄자(Situational offenders)라고도 불리는 퇴행형(REGRESSED) 범죄자이다. 이 범주에 대한 정의는 기본적으로 동일하다.

일반적으로 나이에 맞는 성적 파트너를 갖지만 자신의 삶이 갈등 상황에 놓이게 될 때 미성년자와의 관계를 추구하는 사람으로 정의할 수 있다.

이러한 범죄자는 사춘기 이전이나 사춘기 아이들을 성추행한다. 그는 피해자의 나이를 실제보다 더 많다고 인식하며, 피해자를 성적 공격자(sexual aggressor)로 보는 경향이 있다. 이 경우 어린이들과의 성적 접촉 횟수는 비교적 적으며 짧은 기간 동안 발생한다. 성추행 기간 동안 그는 적절한 연령의 파트너와도 지속적으로 성관계를 가질 것이다. 피해자들과 장기적인 관계를 형성하지도 않으며 시간이 지나면 더 이상 피해자들을 유혹하지도 않는다.

이 유형은 조카들을 어릴 때부터 잘 돌보아 온 아무 문제가 없는 좋은 삼촌과 같은 부류이다. 그러나 이혼을 겪고, 집과 직장을 잃고, 자동차를 압류당하면, 감정적으로 불안해지며 소녀들을 성추행하게 되는데, 추행은 보통 짧은 기간 동안 몇 차례에 걸쳐 이루어진다.

이 유형의 범죄자는 평생 동안 여러 번 퇴행할 수 있다.

내 생각에 이 카테고리는 실제로 존재하지 않는다. 잠시 후면 알게 되겠지만 권력형 강간범(power rapist)의 정의는 퇴행형 범죄자의 정의와 거의 동일하다. 면담의 관점에서 보면 이 둘은 같다.

나는 중간 열에 있는 *강간*을 권력과 *통제형* 범죄자라고 부르는 것을 좋아한다. 니콜라스 그로스 박사(Dr. Nicholas Groth)가 쓴 "강간한 남자들(Men Who Rape)"을 읽어보기를 강력 추천한다. 그의 통찰력 있는 연구는 강간범 및 다른 성 범죄자에 대해 심층적으로 이해하는 토대가 되었다. 나는 여기서 그의 연구를 반복 설명하지는 않을 것이다. 대신 이러한 유형의 성 범죄자를 면담하는 목적에 대해 간단한 정의를 내리는 것만으로도 충분할 것이다.

권력형 강간범(power rapist): 이 유형의 범죄자는 피해자를 잡기 위해 충분한 힘을 사용한다. 그는 폭행의 초기 단계에서 불안감이 고조되어 있다. 일단 피해자를 포획하고 나면 불안 수준이 줄어들고 오랫동안 마음속에서 반복해서 재생해온 환상을 행동으로 옮기기 시작할 것이다. 그래서 범죄자와 피해자 사이에서 이루어지는 대화는 지시적이면서 많은 질문을 포함하는 특성이 있다.

권력형 강간범의 몇 가지 하위 영역이 있다. 어떤 유형은 동의를 구하고 어떤 유형은 안심시키고자 한다. 강간범을 면담할 때 기억해야 할 중요한 요소들은 다음과 같다:

- 잡을 수 있는 충분한 힘
- 불안감
- 지시적인
- 질문을 좋아하는

이 요소들은 다음에 나오는 몇 가지 예들을 통해 확인할 수 있다.

분노형 강간범(anger rapist): 분노형 강간범은 피해자를 붙잡기 위해 과도한 힘을 사용한다. 그의 정신은 극도의 좌절과 폭력 상태이며 실제 성폭행은 펀치를 날리거나 걷어차는 것처럼 피해자를 아프게 하고 상처를 입히는 것의 확장된 형태일 뿐, 그 매커니즘은 같다. 피해자와 나누는 그의 대화는 더 경멸스럽고 모멸스럽다.

가학 성욕자/의례(의식)적 강간범(Sexual sadist / ritualistic): 가학 성욕자는 실제로 피해자의 얼굴에 나타나는 고통을 보면서 성적으로 흥분하게 된다. 신체적 또는 심리적 상해는 모두 피해자가 공포에 떠는 모습을 보기 위한 의도로 행해지며, 결국 그를 성적으로 자극하게 된다. 이들은 상대적으로 그 수가 많지 않으며, 보통 살인 사건 수사 과정에서 마주치는 경우가 많다.

강간범이 감정적인 저울을 머릿속에 갖고 있다고 생각하라. 그 저울이 수평일 때 그는 안정적이며, 성적인 행동을 표출하지 않는다. 저울이 한쪽 면으로 기울기 시작하거나 갈등 상황에 처하게 되었을 때 그는 균형을 되찾기 위해 판타지 회로를 가동시킨다. 그에게 있어 균형을 되찾는 것은 자신의 문제의 근원과 대면하는 것이 아니다.

강간범은 무작위로 여자를 폭행하는 상상을 할 것이다. 이를 통해 저울의 균형을 맞추고 안정을 되찾는다. 만약 저울이 한쪽으로 더 기울어지면 그는 그 판타지를 실행하기 시작할 것이다. 그는 강간을 위해 필요한 도구들을 모아 강간 키트를 준비할 지도 모른다. 마스크, 테이프, 장갑, 콘돔, 총이나 칼은 강간 키트의 공통적인 도구이다. 그는 혼자 운전하는 여성을 찾기 위해 고속도로를 배회할 수 있고, 그녀를 강제로 끌어내 강간하는 것이 얼마나 쉬운지 상상하며 수 마일을 따라다닐 지도 모른다. 이런 행동은 감정의 균형을 맞추는데 도움을 준다.

저울이 훨씬 더 한쪽으로 기울어지면 그는 모든 창문과 혼자 사는 여성을 주의 깊게 엿보며 배회할 것이다. 그는 여자가 잠들었을 때 집에 침입해 여자가

자는 동안 그냥 옆에 지켜볼 수도 있다. 그 저울이 기울어진 정도에 따라 잠들어 있는 여자를 애무하거나 혹은 자위를 할 수 있다. 실제 범행에 가까워질수록 강간범은 감정의 균형을 위해 필요한 전능감과 통제감을 얻게 된다.

저울이 충분히 기울어지면 그는 상상을 실행에 옮길 것이고 성폭력의 여섯 단계에 따라 강간을 저지를 것이다. 그는 저울이 다시 균형을 찾기 전에 여러 차례 강간을 저지를 수도 있다. 자신의 과업이 완성되면 그는 수년간의 잠복기를 가진다.

성 범죄자는 매 공격마다 더욱 폭력적으로 변한다는 도시 전설(urban legend)이 있다. 계단을 날아오르듯, 범행이 거듭될수록 범죄자의 폭력 수준이 급격히 높아진다는 것이다. 그러나 그것은 사실이 아니다. 머릿속 저울추가 심하게 기울어진 상태에서 이루어진 첫 번째 범행이 매우 공격적이었다면, 그 다음 범행은 마치 저울이 균형을 이룰 때처럼 덜 공격적이 된다. 계단 신화(the stair myth)는 오랜 연구에서 나온 것으로, 범죄자의 첫 강간 범행에서부터 마지막 범행까지, 폭력성은 약간만 증가할 뿐이라고 결론지었다. 이것은 시간 경과에 따른 폭력성의 평균에 대한 것이다. 어떤 강간 사건들은 매우 폭력적이며 또 다른 사건들은 덜 폭력적으로, 롤러코스터 효과를 생각해 보라. 롤러코스터를 평균화하여 생각해 보면, 장기적으로는 약간의 폭력성이 증가할 뿐이라는 것을 알 수 있다.

또 다른 신화는 모든 성 범죄자가 경미한 범죄자에서 극악무도한 범죄자로 진화한다는 것이다. 이것은 말 그대로 한 번 성 범죄를 저지른 사람은 결국 연쇄 강간범이 된다는 것을 의미한다. 다시 말하지만, 이것은 사실이 아니다. 달리 생각을 해보자. 은행 강도가 가게 물건을 훔칠 수는 있지만, 모든 도둑들이 은행 강도가 되는 것은 아니다. 내 경험상, 많은 성 범죄자들은 20대 초반이 되면 범죄를 저지를 수 있는 수준에 도달한다. 그들은 자신에게 "맞는 방식"을 찾고 그것을 고수한다. 그 방식은 실내등을 켠 채로 발가벗은 채 운전을 해서 SUV에 타고 있는 사람들이 그가 자위하는 것을 보게 하는 것이 될 수도, 붐비는 엘리베이터에서 여성들의 엉덩이를 꼬집는 것이 될 수도 있다. 이것이 성 범죄자가 머릿속 저울의 균형을 되찾는 방법이며, 실제 삶에서 스트레스 요인이 많아질수록 범죄의 수위는 높아지게 된다.

특정 기간동안 발생한 성 범죄를 생각해보자. 당신이 살고 있는, 오랫 동안

"아무 일이 없이 조용한" 도시를 떠올려 보라. 그런 다음 무작위임이 분명한 3건의 성 범죄가 한 달 안에 발생했다고 가정해 보자. 한 사건은 한밤중에 성인 여성의 집에 무단으로 침입해 여성을 강간한 사건이다. 또 다른 하나는 용의자가 6세 아이에게 자기가 침대로 들어가도 되는지 물은 후, 벌거벗은 상태로 아이의 침대 안으로 들어간 무단 가택 침입 사건으로, 용의자가 자위를 하는 동안 아이는 침대에서 빠져나와 도망쳤다. 세 번째 사건은 성기 노출 사건으로 용의자가 벌거벗은 채 수풀에서 튀어나와 10대 소녀 두 명을 위협하면서 자위하는 모습을 보고 싶냐고 물어본 사건이다.

이 세 사건의 용의자는 각각 다른 사람일 수도 있고, 한 명일 수도 있다. 강간범은 접근 가능한 대상을 찾는다는 사실을 기억하라. 그렇기 때문에 피해자의 나이는 의미가 없다. 나라면 세 명의 피해자를 모두 다시 면담하여 범행의 여섯 단계를 확인하고, 포획과 폭행 단계에서 나타나는 대화를 검토할 것이다. 이 대화를 통해 각각의 사건들이 연결될 수도 있을 것이다. 또한 나는 이 사건들의 DNA 샘플들을 범죄 연구소에 보낼 것인데, 과학적 증거를 통해 각각의 사건들이 연결될 수도 있을 것이다.

한 가지 더, 나라면 주거침입절도범을 수사하는 형사들과 이야기를 나눠 볼 것이다. 주거침입절도범들은 성 범죄자들과 매우 비슷한 면이 있다. 특히 거주자가 있다는 것을 알고도 침입하는 절도범은 더 비슷하다. 아마 성 범죄와 동시에 시작된 일련의 주거침입 사건을 발견할지도 모른다.

다음 난에는 *여러 가지 유형*을 네 개의 카테고리로 나열했다. 첫 번째 두 가지는 사회적, 도덕적으로 무차별적이다. FBI 요원인 켄 레이닝(Ken Lanning)이 발견한 이 카테고리들은 내가 수년 동안 겪어 온 수많은 성 범죄자를 설명한다. 다음과 같이 간단히 정의된다.:

사회적으로 무차별적: 이 유형의 범죄자는 사회적 허용 여부와 상관없이, 광범위한 대상을 상대로 성행위를 하는데, 성인과 아동 모두가 그 대상이 된다. 이들은 사회가 자신의 행동의 많은 부분을 부도덕하게 간주한다는 것을 이해하지만 그렇게 살기로 선택한다. 그는 자신보다 어리거나 약한 사람들을 이용할 방법을 찾는다.

도덕적으로 무차별적: 이 유형의 범죄자도 성인과 아동 모두를 성적 대상으로 보며, 사회적으로 용인되는 대상과 그렇지 않은 대상을 가리지 않고, 광범위한 대상을 상대로 성행위를 한다. 그러나 그는, 사회적으로 통용되는 도덕이나 가치판단 기준을 전혀 이해하지 못한다. 무차별 유형은 강간 판타지를 가지고 있지 않다. 이들은 생각없이 일을 저지르거나 잡히지 않을 수 있다고 생각하며 범죄를 저지른다.

나는 이 두 유형이 변태라고 생각한다. 이들은 온갖 종류의 성행위를 하고 있는 사람들이다. 당신이 압수수색영장을 갖고 그들의 집에 가면 당신은 발가락을 빠는 것부터 식인까지의 온갖 종류의 성적 소재를 발견할 것이다.

수년 전, 나는 절단된 시체를 찾기 위한 영장 집행을 도운 적이 있다. 시체 대신 우리는 다양한 성행위를 하는 남성 소집단을 발견하였다. 그들은 실험자들이었다. 그들은 상상할 수 있는 모든 것을 섹스의 소재로 삼았다. 성기를 뚫고 핀을 달아 고환에 무게 추를 달거나, 고환을 잘라 안을 들여다보는 행위를 하는 것은 그들에게 있어 고통과 쾌락 사이의 미세한 경계였다. 이 특정 집단은 그들의 "쾌락"을 찾는 활동에 오직 성인들만 조심스럽게 참여시켰다.

불법적 성행위: 이 그룹은 대개 십대들 사이의 성관계를 포함한다. 캘리포니아주의 법뿐 아니라 다른 주의 법에서도 성행위를 한 십대 둘 간의 나이 차이가 너무 크면 불법으로 간주하기 때문에 나는 이 유형을 여기에 포함시켰다. 일반적으로 성행위에 참여한 자를 성 범죄자로 보지는 않는다. 그러나 이 청소년들이 자라서도 계속 적절한 연령의 파트너와 관계를 이어나갈 것인지에 대해서는 장담하기 어렵다. 그들은 40대가 되어서도 청소년들과의 성관계를 거부하는 것에 어려움을 느낄 수 있다.

약물에 의한 영향: 사흘동안 마약에 취해 여자 친구 여동생과 성관계를 가진 범죄자가 이에 해당한다. 나는 이 유형을 별개의 범주로 생각하고 싶다. 면담하는 관점에서 보면, "마약이 그 일을 하도록 만들었다"는 쪽으로 용의자에게 접근하는 것이 쉽다. 그들은 감옥에 갈 것이지만 자신을 성 범죄자로 생각하지 않는다.

패티쉬(FETISH)는 무생물이나 신체의 특정 부분에 대한 성적 매력을 끝없이 느끼는 것을 말한다. 이러한 행동양식을 가리키는 또 다른 용어를 성도착증 (Paraphilia)이라고 한다. 이 분야의 전문가들은 사람들이 한 번에 한 가지 이상의 성도착증을 갖고 있다고 말하는데 그 중 하나는 지배적인 종속이고 다른 하나는 종속적인 도착이다.

패티쉬에는 약함, 중간, 심각함의 세 가지의 단계가 있다. 수사의 영역에서는 볼 수 있는 패티쉬는 대부분 심각한 단계이다. 그러나 나는 당신이 약함 또는 중간 단계의 패티쉬를 지닌 사람을 알고 있다고 확신한다. 긴 머리, 큰 가슴, 작은 발 또는 겨드랑이에 털이 나 있는 여성을 선호하는 것도 패티쉬에 해당된다. 많은 남자들이 그들만의 패티쉬를 갖고 있다고 알려져 있다. 가장 보편적인 패티쉬는 바로 하이힐이다. 많은 포르노 영화에는 여성들이 벌거벗은 채 하이힐만 신고 있는 장면이 등장한다. 나는 그들이 발을 보여주는 것을 부끄러워 하거나 못생긴 발가락을 지니고 있지 않을까 의심될 따름이지만, 성인영화 산업은 이러한 패티쉬에 부응하고 있다.

부분적 패티쉬에는 다음과 같은 것들이 해당된다. 신체결박(성적 쾌락을 위한), 가죽과 레이스, 발가락 빠는 것, 풍선 터트리기, 수간(짐승을 상대로 하는 변태적 성행위), 시간(죽은 사람과의 성교), 로드킬 당한 동물들과의 성교, 소변을 보는 행위, 대변을 보는 행위, 관장(자신이 관장을 해주거나 받거나), 유아증(성인이 유아처럼 행동하는 것), 복장도착(성적 쾌락을 위해 이성의 옷을 입는 것), 관음증, 노출증 이 외에도 수백, 수천 가지가 더 있을지도 모른다.

대부분의 패티쉬는 불법은 아니다. 많은 이들은 자신이 패티쉬를 갖고 있다는 사실을 매우 창피하게 생각한다. 내가 살고 있는 도시의 한 남성은 똥 묻은 기저귀의 냄새와 그 농도를 통해 흥분을 느낀다. 더러운 기저귀에 대한 충동을 참기 힘들게 되면 그는 유치원 쓰레기 통을 뒤진다. 심지어 다른 쓰레기들과 섞이기 전에 기저귀들을 구하기 위해 쓰레기차를 쫓아가는 일조차 마다하지 않을 것이다. 그는 더러운 기저귀들을 짓이긴 후 기저귀 안의 부드러운 내용물을 만지고, 그 냄새를 맡으며 쾌감을 얻는다. 그 사람의 판타지는 쓰레기차에 더러운 기저귀를 가득 채우고 한 번에 천개 이상의 기저귀를 압축하는 장면을 녹화하는 것이다. 그에게 있어서 이것은 최고의 해방감으로 작용할 것이다. 동시에 그는 자신의 패티쉬가 사회적으로 용인되지 않으며 이상하게 여겨진다는 것을 알고 있으며 데이트를 하기도 한다.

가끔씩 패티쉬는 범죄 행위를 초래하기도 한다. 그 예는 다음과 같다.

몇 년 전 내가 살고있는 도시에 여성의 엉덩이에 대한 패티쉬를 갖고 있는 남자가 있었다. 그 사람의 패티쉬는 여성의 엉덩이를 핥는 것으로 좁혀졌다. 그는 백화점에 가서 쇼핑객들 뒤로 엎드린 채 몰래 다가가 엉덩이를 핥기 시작하곤 했다. 또한 열쇠를 땅에 떨어뜨린 후 줍는 척하며 사람들의 치마를 올려 엉덩이를 핥기도 했다.

대부분의 경우 그는 따귀를 얻어맞거나 걷어차이고 나서 다른 가게로 쫓겨나곤 했는데 그러던 중 여성들에게 구타를 당해 심각한 부상을 입게 되었다. 이후 그는 청소년들의 엉덩이를 핥기 시작했고 나중에는 어린 아이들(10세에서 12세)의 엉덩이를 핥게 되었다. 몇 번 체포된 후 그는 8-9세 어린 아이들에게 집중하게 되었는데 아마도 그 소녀들은 자신의 신원을 알아볼 수 없다고 생각한 것 같다.

그는 롤러스케이트를 타는 8세 소녀를 납치하려다 체포되었다. 당시 그는 여자 아이의 엉덩이를 붙들고 자신의 코를 아이의 엉덩이에 들이밀고 있었고, 아이는 도망가려고 하는 상황이었다. 지나가는 행인 두 명이 경찰관이 도착할 때까지 그를 붙잡고 제지하였다.

마지막으로 체포되었을 때 그는 지역 할인매장에서 4세 여아 아이를 추행하고 있었다. 그는 아이 뒤로 다가가서 아이가 느끼지 못할 정도로 가볍게 엉덩이를 툭툭쳤다. 그러나 다른 엄마가 그가 만지는 것을 발견해 그를 가게에서 쫓아냈다. CSI 요원이 그 어린 소녀의 바지를 가져갔다. 범죄 연구소는 그의 손에서 아이의 옷으로 옮겨진 정액 얼룩을 발견했다. DNA 검사를 통해 그 정액 얼룩이 용의자의 것임을 밝혀냈다.

그와 면담하는 동안 나는 그가 "소애성애자들 중 한 명"이 아니며 오히려 나름의 사정이 있었을 것이라고 생각하는 것처럼 연기했다. 오히려 보다 이해할 수 있는 "문제"가 있다고 생각했다. "다른 유형의 성 범죄자들은 서로를 좋아하지 않는다"는 접근법을 이용하여 성공적인 면담을 이끌어낸 것이다.

법정에서 개인의 사정은 통하지 않는다. 그는 아동 성추행으로 세 번째 체포된 것이 인정되어 종신형 판결을 받았다.

CHAPTER

10

용의자 면담의
다섯 가지 특징

수백 명의 성 범죄자를 면담 한 후, 나는 대단히 흥미로운 몇 개의 성격적 특성을 발견하였다. 이 특성들을 이해하게 되면, 이것은 일을 처리하는데 있어서 가장 역동적인 면담 도구가 된다. 수사과정에서 성 범죄자들이 사건과 관련하여 이야기할 때 다음 다섯 가지의 특성을 발견할 수 있을 것이다.

1) 사건의 심각성을 줄인다.
2) 피해자를 어느 정도 비난한다.
3) 면담을 통제하고자 시도한다.
4) 발생한 일과 관련된 정보를 100% 제공하지 않는다.
5) 당신이 알고 있지 않는 범죄에 대해서는 절대 말하지 않는다.

이 다섯 가지 특성을 이해하면 면담자에게 엄청난 이점이 있다. 요령은 뒤로 물러서서 용의자가 말하도록 하고 그가 하고 있는 것을 계속하도록 격려하는 것이다. 만약 그가 성교를 한 것이 아니라 애무만 했을 뿐이라고 주장하더라도 그렇게 말하도록 내버려 두어라. 5세 여자 아이가 자신을 유혹했다고 말한다 하여도 괜찮다. 곧 부분적인 자백을 받을 것이다. 그에게 어떠한 정보를 받아내려고 강요하지 마라. 그런 강요를 받게 되면 그는 자신이 상황을 통제할 수 없다고 느끼고 말을 하지 않는 방법으로 면담에 대한 통제력을 되찾으려고 할 것이다. 성 범죄자들이 그들이 처한 환경에 대해 힘을 행사하고자 요구하면, 그렇게 하게 두어라. 가해자들에게 정보가 힘이라는 사실을 인지시켜라. 만약 그가 당신이 원하는 정보를 가지고 있다면 그는 당신을 지배하려고 할 것이다. 면담요령은 그가 가지고 있는 힘을 스스로 증명하도록 하는 것이다. 그가 당신에게 정보를 주는 맛을 보도록 해주어라. 그가 한 번에 하나씩 정보를 꺼내어 능숙하게 다루는 사람인 것처럼 느끼게 해주어라.

여러분이 이것을 이해하게 되면, 특성 3, 4, 5는 완벽히 이해가 된다. 특성 3에서 용의자는 아주 적은 정보를 준다거나 옆길로 새는 행동을 함으로써 면담을 통제할 것이다. 당신의 임무는 그에게서 정보를 빼내고, 그를 다시 본 궤도에 돌려놓는 것이다.

특성 4도 꽤 명확하다. 그가 당신에게 정보를 100% 모두 주게 되면 그는 더 이상 힘이 없다.

특성 5는 "자백할 것이 더 있습니까?"라는 전형적인 면담 질문이다. 나는 언젠가는 성 범죄자가 자신의 모든 죄를 자백하기를 바라면서 항상 이 질문을 던진다. 나의 경험상 그들은 자백하지 않을 것이다. 만약 당신이 그들의 범죄에 대해 모르고 있다면, 어떤 이유에서든 그들은 자신의 범죄를 인정하지 않을 것이다. 나는 거기에 몇 가지 힘과 통제 요소가 있다고 확신한다. 용의자가 당신에게 "모든 것"을 말한 후에도 그들과 지속적으로 라포(rapport)를 유지하는 것은 매우 중요하다. 과거 면담이 끝날 때쯤 용의자가 어떻게 반응하는지 보려고 그의 얼굴을 빤히 쳐다보던 때가 있었다. 일반적으로 그렇게 되면 그는 말하는 것을 멈출 것이다. 면담이 끝난 후 녹음기가 고장나 녹음이 되지 않은 사실을 발견해 경악한 적도 몇 번이나 있다. 또는 이웃 도시에서 연락이 와 그 곳에서도 범죄를 일으킨 그 용의자와 면담해 주기를 요청하기도 한다. 이럴 때 "면담의 문"을 열어놓았더라면 다시 그 용의자와 면담을 할 수 있었을 것이다.

다음의 예들은 이 다섯 가지 측면(aspect 1 to 5)의 중요성을 강조하고 있다.

#1 – 사건의 심각성을 줄임

몇 시간 동안 여성을 인질로 잡고 다양한 성행위를 저지른 강간 용의자가 있다면, 그가 저지른 모든 범죄를 모두 다 부정하지는 않을 것이라는 것은 당연지사니, 100%를 얻으려고 하지 말고 40%에서 합의하라. 만약에 그가 강간과 구강성교를 자백하고자 하지만 자신이 남색은 아니라고 말하더라도 크게 신경 쓰지 않아도 된다. 실제로 그런 축소된 자백을 할 수 있도록 상황을 만드는 것이 당신에게 유리할 수 있다.

당신은 그에게 모든 사실과 보고들은 아직 접수되지 않았음을 말해주고 그의 입장에서 무슨 일이 일어났는지에 대한 진술을 받을 필요가 있다. 그가 40%만 이야기한다면 더 이상 강요하지 마라. 그 이유는 "통제"가 그에게는 마약과 같기 때문이다. 다시 언급하지만 당신이 그를 너무 심하게 압박하면, 그는 말하지 않음으로써 면담을 통제하려고 할 것이다. 그러므로 면담에서 그가 이겼다는 느낌이 들게 하라. 그가 거짓말로 그 상황을 잘 빠져나가는 느낌이 든다면 그는 계속 당신에게 거짓말을 하고자 할 것이다. 그가 말을 계속하면 할수록 당신은 더 많은 자백을 받게 될 것이다. 아마 60－70%의 자백을 받게 될 것이다. 어떤 자백이든 보통 유죄로 인정받기에 충분하다. 따라서 내 생각에는 그가 계속 말을 하게 하고 당신보다 본인이 더 똑똑하다고 생각하게 하는 것이 그의 얼굴을 빤히 보아 면담을 중단하는 게 만드는 것보다는 훨씬 더 현명한 방법이다.

심각성을 줄이는데 영향을 미치는 또 다른 요소는 강간범들이 희생자가 강간 당하기를 원했다고 믿는 것이다. 그들은 피해자가 강간을 신고하고 용의자가 감옥에 가기를 원한다는 사실을 이해하기 힘들어 한다. 때문에 면담을 하는 동안 피해자가 모든 사실을 말하지 않았다고 생각하게 된다. 따라서 당신이 40－70% 이야기를 받아들인다면, 그의 강간 판타지가 자극될 것이다. 피해자가 성행위에 대해 말하지 않았다고 생각하기 때문에 자신이 좀 더 많은 이야기를 해도 괜찮을 것이라 느끼게 된다. 당신이 그의 판타지를 건드린다면 그는 입을 다물기 어렵다.

아동 성추행범들은 자신의 행동을 축소시킬 뿐만 아니라 아이를 성추행한 횟수도 줄일 것이다. 대부분 아동 성추행범들은 소아성애자가 아님을 항상 명심하라. 많은 사람들이 권력형 강간범이며 이 점을 고려하여 면담을 할 필요가 있다.

#2 - 피해자에 대한 비난

　성 범죄자는 자신의 행동을 합리화하는데 아주 능하다. 피해자를 탓하는 것이 그 중 가장 쉬운 방법이다. 범죄자는 피해자가 하는 모든 행동을 동의로 받아들인다. 그래서 만약에 한 여자 아이가 나이트클럽에서 그와 춤을 추면 그는 이 상황을 주차장에서 강간해달라는 초청장쯤으로 여긴다. 파티에서 그와 키스하는 행위는 그녀가 안전하게 의식을 잃을 때까지 기다린 후 그녀를 강간해도 괜찮다는 의미로 받아들인다. 마리화나를 피우기 위해 밖으로 나가는 행위는 무엇보다 확실한 동의로 여겨진다.

　아동 성추행범은 아이들이 섹스에 대해 알고 싶어하기 때문에 단지 그들이 궁금해 하는 것을 가르치는 것에 불과하다고 믿고 싶어 한다. 또한 성추행범들은 아이들의 부모를 비난하는 데에도 탁월하다. 만약 엄마와 아빠가 더 나은 부모였다면 아이는 그들의 목표물이 되지도 않았을 것이며 솔직히 부모에게 자신에게 일어난 일을 털어 놓았을 것이라고 말한다. 아동 성추행범과 아이들 간의 교감이나 친밀감은 섹스로 이어진다.

　만약에 성추행범이 소아성애자인 경우, 그는 어린이와의 성관계를 정상적인 또래적 관계로 본다. 그래서 면담을 하는 동안 당신은 그에게 그러한 방식으로 접근하여야 한다.

예:

　30대 남성이 16세 소녀를 총으로 위협하여 길거리에서 납치한 뒤 강간하기 위해 10마일 정도 떨어진 외딴 곳으로 데려갔다. 이동하면서 그는 모든 신호를 지켰고 결코 속도를 내지 않았다. 외딴 지역에 도착한 후 소녀가 오줌이 마렵다고 하자 그는 그녀를 차에서 내리게 하였고, 그녀는 수풀 뒤에 가서 소변을 보고 차로 돌아왔다. 그리고 나서 그는 한 시간 이상 강간하였다. 그녀를 집에 데려다 주는 동안 그는 그녀의 전화번호와 어디서 일하는지 등을 물었다. 강간을 저지른 2시간 후 쯤 그는 그녀에게 전화를 걸어 그녀가 어떤지 확인하였다.

면담하는 동안, 이 용의자는 소녀가 강간 현장으로 가는 동안 차에서 뛰어내릴 수도 있었고 소변을 보러 갔을 때 도망갈 수도 있었다고 지적한다. 또한 그녀는 잘못된 전화번호를 주거나 어디서 일하는지 거짓말로 알려줄 수도 있었다고 말한다. 이 모든 것들은 용의자의 행동에 대한 근거로 작용하는데, 즉 모든 소녀들은 강간당하기를 진정으로 원하며, 강간당하기를 원하지 않았다면 언제든 도망칠 수 있었다는 것이다. 그 총이 BB탄 총이거나 가짜 총일 특별한 경우를 가정해보자. 나는 권력형 강간범(Power Rapist)은 피해자를 해치는 것을 원하지 않으며 오직 자신의 힘을 그녀를 붙잡는 데에만 사용한다는 사실에 주의를 기울였다. 따라서 내가 알고 있는 지식에 기반한 추측은 그 강간범은 우발적으로라도 절대 그녀를 해칠 수 있는 무기를 선택하지 않을 것이라는 것이었다. 그래서 면담을 하는 동안 나는 그가 "진짜 총을 갖고 있지 않았다"며 그의 행동의 심각성을 축소시키고 언제든 도망칠 수 있었다고 피해자를 비난하는 것처럼 말했다.

또 다른 케이스를 보면, 용의자가 아파트 단지에서 차에서 내리는 여성 몇 명을 납치했다. 그는 그들을 다시 차에 태워 현금인출기까지 운전하게 한 후 300달러를 인출하게 했다. 그들이 걸어서 현금인출기로 가서 돈을 인출해 다시 차로 돌아오는 동안 그는 차에서 기다렸다. 그리고 나서 그는 그들에게 은행 뒤로 차를 몰게 하였고, 그들을 강간한 후 아파트로 다시 운전해서 돌아가게 하였다. 이 케이스에는 두 가지 좋은 면담 방법이 있다. 첫째는 경찰이 그를 체포한 후 돈을 갈취한 내용만 이야기하고 강간 이야기는 하지 않는 것이다. 용의자는 합의가 이루어졌다고 생각하기 때문에 그녀는 돈을 갈취 당한 사실에 화가 났을 뿐, 강간을 언급하지 않을 것이라고 여기는 사실을 기억하라. 그가 절도 혐의를 부인할 때 "섹스"에 대해 언급하며 그녀가 현금인출기로 가는 도중 도망칠 수도 있었다는 사실을 덧붙여라.

성폭행의 세 번째 단계를 명심하라. 이것은 피해자가 용의자에 의해 심리적으로 붙잡히는 포획 단계(Capture Phase)이다. 그녀는 도망갈 수 없으며 용의자의 요구를 따라야 자신을 죽이지 않을 것이라는 사실을 받아들인다. 그렇기 때문에 그녀들은 다시 차로 돌아오고 탈출을 시도하지 않는 것이다. 용의자는 강간하는 동안 이러한 행동을 배웠으며, 이것은 그가 전에도 이런 행동을 한 적이 있고, 경험이 있는 강간범이라는 점을 시사한다.

아동 성 범죄자들은 약간 다른 방식으로 피해자를 비난할 것이다. 어린 아이들을 성추행 할 때 포획하는 힘은 속임수, 약속 또는 게임으로 대체된다. 나는 3-9세 사이의 세 명의 이웃 소녀들을 성추행한 50세 남성을 면담했다. 그는 방과 후에 그 아이들을 돌보겠다고 제안했었다.

그가 가르친 게임 중 하나는 아이들이 치마를 들어 올리는 캉캉 춤(the can-can)이었다. 이는 그들이 그의 얼굴 위에 앉도록 하기 위한 짧은 과정이었고 그는 아이들에게 간지럼을 태우는 형태로 그들에게 "입으로 바람을 불 수" 있었다. 또한 그는 사탕을 아이들 몸에 숨기게 하고 그가 사탕을 "찾는" 게임도 했다. 여러분은 그가 소아성애자가 아님을 이해한다는 뜻을 전하며 면담을 시작하는 것이 좋다. 당신은 그에게 다음과 같이 말하라:

> "나는 당신이 아이들을 성적으로 선호하는 사람이라고 생각하지 않습니다. 아마도 아이들이 게임에 빠져 너무 멀리 와버렸고 지금 당신은 큰 혼돈 상태라고 생각합니다."

이렇게 함으로써 아동 성 범죄자는 사건의 심각성을 줄이고 아이들과 심지어 아이들을 돌보기 위해 집에 있지 않은 엄마까지 비난할 수 있게 된다.

진정한 소아성애자는 아이와의 섹스를 매우 자연스럽고 정상적이라고 보며 이를 이성적으로 판단할 수 없다는 사실을 기억하라. 그는 사회가 자신을 비정상적으로 본다는 사실을 알고 있지만 그는 스스로를 그렇게 보지 않는다. 그는 소아성애에 관한 모든 것을 공부할 것이다. 그는 아이들과 자신을 또래 관계로 보며 아이들을 결코 해치지 않는 대신 시간이 흐르면서 아이들을 성적으로 유혹하거나 그들과의 또래 관계를 발전시킬 것이다. 그는 성적 접촉 때문에 아이가 상처를 받을 것이라고 생각하지 않고 오히려 성적 접촉을 통해 아이에게 사랑을 준다고 믿는다. 심각성을 줄이고 동시에 아이를 탓하는 가장 쉬운 방법은 그에게 "나는 당신이 사탕 한 봉지를 가지고 놀이터 옆에서 아이를 납치하고 강간하려고 하는 그런 부류의 사람이라고는 생각하지 않는다. 그러나 당신이 실제로 일어난 일을 제게 말하지 않으면 판사와 배심원단은 그렇게 생각할 수도 있다. 나는 이 아이에게 자신의 인생에서 특별한 누군가가 필요했고 당신이 그 일을 했으며 당신과의 관계는 이 아이를 성적으로 성장하게 했다고 생각한다."라고 말하는 것이다. 당신이 고개를 갸웃거리며 "이해하게 도와달라"라는 표정을 지으면 도움이 될 것이다.

내가 경찰 생활을 하는 동안 다른 이를 비난하는 이런 종류의 면담을 오랫동안 보아왔다. 상습적으로 마약을 복용하는 은행 강도를 생각해 보라. 당신은 그가 마약때문에 은행을 터는 것 이외에는 선택의 여지가 없었다고 말한다. 만약 은행을 터는 동안 그가 아무도 때리지 않았다면 그것에 대해, 만약 누군가를 때렸다면 그 상처가 경미한 것이었다고 말해 준다. 설사 누군가가 죽었다고 하더라도, 그 사람들은 늙어서 어차피 오래 살지 못했을 것이라고 그에게 말하라. 우리는 여러 해 동안 "축소 및 비난" 게임을 통해 용의자의 입을 열게 했다. 범죄의 동기 이외에 다른 차이가 없다면 범죄의 동기에 대한 설정을 바꾸어 주면 된다.

#3 - 면담의 통제

성 범죄자는 면담할 때 옆길로 샐 뿐만 아니라 아예 상황을 바꿔 자신이 오히려 면담하는 사람에게 물어보기를 좋아한다. 이런 상황을 접한다면 당신은 지금 성 범죄자와 같이 있다는 것을 깨닫게 될 것이다. 다시 말해 당신 앞에 있는 그 자가 바로 성 범죄자이다.

만약 그들이 당신이 거짓말한 것을 알게 되거나 당신이 사실관계를 제대로 파악하고 있지 않다고 느낀다면, 그들이 승기를 잡게 된다. 그들은 이미 이 면담을 통제하고 있기 때문에 자백할 필요가 없다.

소녀를 납치한 용의자의 예로 돌아가서 그는 강간을 하기 위해 그녀를 10마일 정도 떨어진 한적한 곳으로 데려갔다. 그는 직장에서 빌린 흰색 픽업 트럭을 운전하고 있었다. 나는 범행 장소에서 흰색 트럭이 여러 대 있었다는 사실을 알지 못했고 강간 당시 사용된 차량이 용의자의 업무용 차량이라고 추측하였는데 이것이 면담에서 걸림돌로 작용했다. 더이상 면담을 진행하기 어렵다는 판단이

들자 나는 두어 시간 면담을 중단한 후 트럭 문제를 바로잡은 다음 면담을 재개
했다. 몇 분 지나지 않아 그는 강간한 사실을 자백하기 시작했는데 결국 그 소녀
를 처음 본 곳으로 나를 데리고 갔고, 범행 경로와 증거 은닉 장소에 대해서도
자백하였다. 그는 나에게 모든 것을 알려주지는 않았고 3번이 아니라 단 한 번
강간한 것이라고 진술하였지만 그것만으로도 종신형을 받게 할 수 있었다.

#4 - 절대 100퍼센트를 말하지 않음

지금까지 이 문제를 다루어 왔지만, 이는 다른 종류의 범죄자들보다는 성 범
죄자들과 관련이 있다. 성 범죄자는 통제할 때 극도의 쾌감을 느끼고, 대부분
이러한 쾌감에 중독되어 있다. 당신이 원하는 것을 얻기 위해서는 그에게 힘을
주고 그가 통제하도록 해야 한다. 만약 그가 알고 있는 모든 것을 말한다면, 그
는 통제할 힘을 잃게 된다. 그래서 그는 몇 가지 부분에 대해서는 말하지 않을
것이다. 연쇄살인범을 한 번 생각해보자. 그는 10건의 살인을 자백하더라도 나
머지 두 건의 살인에 대해서는 말하지 않을 것이다. 왜냐하면 당신이 원하는 것
을 그가 가지고 있는 한 그는 자신이 상황을 통제하고 있다고 느낄 수 있기 때
문이다.

다음 논리적 질문은 "왜 그가 전부를 말하지 않을까?"이다. 그 이유는 너무
단순하다. 힘을 갖고 있다는 것을 증명하기 위해 그는 약간의 정보만 주고 나머
지는 주지 않는 것이다. 당신이 해야 할 일은 용의자가 자신이 이겼다고 생각하
도록 면담 전략을 세우는 것이다. 그에게 있어서 승리란 통제력을 유지하는 것
임을 명심하라. 통제력은 그에게 마약과도 같기 때문에 그는 지금 통제력을 가
져야만 한다. 그는 1주일 또는 한 달을 기다릴 수 없다. 그는 지금 그 통제력을
필요로 한다.

나는 "부드러운 면담(soft interview)"을 선호하기도 한다. 사실관계가 확실하
지 않은 상황에서 용의자의 도움을 받아 몇 가지 사항들을 확실히 해야 할 때

이 면담을 실시한다. 또한 이 면담은 내가 알고 있는 사실을 정확하지 않은 영역에서부터 되짚어 갈 수 있게 한다. 나는 결코 내가 무슨 일이 있었는지 안다는 자세를 취하지도, 그가 오리발을 내밀 수 있다는 사실을 안다는 자세를 취하지도 않는다.

이 사람들은 조종하는 것을 좋아한다. 그러니 그들이 조종하도록 내버려 두라. 더 많이 말하면 할수록 여러분에게 더 유리하다. 수년전에 방영된 콜롬보 시리즈를 기억하는가? 그는 범죄자들이 감옥에 가기 직전까지 자신을 속이도록 놓아두었다. 완전히 딱 맞아 떨어지지는 않지만 이 시리즈는 내가 말하고자 하는 것을 보여 준다. 만약 당신이 너무 "어리석게" 느껴진다면 용의자는 아마 당신에게 아무 말도 하지 않을 것이다. 내가 보기에 대부분의 성 범죄자들은 자존심이 매우 세다. 그래서 나는 항상 나를 "주임수사관"이나 "수사책임자"라고 소개한다. 면담이 시작되면 내가 수년간 성 범죄를 수사해 왔으며 관련된 모든 수업들을 들었고, 다른 수사관들에게 강의도 한다는 등 나에 대해 어필할 수 있는 모든 것들에 대해 이야기한다. 절대 직급이 낮거나 경험이 부족한 수사관이라는 인상을 주어서는 안 된다. 성 범죄자들에게 자신의 사건이 매우 중요해서 경찰들 중 가장 유능하고 똑똑한 사람이 자신을 면담하기 위해 불려 나왔다고 착각하게 할 필요가 있다.

성 범죄자, 특히 권력형 강간범은 자신의 자존심을 회복할 필요가 있다. 그들은 권위 있는 인물들에게 겁을 먹기도 하지만 한편으로는 자신의 힘을 과시하고 싶어하기도 한다. 이것은 우리가 평소 말하는 것 보다 좀 더 부드럽고 덜 위협적인 스타일로 말함으로써 균형을 맞춰야 된다는 것을 의미한다. 만약 용의자가 당신이 "수사책임자"임을 알게 된다면 그의 자존감이 충족될 수 있다. 그리고 그가 당신을 조종할 수 있다고 착각하게 되면 권력과 통제에 관한 그의 욕구를 충족시켜 줄 수 있다.

예:

    나는 동네 주정뱅이였던 50세 여성의 강간 살인 사건 수사팀의 일원이었다. 그녀는 약 70여 차례 칼에 찔렸고 목이 졸렸으며 척추도 부러진 상태였다. 그녀의 시신은 공터에서 발견되었다. 19세의 용의자를 찾았으며 우리는 그를 면담하기 위해 데려왔다. 수사관은 살인자를 다루듯 용의자를 면담하였다. 그러나 그는 자백하지 않았다. 내가 면담할 차례가 되었을 때 나는 부드러운 접근을 시도했고 우발적으로 살인을 저지른 성 범죄자처럼 그를 대했다.

    나는 그에게 체포 당시 술에 취한 피해자의 머그샷 사진을 보여주는 것으로 면담을 시작했는데, 이는 그녀가 술주정뱅이였고 중요한 사람이 아니라는 암시를 주었다. 이를 통해 그는 범죄의 심각성을 감소시키고, 동시에 그녀를 비난할 수 있게 되었다. 다음으로 나는 "정말 무슨 일이 있었는지 알아야" 판사와 배심원들에게 이야기할 수 있다고 그를 설득했다. 나는 그가 살인자가 아니며, 뭔가 다른 일이 일어난 것이 틀림없다고 말했다.

    그는 반짝이는 아이디어가 생각난 것처럼 보였다. 그는 나를 보며 말하기를 "아마 당신은 그녀 몸 옆 진흙에서 내 지문을 확인했을 테니 말하는 것이 나을 거에요."라고 했다. 그는 그녀를 파티에서 만났고 나중에 맥주를 사주기로 했다(이 때문에 그는 그녀가 자신과 섹스하는 것에 동의했다고 받아들인 듯하다). 그들이 술을 더 마시기 위해 공터에 갔을 때 그가 "그녀에게 다가갔지만" 그녀는 더 이상의 관계에 대해 거부했다. 그가 옷을 벗었을 때 그녀가 그의 성기 사이즈를 보고 웃었는데 이는 그를 매우 화나게 만들었다고 했다. 그 시점부터 그의 진술은 다소 모호해졌다. 그러나 그는 그녀에게 "섹스"를 강요했고 그녀의 지갑에서 찾은 작은 가위로 그녀를 한 번 찔렀다는 것을 인정했다. 그는 그녀의 목 졸림이나 척추가 부러진 것에 대해서는 전혀 모른다고 말했다.

    그래서 나는 교살과 척추가 부러진 것에 대해 자백을 강요하지 않고 그가 그냥 "승리"하게 두고 그녀의 죽음에 관해 더 이상 캐묻지 않는 쪽을 택했다. 나는 그 문제를 강요하지 않기로 결심하고 대신 그에게 피 묻은 옷과 그녀의 지갑을 버린 곳을 보여달라고 부탁했다. 그는 우리를 옷과 지갑을 버린 곳으로 흔쾌히 데려가겠다고 했고, 살인 현장으로 가는 길에 어떤 일이 일어났는지에 대해 간략히 설명해 주었다.

#5 - 당신이 모르는 범죄에 대해서는 절대 말하지 않음

이것은 전형적인 면담 낚시질이다. 일단 용의자가 당신이 알고 있는 범죄에 대해 자백하고 나면, 당신은 항상 그가 저질렀을지도 모르는 다른 범죄에 대해 묻고 싶어 한다. 나는 언젠가 용의자가 마음을 열고 강간 살인 사건에 대해 털어놓기를 기대하고 있지만 아직 그런 일은 일어나지 않았다. 내가 배운 것은 우호적인 조건으로 면담을 진행하라는 것이다. 만약 내가 새로운 범죄에 대해 알게 된다면 다시 그에게 접근할 수 있다. 내가 처음 성 범죄자들을 면담하기 시작했을 때, 나는 면담이 끝날 때쯤 "그들의 얼굴을 유심히 보고"자 하였다. 나는 그들이 새로운 것을 말하도록 강요하거나 그들을 화나게 하면 배심원단에게 그들의 실체를 알릴 수 있을 것이라고 생각했다. 그러나 그런 일은 일어나지 않았으며 대신에 그들은 입을 닫아버렸다.

친밀한 말로 면담을 마무리한다면 용의자의 다른 범죄에 대해 추가적인 면담을 할 수 있는 가능성을 열어둘 수 있게 된다. 범죄자는 자신을 이해하는 유일한 사람이 나라고 생각하기도 한다. 때로는 내가 증인선서를 할 때, 용의자가 나에게 작지만 친근하게 손을 흔들어 화답해 그의 변호사가 당혹스러워 하는 것을 보기도 한다.

그리고 나는 면담 도중 용의자에게 거짓말하지 말 것을 강력히 권고한다. 일부 수사관들은 자백을 이끌어내기 위해 기술적으로 범죄 증거 또는 목격자를 조작하기도 한다. 이를 전적으로 반대하지는 않지만 최후의 수단으로만 사용하길 바란다. 성 범죄자는 영리한 사람들이며, 만약 당신이 그에게 거짓말 한 것이 들통나면 그들은 당신에 대한 통제권을 얻게 된다. 통제는 그들이 원하는 전부이기 때문에 그들은 그 면담에서 승리한 것이며 그들이 자백할 이유는 더 이상 없어진다.

예를 들어 보자. 한 소녀가 저녁 무렵 집에서 1마일 정도 떨어진 편의점에 갔다가 납치되어 강간 당한 사건이 있었다. 집으로 돌아오는 길에 그녀는 가게 주차장에서 총을 가진 사람에게 납치되었고 2마일 정도 떨어진 곳으로 끌려가 강간당한 후 발가벗긴 채로 차 밖으로 던져졌다고 했다. 그녀는 발가벗은 상태로 발견되었고 병원으로 옮겨져 성폭행 검사를 받았다.

용의자가 체포되어 면담을 하게 되었을 때, 수사관은 보안 영상을 보여주었다. 이 영상에는 가게 주차장에 주차된 용의 차량과 운전석에 앉아 있는 용의자의 모습이 담겨 있었다. 이는 납치가 일어나던 당시 용의자가 현장에 있었던 것을 증명할 결정적 단서로 보였지만, 용의자는 피해자가 가게를 떠나는 것을 자신이 지켜보았다는 사실을 잘 기억하고 있었다. 용의자는 가게에서 한 블록 떨어진 곳에서 히치하이킹을 하는 피의자를 차에 태웠기 때문이다.

경찰이 자신을 자백시키기 위해 거짓말을 하고 있다는 것을 알게 되면 용의자들은 자백할 필요성을 느끼지 못하게 된다.

면담시 이 다섯 가지 특징이 모두 나타는 사람은 성범죄자라고 정의해도 무방하다고 나는 생각한다. 물론 이것이 모든 사람에게 적용되는 것은 아니다. 내가 이야기하는 모든 내용은 당신의 면담 능력을 향상시키기 위해 고안된 것이다. 나는 정확한 심리학 용어를 사용하는 것에 대해서는 관심이 없다. 그런 점에서, 내가 정의한 성 범죄자들에게는 또 다른 이상한 특징이 있다.

종종 성 범죄자는 진실을 말해야만 할 때 다섯 가지 특성을 나타낸다. 가장 생생한 사례는 빌 클린턴 (Bill Clinton) 전 대통령과 인턴이었던 모니카 르윈스키 (Monica Lewinsky)이다.

요약하자면 클린턴 대통령이 백악관에서 인턴으로 근무했던 여성과 "부적절한 관계"를 가지고 있다는 사실이 언론에 유출되었다. 클린턴 대통령은 르윈스키와 그 어떤 종류의 성관계도 가진 적이 없다고 강력히 부인했으나 의혹은 계속되었다. 대통령은 전국 TV 방송에 출연하여 삿대질을 하며 르윈스키와 성관계를 맺은 적이 없다고 반복적으로 이야기하였다. 이러한 의혹은 그녀의 원피스에서 그의 DNA가 나올 때까지 계속되었다. 그 시점에서 클린턴 대통령은 말을 바꾸기로 결심하고 수사 중에 있는 그 "사건"에 대해 이야기했다. 그 후 몇 주 동안 그가 진술한 사건의 전말은 다음과 같다.

1) 심각성을 감소시킴.

클린턴 대통령은 미국 내에서 통용되는 "섹스"의 개념을 다시 정의했다. 그는 생식을 목적으로 질에 삽입하는 성교를 하지 않았기 때문에 그녀와 실제로 "성관계"를 맺지 않았다고 진술하였다. 그는 구강 성교를 하고 시가를 함께 피우는 등 다른 유형의 성적 접촉이 있었다는 사실은 인정하였다. 그러나 르윈스키와 삽입성교를 한 것은 아니기 때문에 자신이 한 행동은 그다지 나쁜 것은 아니라고 주장하였다.

2) 어느 정도 피해자에 대한 비난

나는 르윈스키 양을 피해자로 묘사하는게 싫지만 맥락상 그녀는 그 기준에 들어맞는다. 기본적으로 클린턴은 그녀가 계속 그의 집무실로 찾아왔고, 자신이 무엇을 할 수 있었겠느냐는 식으로 진술하였다. 추정해 보건데 비밀 경호국, FBI, 육군, 해군, 공군과 해병대도 그녀를 막을 수 없었던 듯하다.

3) 면담을 통제하려고 시도함

내가 아는 바로는 클린턴은 르윈스키와의 관계에 대해 면담을 한 적이 전혀 없다. 대신에 그는 질문 목록을 서면으로 요구하였고, 자신이 대답할 질문을 선택하였다. 마침내 카메라 앞에 섰을 때 그는 대부분의 직접적인 질문을 회피하였고 나머지 질문들은 재구성하여 대답하였다. 질문이 어려워 질 때마다 그는 화장실에 가야 했다.

4) 절대 100%를 말하지 않음

내가 아는 한, 클린턴 대통령은 르윈스키와의 관계의 정도를 설명한 적이 없다. 그는 이를 '불륜(affair)'이라 말했지만 이 단어는 한적한 레스토랑에서 함께 저녁을 먹거나 낭만적인 곳에서 주말을 함께 보내거나 하는 것을 포함한다. 그런 의미에서 내가 아는 한, 클린턴과 르윈스키 사이에는 어떠한 '불륜'도 없었다. 대신 "그녀가 클린턴의 방으로 와 잠깐 동안 성관계를 가졌다."는 표현이 사실에 더 가까울 것이다.

5) 당신이 모르는 범죄에 대해서는 절대 말하지 않음

실제로 아무도 클린턴 대통령에게 모니카 르윈스키와의 관계에 대해 이야기하도록 강요할 기회가 없었고, 마찬가지로 그와 관련되어 있을지 모르는 다른 인턴에 대해 물어볼 기회 또한 없었다. 또한 그는 르윈스키 사건과 같은 시기에 자신을 고소한 폴라 존스 앞에서 노출을 감행했는지 여부도 확인해주지 않았다. 클린턴 대통령은 전 미인 대회 우승자와의 관계에 대해서도 언급하지 않았다. 따라서 나의 정의에 따르면 클린턴의 행동은 성 범죄자의 행동 양식에 딱 맞아떨어진다고 할 수 있다.

르윈스키와의 관계에 대한 클린턴의 반응은 제스 잭슨(Jesse Jackson) 목사의 반응과는 대조된다. 이 목사가 혼외 정사를 했을 뿐 아니라 다른 여성과의 사이에 아이가 있다는 사실이 폭로되었다. 이 사실이 밝혀지자 잭슨 목사는 "네, 나는 바람을 피웠고 그 아이는 내 아이입니다."라고 말했다. 그는 더 이상 아이의 어머니를 만나지는 않지만 아이를 위한 양육비는 지급하고 있다고 이야기했다. 그는 이 일이 자신과 자신의 아내, 아이의 어머니와 아이 이외에는 누구와도 상관없는 일이라고 했다. 나는 그가 전적으로 옳다고 생각한다. 그의 직계가족 외에는 그 누구도 상관할 일이 아니었다. 이 불륜 관계는 공개된 후 며칠 동안 뉴스거리가 되었지만 곧 시들해졌고, 잭슨 목사는 평소의 생활로 돌아갔다.

클린턴 대통령도 똑같이 대처했더라면, 그냥 "맞습니다. 저는 모니카 르윈스키와 바람을 피웠습니다. 그래서요? 케네디 대통령도 했던 일을 왜 저는 못합니까?"라고 말했더라면, 모든 뉴스들이 약 1주일 정도면 다 사그라지고 아무도 이일에 대해 더 이상 관심을 가지지 않았을 것이다. 그러나 클린턴의 행동은 내가 정의한 성범죄자의 행동 양식에 부합되며, 그는 성범죄자들이 면담을 할 때 드러내는 다섯 가지 특성을 그대로 보여주었다.

내가 말하는 기술은 성범죄자들을 속여 그들이 하지 않은 것을 자백하도록 하는 것이 아니다. 그것은 낚시에 가깝다. 제대로 된 미끼를 사용해야 한다. 이런 면담 스타일은 성범죄자에게만 유효하다. 성 범죄가 아닌 사람은 그 미끼를 물지 않을 것이다.

성 범죄자들은 인간이 가진 모든 성격적 특성을 가지고 있음을 명심하라. 그들은 수동적, 공격적, 내성적, 외향적, 경쟁적이고, 게으르고, 예의 바르고, 거칠고, 영악하고 사교적 일 수 있다. 그들도 다른 사람들과 마찬가지로 일하고, 세금을 내고, 가족을 부양하고, 그 밖의 모든 것들을 한다. 성 범죄자가 된다는 것은 이성이 마비되는 것에 가깝다. 그들은 정교한 범죄자나 유능한 거짓말쟁이가 아닐 지도 모른다. 이것은 성 범죄자가, 보통 상식으로는 도망가는 것이 맞지만, 진술하기 위해 경찰서에 오는 것에 대한 이유이기도 하다. 그가 공적인 의무감에서든 면담에서 이기고자 도전하는 마음으로 경찰서에 오든, 일단 그와 면담하게 되면, 이 다섯 가지 특징을 사용해서 빠져나가지 못하게 하라. 그는 절대로 당신이 이 특징을 이용하는지 모를 것이다.

비논리

성 범죄 수사를 할 때, 당신은 내가 '비논리'라고 부르는 것을 여러 번 보게
될 것이다. 이것은 성범죄에서 나타나는 비상식적인 측면을 말한다. 피고측 변
호인은 배심원에게 영향을 주기 위한 방편으로써 성범죄의 이러한 비논리적 측
면을 지적하는 것을 좋아한다. 그래서 배심원들은 사건과 관련하여 뭔가 "잘못
된" 것이 있다고 느낄 것이다. 사실은 정반대이다.

강간, 아동 성추행과 같은 성 범죄는 본래 비논리적이기 때문에 그러한 범죄
가 논리적으로 실행되리라고 기대할 수는 없다. 따라서 비논리적 요소들이 성폭
행 내에 존재할 것이라는 말은 사실 맞는 말이다.

비논리는 실제로 두 가지 다른 방식으로 나타난다. 첫 번째는 "욕구 추구형"
행동 대 "생각 추구형" 행동이다. 일부 성범죄자들은 충동을 조절하지 못하기
때문에 "욕구"가 "이성"을 압도하게 되어 적절한 시기까지 기다리지 못하고 범
행을 저지른다. 이것은 종종 아동 성추행 사건에서 작용된다. 가족 모임에서 자
주 이런 일이 발생하는데 신뢰받는 친척 중 한 명이 어린 아이를 근처 방으로
데리고 가, 문을 잠그지 않은 채 주변의 많은 사람들이 언제든 들어갈 수 있는
상황에서도 아이를 성추행한다. 잡힐 확률이 너무 높은 상황일 때 사람은 그 위
험한 행동을 해서는 안 된다는 것이 바로 논리(logic)이지만, 성 범죄에 대한 욕
구는 행동을 자제하게 하는 논리적인 사고 과정을 압도한다. 이와 같은 종류의

욕구 주도적 행동은 그의 행동을 보고 그를 붙잡을 수 있는 수 백명의 사람들이 인근에 있는 상황임에도 여성 앞에 자신의 알몸을 드러내기로 결심했을 때도 볼 수 있다. 또한 이러한 행동은 공공 도서관에서도 일어나는데 범죄자는 한 명의 잠재적 피해자에 대해 신경을 쓰느라 자신의 행동을 경찰에 신고할 수 있는 수 십 명의 사람들이 있다는 것을 인지하지 못한다.

비논리의 또 다른 양상은 성폭행이 예상치 못한 사건이나 장애물에 의해 저지될 때 확인된다. 성 범죄자는 어떻게 성폭력을 감행할 것인지 자주 상상해보며 머릿속으로 여러 차례 리허설을 하게 된다. 이것은 첫 범행의 기술 수준을 설명해준다. 비록 그가 전에 그 판타지를 실행한 적이 없다고 하더라도 그는 아주 여러 차례 마음속으로 리허설을 해서, 과거에 그가 비슷한 범죄를 많이 저지른 것처럼 보여질 수 있다. 그 대표적인 예로 범행에 필요한 모든 것을 그의 "강간 키트"에서 가져올 정도로 치밀하게 계획한 침입절도강간범을 들 수 있다. 그는 외부 동작 탐지기를 정지시키고, 집으로 들어가 출구 확보를 하고 피해자를 붙잡은 다음, 본인의 판타지를 실행한 후 도망칠 것이다.

만약 이 시나리오에서 예상치 못한 사건이나 장애물이 그의 범행을 방해한다면, 그는 예상치 못한 장애물에 대처하는 데 있어 비논리적인 행동을 할 수 있다. 예를 들어 보자. 침입절도강간 용의자는 자신의 신분을 감추기 위해 많은 주의를 기울였지만 막상 피해자의 방에 들어갔을 때 TV가 켜져 있어 피해자가 자신의 얼굴을 볼 수 있을 정도로 방이 밝은 상황에 마주하게 되었다. 나일론 마스크로 얼굴을 가리고 있음에도 불구하고 이러한 예상치 못한 상황은 그를 당황하게 만든다. 그는 그냥 TV를 끄거나 무시하는 대신 이불을 찾아 TV를 덮어버리는 쪽을 택한다. 그런 다음 그는 다음 계획을 실행하고 리허설대로 피해자를 성폭행한다.

이러한 예기치 않은 장애물의 또 다른 예는 혼자 살고 있는 여성의 집에 침입한 용의자에게서 찾아볼 수 있다. 만약 사건 당일, 그녀가 남자 친구와 자고 있을 경우, 논리적 차원에서는 범행을 멈추는 것이 맞을 것이다. 그러나 범행에 대한 충동때문에 그는 멈추지 못한다. 그는 그녀 옆에 무릎을 꿇고 이불을 젖히고 그녀를 애무하는 것으로 계획을 조정한다.

수사관은 남자 친구가 거기에 있다는 것을 알고도 의도적으로 침입한 사람의 행동과 이 행동을 혼동하지 않도록 확실히 해야 한다. 남자 친구가 있다는 사실을 알고도 침입하는 유형은 남자 친구를 묶어 놓고 그 앞에서 여자를 강간하고 싶어할 것이다. 이 경우에는 과도한 힘을 사용하고 피해자를 통제하는 것이 처음부터 계획에 포함되어 있다고 볼 수 있다.

CHAPTER
12 강간 판타지

피해자가 자신을 따르게 하기 위해 힘을 사용하는 성 범죄자들을 이해하기 위해서는 근본적인 강간 판타지를 이해해야만 한다. 많은 변수들이 있지만 가장 일반적이고 기본적인 강간 판타지는 다음과 같다:

강간으로 인해 누군가가 다친다고 생각하지 않는다. 용의자는 강간은 어느 누구도 다치게 하지 않는다고 생각한다. 그는 모든 여성들이 강간당하고 싶어하며 실제로 강간당해야 한다고 생각한다. 그는 여성들이 성적 행위들의 동의 문제에 관해 지나치게 신경을 쓰기 때문에 여성들이 진정한 성적 기쁨을 경험할 수 없다고 생각한다. 특히 낯선 사람과의 성관계에 동의하는 것을 두려워하기 때문에, 그들은 만족스러운 성경험을 할 수 없다고 본다. 용의자는 동의 문제를 제거하는 것을 여성에게 호의를 베푸는 것으로 간주한다. 일단 여성이 만족스러운 성경험을 경험하여 자유로워지면, 그와 미친 듯이 사랑에 빠질 것이고 그들은 노년까지 함께하며 행복하게 살 것이라는 것이 그의 믿음이다.

심리학적으로, 강간범은 피해자가 강간범에게 실제 느끼는 감정보다 더 나쁜 감정을 느끼게 하고 싶어 하는데 이는 그에게 권력을 행사한다고 느끼게 할 뿐만 아니라 기분도 좋게 만들기 때문이다.

당신은 당신이 수사하는 대부분의 성 범죄에서 이 기본테마의 변형을 볼 수 있다. 극도로 폭력적인 성 범죄자(분노형 강간범, 성적 가학성애자 등)는 덜 폭력적

인 성 범죄자와 달리 강간 판타지를 가지고 있지 않다. 극단적으로 폭력적인 성
향을 가진 성 범죄자는 피해자나 판타지에 대해 신경쓰지 않는다. 그들은 그저
가능한 한 많은 고통과 공포를 주고 싶을 뿐이다.

13 그들은 이해하지 못한다

당신은 연쇄 성폭행범이 경찰서에 직접 와서 사건 현장의 DNA와 매치되는 자신의 DNA 샘플을 주고 난 다음 집으로 돌아가 한 달 후 자신을 체포하러 올 때까지 기다리는 이유를 궁금해 한 적이 있는가? 그들이 그렇게 하는 이유는 단순히 이해하지 못하기 때문이다. 그들을 성범죄자로 만든 뇌의 이상 기전이 무엇이든 간에 그들은 자신이 체포되거나 기소될 것이라는 것을 이해하지 못한 상태로 시나리오를 설정한다. 자신들이 하고 있는 일이 불법이라는 사실과 수사 단계 및 재판과정을 논리적으로 알고 있음에도 불구하고 그들이 법의 심판을 피해가거나 투옥을 면하지 못하게 막는 무언가가 있다. 연쇄 강간범이 피해자의 집에서 고작 몇 블록 떨어진 곳에 살고 있었다는 언론 보도를 얼마나 많이 접하고 있는가?

아마도 이것은 또 다른 형태의 비논리일 것이다. 나는 많은 사건들에서 유력한 용의자를 특정하고, 그에게 전화를 걸어 경찰서로 와달라고 요청하곤 했다. 그는 자신의 행동 결과에 대한 어떠한 우려없이, 약속한 날짜에 경찰서에 와서 나에게 DNA 샘플을 제공하고 자백한다.

아마도 심리적인 원인이 있을 것이다. 소시오패스/사이코패스는 다른 사람이나 심지어는 자기 자신까지도 완전히 무시하거나 상관하지 않는다. 이 이야기의 교훈은 "어떤 사람이 자발적으로 DNA를 제공하고 수사에 매우 협조한다고 해서 그 사람을 용의선상에서 제외하지 마라"는 것이다.

나는 이 것과 완벽히 일치되는 사건을 수사한 적이 있다. 6세와 9세의 두 자매는 근처 놀이터에서 집으로 걸어오고 있었는데 해가 지기 전에 집에 돌아가기 위해 서두르고 있었다. 그들은 한 남자가 언니의 팔을 잡아당길 때까지 그 남자가 인도에 있는지 몰랐다. 그는 25피트 떨어진 공사장에 그들을 데려가 9세 소녀를 자신의 정면에 세운 후, 해치지는 않을 것이라며 걱정하지 말라고 이야기했다. 그리고 동생에게는 고개를 돌리고 있으라고 하였다.

남자는 바지지퍼를 내리고 자위하는 동안 9살짜리 아이에게 무릎을 꿇으라고 했다. 아이는 혹시 아프진 않는지 물었고, 그는 아프지 않고, 다 괜찮을 것이라고 안심시키며, 잠시 후면 끝날 것이라고 덧붙였다. 그는 그 소녀에게 사정을 한 후 두 자매에게 어서 집으로 가라고 말했다.

소녀의 머리카락에서 채취한 DNA는 데이터 베이스의 그 누구와도 일치하지 않았지만 합성 드로잉(composite drawing)[3]을 통해 100개의 몽타주를 만들어냈다. 대부분의 정보(tips)는 이런저런 이유로 전남편이 체포되기를 원하는 여성들로부터 온 것이었지만, 그 중 한 통화가 유독 눈에 띄었다. 한 익명의 여성은 인근에서 일하고 있는 절도죄로 복역하다 가석방 된 한 남자(나는 그를 밥이라 부를 것이다)를 조사해달라고 요청하였다. 그의 절도 사건을 조사해보니 밥은 수도원에 침입해 옷장에 숨어서 수녀들의 벗은 몸을 훔쳐보았다. 말할 것도 없이 나는 밥이 용의자라고 느껴졌다.

때때로 자신에게 전혀 위협적이지 않거나 성적이지 않은 대상을 선택하는 성범죄자들을 만난다. 아동이나 수녀, 노인이 이에 해당하는데, 이들은 성범죄자에게 "안전한" 피해자이다. 그들은 그를 판단하지 않을 것이며 그의 섹스 행위를 다른 섹스 파트너와 비교하지도 않을 것이다.

나는 밥에게 전화를 해서 잠깐 이야기 나누고 싶으니 경찰서로 오라고 했다. 그는 경찰서로 가겠다고 하며 자신과 정말 비슷해 보이는 합성 드로잉을 보았었

---

3) 역자의 설명: Composite drawing은 법의학에서 가장 널리 알려져 있는 응용방법이다. 합성 드로잉은 증인의 진술을 바탕으로 용의자를 식별하거나 제거하는데 유용한 드로잉을 작성하는 것이다. 복합도면은 한 개인에 대한 상세한 묘사를 위한 것이 아니라 증인의 기억을 시각적으로 기록한 2차원적 유사성에 가깝다.

고 혹시라도 경찰이 전화를 하지 않을까 생각했었다고 덧붙였다. 밥은 버스를 세 번 갈아타고 경찰서로 왔다. 그는 범행을 부인했으나 혈액 검사관(blood technician)이 도착하여 DNA 비교를 위해 혈액을 채취할 때까지 1시간 이상을 기다렸다. 나는 그를 집에 데려다주며 계속 연락하자고 했다.

밥은 3개월 동안 2주에 한 번씩 나에게 전화를 했는데 그때마다 DNA 결과가 나왔는지 물었다. 그는 이사 후에 새로운 주소와 전화번호를 알려주기까지 했다. 밥이 범인임을 DNA결과를 통해 확인하였을 때 나는 그에게 전화를 걸어 집 앞에 주차해 있는 감시팀에 가서 이야기하라고 하였다. 그들은 그를 경찰서로 데려다주었고 그는 순순히 자백하였다. 나는 그가 소아성애자도 아니고 아무도 해치지 않았으며, 더 어린 소녀에게 고개를 돌리고 있으라고 했었고 그가 정말로 원하는 것은 "매력적인" 성인 여자 친구였었다는 사실을 강조했었다.

분명히 밥은 "이해하지" 못했다. 그에게는 도망칠 수 있는 많은 기회가 있었지만 그렇게 하지 않았다. 내가 우호적으로 첫 번째 면담을 끝냈기 때문에 그는 교도소에 갈 때까지 계속 이야기를 했다. 밥은 또한 자신의 행동을 자가진단을 하고자 노력했는데 은퇴한 FBI 프로파일러 존 더글라스(John Douglas)의 책을 몇 권 읽기도 했다. 밥은 이 책에 있는 대부분의 사람들은 "변태 성욕자"이며 자신과는 아주 다르다고 느꼈다.

14 뭔가 잘못됐음

보통 육감이라고 불리는, 예를 들어 좀 더 깊이 파들어가거나 잠시 멈추는 것이 좋겠다는 느낌이나 내면의 작은 소리 같은 것들이 있다. 당신이 "그것"을 뭐라고 부르든 간에 "그것"은 현장에서 큰 도움이 되고, 성 범죄 사건을 조사할 때 "그것"을 계속해서 들을 필요가 있다. 내가 이렇게 이야기하는 데는 몇 가지 이유가 있는데 성범죄에는 감정이 이입된다는 것이 가장 큰 이유이다.

미국의 거의 모든 도시에는 피해자 옹호 단체, 감시단체 기자 또는 자칭 아동학대, 근친상간 및 강간 전문가가 있다. 아무도 성 범죄자를 좋아하지 않기 때문에 충격적이거나 흥미진진한 사건이 언론에 보도될 때마다 우세한 의견에 편승하기 쉽다. 당신의 부서 내에서도 성 범죄자를 체포할 때 오는 정서적 만족을 위해 논리, 타당한 근거, 법을 저버릴 사람들도 있다. 성 범죄전담 수사관인 당신은 당신이 속해 있는 기관 내에서 이성적인 목소리를 내어야만 한다. 오해하지 말기를 바란다. 나는 사람들을 체포하는 것을 좋아하지만 그들이 실제로 범죄를 저지른 사람인지 확실히 하기를 원한다. 다음 이야기는 실제 있었던 일로, 내가 이야기하고자 하는 바를 보다 더 잘 설명해 줄 것이다.

어느 일요일 아침 도시 남쪽 끝에 있는 소방서의 순찰 경사(patrol sergeant)에게 전화를 하라는 현장 지휘관의 전화를 받았다. 대화는 다음과 같이 진행되었다.

"경사님, 저는 하우웰입니다, 통화 괜찮으세요?

"저는 경사님이 나오셔서 수색영장을 써주셨으면 합니다. 우리 지금 강간사건을 수사 중인데 경사님 도움이 필요합니다."

"무슨 일입니까?"

"여기 광분해서 우는 여자 아이가 있는데요. 한 시간 반 전쯤 강간당한 것 같습니다."

"무슨 일이 있었는지 얘기해 주겠습니까?"

"피해자는 19살이고, 이 남자를 2주 전에 인터넷에서 만났습니다. 그들은 이메일을 주고 받고 전화도 몇 번 주고 받았습니다. 지난 주 그녀는 그가 일하는 백화점에 갔었고 그들은 그 남자가 쉬는 시간일 때 잠시 동안 대화를 나눴습니다."

"용의자는 몇 살 입니까?"

"그도 19세입니다. 우리가 DMV를 통해 그의 신원을 확인했습니다."

"그래서 오늘은 무슨 일이 있었습니까?"

"듣자하니 지난 밤 용의자는 그 소녀에게 전화했고 그의 부모님이 교회를 가서 세 시간 동안 집이 비니 잠깐 들리지 않겠냐고 했답니다."

"그러면 그녀는 그의 말에 동의했습니까?"

"네, 그녀는 8시 30분쯤 찾아왔고 그들은 소파에서 키스와 애무를 하면서 시간을 보내다가 그가 자신의 침실로 가자고 했습니다. 그녀는 그가 콘돔을 사용하는 조건하에서 동의하였습니다. 그가 콘돔을 못찾자 그는 사정하기 전에 삽입한 성기를 빼겠다고 약속했습니다."

"그래서 그녀는 그 남자와 성관계를 가지는 것에 동의했다는 이야기지요?"

"맞아요, 그런데 성관계를 할 때 그가 성기를 빼지 않았습니다. 그 후 그녀는 옷을 움켜쥐고 그 자리를 떠나 소방서에 와서 울었습니다. 그녀의 삼촌이 소방서장이여서 소방서로 왔는데 삼촌은 비번이라 소방서에 없었습니다. 그래서 그녀는 자신이 처음 만난 남자에게 강간당했다고 말하였습니다. 이 소녀는 매우 흥분한 상태이고, 우리는 그녀의 울음을 멈추게 할 수가 없습니다."

"그래서 제가 어떻게 해드리면 될까요?"

"글쎄요, 확실한 강간사건이라서 지금 용의자 집 옆에서 대기하고 있는데 용의자의 차가 없어요. 제 생각에 이미 달아난 것 같아요. 저는 그의 집에 들어가서 생물학적 증거를 위해 시트와 이불을 가져오고 싶습니다."

"저는 여기에서 말로만 상황을 들어서 그런데, 강제성과 관련한 범죄 요인이 좀 부족하다고 생각되지 않아요?"

"이 소녀는 진짜 흥분한 상태이고 그 사건은 틀림없이 사실입니다. 우리는 경사님이 영장을 작성하시는 동안 그녀를 병원에 데려가겠습니다."

"하지만..."

"잠시만요, 동료 중 한 명이 용의자를 멈춰 세웠습니다."

30초 후 경사는 계속 말하기를

"됐습니다. 우리는 차도로 진입하는 용의자를 잡았습니다. 경사님께서 오셔서 그와 통화하시면 될 것 같습니다."

"도대체 나보고 어떻게 하라는 겁니까? 그에게 핸드폰이라도 넘겨주시렵니까!"

"알겠습니다. 우리는 그를 단지 체포만 하겠습니다. 그러면 우리가 그의 집을 봉쇄하는 동안 면담을 하세요."

"잠깐만요. 이 남자를 무슨 혐의로 체포하려고 하십니까?"

"강간이요. 이 소녀가 얼마나 흥분한 상태인지 보면 아실 겁니다."

"왜 그 남자에게 무슨 일이 있었는지 물어보지 않는 겁니까? 물어보면 그가 아마 침대 시트를 줄 겁니다, 그 다음에 무슨 일이 있었는지 모두 작성하게 하세요. 저는 다음 주에 이 사건을 처리하겠습니다."

"형사님들이 우리가 사람들을 체포하는 것을 좋아하지 않는다는 것을 알지만, 제 생각에 우리는 그를 체포하기에 충분하다고 봅니다."

"알겠습니다. 이렇게 생각해 봅시다. 만약 이 용의자가 당신 아들이라면 이 상황만 보고 그를 체포하겠습니까?"

"아.....제가 다시 전화드리겠습니다."

며칠 후 제 책상에 놓여 있는 "정보제공용(Information Only)" 보고서를 보니 "용의자"는 그녀가 그와의 성관계에 동의했으나 본인이 그녀 몸 안에 사정을 해서 그녀가 화가 났다고 진술했다. 그가 그 사실을 알기도 전에 그녀는 옷을 입고 나가버렸고 그래서 그도 옷을 입고 그녀를 찾으러 나간 것이라고 한다.

수사관으로서 당신은 타당한 "그럴싸한 이유"의 세계에서 벗어나 "합리적 의심"의 세계로 나아가야 한다. 당신은 또한 법정 면담가로서 중립적이고 편향되지 않도록 스스로 훈련해야 한다. 성 범죄 수사에서 당신은 실제로 무죄인 많은 사람들을 면담하게 될 것이다. *괜찮다.* 결백을 입증하는 것은 유죄를 입증하는 것만큼이나 중요하다. 감정에 이끌려 체포하지 마라. 신속한 체포에 대한 압력은 많은 주변 요소에 의해 발생할 수 있다. 뉴스 매체가 아마 가장 큰 영향을 줄 것이다. 지방 검찰청, 경찰서장, 지역 강간위기관리센터, 희생자의 친척, 심지어는 당신의 어머니조차도 당신보다 그들이 사건에 대해 더 많이 알고 있다고 생각할 수도 있다. 그러나 그들은 성폭력의 6단계와 용의자 면담의 5가지 요소를 이해하지 못할 뿐만 아니라 다양한 유형의 범죄자 간의 행동적 차이도 파악하지 못한다.

콜로라도에서 NBA스타 코비 브라이언트(Kobe Bryant)가 호텔 소개와 방 안내를 담당했던 호텔 직원을 강간한 사건을 기억할 것이다. 며칠 후 지방 검사는 형사 고발을 제기한다고 발표했다. 그 후 몇 달 동안 이 사건은 미궁으로 빠져 결국 취하되었다. 코비 브라이언트는 기자회견에서 그날 밤 오해가 있었던 것에 대해 유감을 표명했다. 그는 그 호텔 직원의 실제 의사와 달리 자신은 그녀가 성관계를 맺는 것에 동의하는 것으로 착각했다고 했다.

나는 이 사건에 대한 "내부 정보"는 없지만, 그것이 사실이 아닐 수도 있다는 것을 의심해야 했다. 호텔 직원에게는 "예"라고 확실하게 말하지 않는 것은 "아니요"라는 의미이고, 코비 브라이언트에게는 "아니오"라고 확실하게 말하지 않는 것은 "예"라는 의미로 받아들여지는 것이 가능하지 않을까? 어느 쪽이든, 중립적인 자세로 사실을 보고 성 범죄자에 대해 알고 있는 지식을 대입하여 결정하길 바란다.

음...아마 그럴지도......

이것은 성 범죄전담 수사관이 피해야 할 또 하나의 수렁이다. 주변 사람들이 피해자나 용의자의 행동을 다음과 같은 문구로 설명하기 시작한다면, "*음, 아마도 피해자는 진술을 번복할 수 있다. 왜냐하면... 이라던지 음, 아마 용의자가 할머니를 한 번 강간한 다음에 자신의 어린 조카를 애무한 이유는 그가 이중인격자여서가 아닐까?*" 당신은 조심해야 한다. 자신의 입장을 뒷받침하기 위해 소문이나 반만 사실인 이야기, 도시 전설 같은 이야기를 떠들어 대는 사람들과 성범죄에 대한 논쟁에 휘말리지 않도록 하라. 이제 당신은 성 범죄자들이 단순하다는 사실에 대해 충분히 인지하고 있다. 바로 그들은 '*그들의 기분을 좋게 하기 위해*' 범죄를 저지른다는 점이다. 다양한 범죄자들 모두는 이러한 목적을 공통으로 가지고 있다. 당신이 할 일은 그들을 잡는 것이지 그들을 치료하는 것이 아니다. 그렇게 하려면 정상적인 성적 행위에 대한 당신의 통념을 뛰어넘어 사고를 확장해야 할 것이다.

전형적인 예는 FBI요원인 밥 모르뉴(Bob Morneau)가 자주 인용하는 사례연구인데, 그는 내가 공부한 경찰학교에서 이것을 설명하였었고 몇 년 후에 성범죄자들에 대한 세미나에서 다시 인용하였다. 모르뉴 요원은 1950년대와 1960년대에 중앙 캘리포니아의 작은 마을에서 일했던 피클 형사가 수사한 몇몇 "비정상적인" 사례들에 대해 이야기하였는데, 다음은 아마도 가장 비정상적인 사례일 것이다.

작은 마을의 평범한 집에서 사는 빌과 메리라는 부부가 있었다. 그들은 그곳에서 오랫동안 살았으며 빌은 매일 걸어서 '큰 길'을 지나 철물점으로 출근하였다. 어느 날 빌이 출근하던 중 심장 발작을 일으켜 보도에 쓰러졌다. 그는 이제 갓 40세였기 때문에 모두들 놀랐다. 응급실 의사가 빌의 옷을 벗기고, 여자라는 사실을 알았을 때 그들은 더욱 놀랐다.

이것이 어떻게 가능하였을까? 피클 형사는 답을 찾기 위해 이 사건을 조사하러 갔다. 많은 사람들은 빌이 여자라는 것을 전혀 몰랐다고 이야기했다. 그녀는 15년 동안 결혼 생활을 했지만 그녀의 알몸을 본 사람은 없었다. 빌은 항상 메리에게 어린 시절의 부상으로 성기가 변형되었다고 말했고 문을 잠그고, 화장실에서 옷을 갈아입었다. 그는 부끄러움이 커, 성관계를 할 때 자신의 성기를 절대 만지지 말아달라고 했다. 그들은 정기적으로 성관계를 했고, 불쌍한 메리는 그동안 어떻게 속아 왔는지 설명하지 못했다. 집을 수색한 결과 나무와 오래 된 국부보호대로 만든 투박한 나무 성기가 발견되었다.

과연 메리는 정말로 빌의 성별을 몰랐을까? 그럴 수 있다. 나는 자기 자신의 나체가 부끄러워 자신의 나체를 한번도 본적이 없고 수영복을 입고 샤워한다고 주장하는 여성들과 면담을 한 적이 있다. 또한 모두에게 자신의 알몸을 보여주는 포르노 스타도 면담해 본 적이 있다. 나의 남부 침례교 성장배경은 이 두 가지 양극단의 사이 어딘가에 해당한다고 볼 수 있다.

모르튜 요원은 이 사건이 평범함의 정의가 얼마나 넓을 수 있는지를 보여주는 훌륭한 예시라고 하였다. 결국 당신의 이웃이 스와핑을 하는 사람인지 아니면 완전히 섹스를 하지 않는 사람인지 누가 알겠는가.

아마도 더 간단한 대답이 있을 것이다. 빌과 메리가 레즈비언일 가능성이 있을까? 1950 – 1960년대의 미국 소도시에서는 공개적으로 살 수 없으니 남편과 아내가 되기로 결정하였을까? 미국의 소도시에 레즈비언 커플이 살고 있다는 생각은 아무도 고려조차 하지 않을 정도로 이질적이었을까? 대답은 중요하지 않다. 이 사건은 범죄도 아니고 체포할 사람도 없지만, 이 이야기는 "정상적인" 것에 대한 나의 생각을 넓혀 주었다.

수년 전 나는 FBI가 시체 여러 구를 찾기 위해 내가 사는 도시의 어느 집에 압수수색 영장을 발부하도록 도왔다. FBI는 한 사진관에 비밀리에 정보원을 심어두었는데 그 곳은 완벽한 비밀을 보장하며 은밀한 사진들을 현상해 주는 곳이었다. 전국 각지의 많은 아동 포르노 제작자들이 그 사진관으로 영상을 보내왔으며, 그 중 누구도 FBI를 위해 여분의 복사본이 만들어지고 있다는 사실을 모르고 있었다. 정보원이 남성 생식기가 잘려지고 음낭과 성기에 무게추가 달려 마치 벽난로 위에 전시된 송어처럼 보이는 사진을 현상하여 보여 주었을 때 FBI는 행동하기 시작했다. 우리는 실제로 10년 동안 미결로 남아있는 살인/시체 유기 사건을 가지고 있었는데, 시신이 유기되기 이전에 성기가 잘렸고, 그 유기장소는 범행현장에서 몇 건물 떨어져 있지 않았었다.

우리가 발견한 것은 고통과 쾌락에 '빠져' 있는 소수의 남성집단과 여성 한 명이었다. 그들의 궁극적인 "쾌락"은 나무로 된 테이블에 묶인 채 그들의 친구가 면도날로 음낭을 잘라 열고 그 속에서 고환을 꺼내어 사진 찍는 것을 지켜보는 것이었다. 그들 모두 의료지식도 없었고, 마취제도 없었다. 그들에게 이것은 정상적인 것으로, 성행위와 동일한 행위였다. 그룹의 리더는 고환을 자르게 하는 것은 "가려운 등을 긁는 것과 같으며, 그것이 아픈 동시에 얼마나 기분 좋게 느껴지는지 모를 것이다."라고 이야기 했다.

이 사건이 발견 된 직후 나는 현지 변호사 중 한 명에게서 전화를 받았다. 그녀는 그녀의 남자 친구가 정상인지 알고 싶어 했다. 그녀는 그의 집에서 금요일과 토요일밤을 함께 보내고 "정기적으로 성관계"를 가졌다고 설명했다. 남자 친구는 아침에 그녀가 그에게 소변을 보기 전까지 침대에서 못 나오게 한다고 했다. 그녀는 이것이 "정상적인" 것인지를 알고 싶어 했다. 나는 그가 그녀의 소변을 맞고 싶어 하는 것인지 아니면 그녀가 소변을 누는 것을 보고 싶어 하는 것인지를 물어볼 수밖에 없었다.

이야기의 핵심은 훈련에 충실하라는 것이다. 감정에 휘둘리지 않으며 법을 집행하고 성행위에 대한 폭넓은 이해를 가지고 판단하라는 것이다.

도시 전설과 과열된 언론은 당신을 지치게 하는 몇몇 영역 중의 하나이다. 내가 일하는 곳에서 몇 마일 떨어진 곳에 세계에서 가장 크고 유명한 테마파크 중 하나가 있다. 몇 년에 한 번씩 나오는 이야기가 있는데, 어린 소녀가 화장실을 이용하면 누군가가 알 수 없는 용액이 들어있는 주사를 놓아 의식을 잃게 하고, 머리카락을 남자처럼 자르고 염색한 후 옷을 갈아입혀서 공원 밖에서 밀매한다는 이야기이다. 물론 이것은 사실이 아니라는 점을 제외하고는 흥미로운 이야기이다. 그러나 이 이야기는 오래전부터 떠돌았고 많은 사람들이 사실이라고 믿고 있다. 성 범죄자가 어떻게 행동하는지 설명할 때마다 이 이야기가 언급될 것이다.

몇십 년 전 우리나라에서 사탄을 숭배하는 단체가 유행했다. 이들은 학교와 유치원을 다니면서 어린 아이를 잡아다가 고문시키고 사탄에게 바치는 의식을 행했다. 그곳에 있는 많은 성인 신도들은 지도자들이 가능한 한 많은 아이들을 제물로 바칠 수 있도록 아이를 계속 낳는 "아기 사육자"들이었다. 그날 토크쇼에서는 악마 숭배 집단에서 탈퇴한 신도들을 면담하였는데 수백 명의 신도들이 저지른 참상을 아주 상세하게 묘사하였다. 심지어 이 지하 단체를 탈출한 신도들을 위한 지원단체와 상담 치료사도 있었다.

나는 그러한 집단의 존재 가능성에 대해 논쟁하려는 것이 아니다. 분명히 찰스 맨슨과 그의 추종자들은 사이비 종교로 분류될 수 있고, 대량 살인-자살을 조장한 짐 존스(Jim Jones)는 사이비 범주에 포함될 수 있다. 나는 악마 숭배 집단이 도처에 존재하고 아이들이 다니는 유치원에 마저 침투했다는 것을 믿기 어려웠다.

나는 이 사건들 중 몇 건을 조사했고 각각의 사건들은 근거가 없다는 것을 알았다. 사건을 단순하게 보려고 노력하며 *이건 그럴 수도 있을 것 같다*는 생각들을 최대한 멀리했기 때문이다. 나는 각 사건을 가장 간단한 형태로 쪼갰다. 피해자, 목격자 및 용의자와 각각 신중을 기해 면담하였고, 사이비 사건의 측면을 제쳐 놓고 성범죄자의 행동 유형을 찾는데 집중했다. 또한 나는 "24명의 사이비 신도와 염소 3마리, 그리고 돼지가 1박에 29달러하는 모텔방에 들어가는 것이 물리적으로 가능할까?, "삼면에 큰 창문이 있고 한 시간에 백명의 사람들이 지나가는 교실에서 어린이들과 어른들이 벌거벗은 채로 춤을 춘다면 사람들이 모르고 지나갈 수 있을까?"와 같은 단순한 질문을 스스로에게 던졌다.

나는 데비 네이쓴(Debbie Nathan)과 마이클 스네데커(Michael Snedeker)가 저술한 *Satan's Silence, Ritual Abuse and Modern American Witch Hunt*라는 책을 권한다. 이 책은 전문적이지 않은 면담, 정치, 도시의 전설, 중립적이지 않은 편파적 면담가 그리고 그럴 수도 있지라는 생각 때문에 얼마나 많은 무고한 사람들이 감옥에 갈 수 있는지 보여준다. 법정 면담자로서 이 책은 나를 정말 놀라게 하였다. 전에 말했듯이, 나는 사람들을 체포하고 성 범죄자를 감옥에 보내는 것을 좋아한다. 동시에 무고함을 밝히는 것 또한 좋아하며 내가 무고한 사람을 감옥에 보낸 적이 결코 없기를 희망한다.

CHAPTER

15 면담실에서

당신은 피해자와 면담할 때, 피해자가 성 범죄자와 함께 있었는지, 성 범죄자가 어떤 유형에 속하는지, 피해자가 성 범죄자의 판타지를 이해했는지를 규명해야한다. 머리회전이 빠른 지역경찰관이 새벽 3시 유일하게 거리에 있던 차를 검문해 운전자의 신분과 뒷자석에 있던 *강간키트*를 확인하였고, 그를 용의자로 체포했다. 또는, 어쩌면 합성 드로잉, 지문, 가석방 또는 보호관찰 기간 동안의 보고서로 용의자를 확인할 수 있거나 익명의 제보 또는 용의자의 행동이 그를 용의자로 지목하는데 충분할 수 있다.

일단 유력한 용의자가 잡히면 가장 중요한 면담을 하게 된다. 성 범죄자를 면담하는 것은 진정한 예술적 형태이며, 강도, 살인자 및 마약사범을 면담하는 것과는 많이 다르다는 사실을 명심해야 한다. 성 범죄는 성적인 이유로 범행을 저지르는데, 더 간단히 말하자면 성 범죄는 가해자가 *좋은 느낌*을 추구하는 데서 오는 결과이다. 가해자의 기분을 좋게 만드는 것은 다른 사람을 지배하고 권력을 행사하는 것이다. 나는 범죄를 발생시키는 근본적 성적 판타지를 가진 범죄자에 대해 말하고 있다(성 범죄를 저지르지만 근본적인 판타지를 갖고 있지 않은 다른 범죄자 집단이 있다: 그들을 면담하는 과정은 중범죄 폭행 용의자들을 면담하는 과정과 유사하다).

이러한 지식으로 무장한 면담 전문 수사관(또는 지역 경찰관)은 자신의 기량을 향상시켜야 하며 내가 정의하고 있는 *부드러운 면담*(Soft Interview)을 해야 한다.

주먹을 휘두르거나 좋은 경찰-나쁜 경찰 역할을 오가며 수사하는 것은 면담과정에서 용의자의 행동을 관찰하며 수사하는 것보다 더 낫지 않다. 나의 경험상 다른 범죄유형에서 사용하는 일반적인 면담 방식은 성 범죄자들과의 면담에서는 효과적이지 않았다.

성 범죄가 특수한 효과가 있는 영역이나 공 안에서 발생한다고 생각해 보아라; 공상 과학 영화에서나 볼 수 있는 그 무언가 말이다. 그 영역의 바깥은 대부분의 우리가 사는 논리의 세계이다. 그 영역의 내부는 비논리의 세계이다. 이 내부는 성 범죄자가 범죄를 저지르면서 자신의 환상을 표출할 때 작동하는 세상이다. 면담자의 역할은 성 범죄자를 다시 그 영역 안으로 밀어 넣는 것이다; 그가 그의 행동을 정당화하는 근거와 판타지를 가진 성 범죄자처럼 생각하도록 만드는 것이다. 일단 그렇게 되면 용의자 면담의 *다섯 가지 특징*(제10장)이 적용된다.

이 *다섯 가지 특징*은 성 범죄자가 면담 시 나타낼 행동이나 단계에 해당된다.:

1. 사건의 심각성을 줄임
2. 어느 정도 피해자를 비난함
3. 면담을 통제하려고 시도함
4. 절대 사건에 대한 100%의 정보를 주지 않음
5. 당신이 모르는 범죄에 대해서는 절대로 말하지 않음

면담가의 역할은 범죄자가 이 다섯 가지 모두를 거쳐갈 수 있도록 하는 것이다. 첫 번째 두 단계를 통해 보통 여러분이 찾고 있는 인정/자백을 얻을 것이지만 목표는 다섯 단계 모두를 거쳐가는 것이다.

*부드러운 면담*을 하도록 한다. 용의자의 얼굴을 똑바로 쳐다보며 "당신이 강간하기 전에 성기를 입에 넣으라고 강요한 사실을 알고 있어."라고 소리치며 주먹으로 책상을 치는 것보다 "이 부분이 좀 이해가 가지 않아서요, 그 소녀와 무슨 일이 있었는지 이야기해 줄래요?"라고 좀 더 교묘하고 부드럽게 말해라. 이러한 요구는 용의자가 무슨 일이 있었는지 그가 본 대로 설명하게끔 한다. 가해자에게 강요와 동의는 아주 미세하게 다르다는 것을 기억하라. 그의 *강간 환상*은 강간이 동의의 한 형태이고 여성들이 강간당하기를 원한다고 믿는다. 부드러운

면담을 하는 것은 가해자를 비논리 영역으로 몰고 갈 수 있게 한다. 일단 거기에서 *다섯 개의 특징*이 작용하게 되면 이후의 면담은 어렵지 않을 것이다. 몇 시간이 걸릴 수도 있지만, 용의자가 말을 오래 하면 할수록 면담은 계속 진행할 수 있다.

용의자는 사건의 *심각성을 줄이고* 싶어할 것이다. 그러니 그가 그렇게 하도록 도와주어라. 나는 다음과 같은 말을 사용하는 것을 좋아한다, "모든 보고서가 아직 들어오지 않았기 때문에, 나는 당신과 이 소녀 사이에 무슨 일이 일어났는지 정확히 모르겠어요." 당신은 아마도 그 피해자가 강간, 항문 성교와 구강 성교를 2시간 동안 다섯 차례나 당했다는 것을 알고 있지만, 만약 용의자가 단지 그녀와 (정상적인)섹스를 했다고만 인정하고 싶어 한다면, 일단은 그냥 두어라. 당신은 더 많은 범행 파악을 위해 언제든지 돌아갈 수 있지만, 처음 면담을 시작할 때에는, 가해자가 많은 행동들을 인정하게 하는것 보다는 하나의 행동을 인정하게 함으로써 심각성을 줄이도록 하라.

내가 좋아하는 단계 중 또 다른 하나는 *그들은 서로 좋아하지 않는다*(제9장)는 것을 이용하면서 다음과 같이 이야기하는 것이다: "제 상사는 당신이 실제로 어린 아이들을 꼬여내는 그러한 사람들 중 하나라고 생각합니다만 저는 그렇지 않다고 생각합니다." 성 범죄자들은 자신의 행동을 괜찮다 혹은 정상적이라고 합리화하는 반면 다른 성 범죄자들의 행동은 변태적이라고 생각한다. 그들 생각에는 이것이 그들이 저지른 일의 심각성을 줄이는 또 다른 방법이다. 면담하는 동안 이것을 지적하는 것은 그들이 계속 말하도록 할 것이고 비논리 영역에 있도록 할 것이다.

심각성을 감소시키기 위해 2순위로 작동하는 것은 피해자를 탓하는 것이므로 피해자를 비난하게 내버려 두어라. 가해자가 총으로 위협해 피해자를 납치해 모든 신호등과 제한 속도를 지키게 하며 10마일을 운전하게 한 후 그녀를 강간했다면, 그에게 "그녀는 언제든 차에서 뛰어내릴 수 있었습니까? 만약 그녀가 뛰어내렸다면 제가 생각하기에 당신은 틀림없이 그녀가 그냥 가도록 내버려 두었을 거예요, 맞죠?"라고 질문하라. 용의자가 "네"라고 대답하자마자 그는 그녀를 납치했음을 인정하게 되는 것이고 당신은 그를 비논리 영역으로 더 깊이 밀어 넣게 된다.

성 범죄자는 조종에 능한 전문가이다. 그들은 권력과 통제에 중독되어 있다. 면담을 진행하는 동안, 거짓말을 하거나 화재를 급전환하거나 또는 테이블을 돌리는 등 용의자가 면담과 당신을 통제하려고 시도하는 세 번째 특징을 보일 것이다.

가해자에게 이것을 허용하면 권력과 통제에 대한 그의 욕구가 높아져서 계속 말을 할 것이다. 당신이 할 일은 면담이 올바른 방향으로 진행되도록 하기 위해 그의 행동을 관리하고 사건의 주제를 벗어나 이야기 한다면 다시 본론으로 되돌려 얘기하도록 하게 하는 것이다.

권력과 통제에 대한 욕구는 결국 네 번째 특징, 즉 *결코 100%를 말하지 않음*으로 연결된다. 성 범죄자에게 지식은 권력이며, 지식이 주는 통제감에 중독되어 있다. 그는 그 힘을 가지고 있다는 것을 증명하기 위해, 당신이 찾고 있는 정보를 이야기해 줄 것이다. 그는 '그것'을 가지고 있고 당신은 '그것'을 원하기 때문에, 용의자는 당신이 원하는 정보를 가지고 있음을 증명하기 위해 '그것'의 작은 부분을 알려 줄 것이며 이러한 상황은 그가 당신을 통제하고 있다고 생각하게 한다. 만약 용의자가 아는 모든 정보를 당신에게 준다면 그는 더 이상 힘을 가질 수 없을 것이다. 그렇기 때문에 그는 알고 있는 것의 100%를 줄 수는 없고 그렇게 하지도 않을 것이다. 이를 이해하고 그에게 100%를 요구하지 마라. 대신 40%로 타겟을 잡아라. 만약 당신이 가해자로부터 너무 많은 것을 요구하기 시작하면 그는 말하는 것을 멈출 것이다. 이것이 그가 면담을 통제하는 방법이다. 그가 이기도록 허용하는 것이 훨씬 낫다. 이기면 그는 계속 말을 할 것이고 더 많이 말할수록 그는 자신이 당신을 통제하고 있음을 증명하기 위해 더 많은 정보를 주게 될 것이다. 그렇게 한다면, 70%까지 얻을 수 있을 것이다. 최종 목표가 무엇이든 간에, 사건을 진행하기에 충분할 것이고 아마도 재판에서 유죄 판결을 받게 될 것이다.

마지막 특징인 *당신이 모르는 범죄에 대해서는 절대 자백하지 않음*은 네 번째 특성과 매우 유사하다. 성 범죄자에게 범행이 있었는지 물어보는 것은 적어도 나에게는 추가적인 자백으로 귀결되지는 않았다. 용의자의 관점에서 보면, 그것은 그가 여전히 가지고 있는 추가적인 힘을 나타낸다. 그러므로 포기하라. 공짜로 그것을 주는 상황은 일어나지 않는다. 그러나 당신의 행운의 날이 언제가 될지 모르니, 용의자가 자백하고 싶은 다른 범행이 있는지 항상 물어보아라.

1974년, 나는 루이스 월터 버지스(Louis Walter Burgess)를 체포했는데 그는 칼로 위협하며 절도 및 강간 현장에서 도망치고 있었다. 나는 그에게 강간에 대한 자백을 얻어낼 수 있었지만 23년이 지난 후에야 DNA 검사로 그가 그 사건 몇 달 전에 발생한 납치·강간·살인사건과 연루되어 있었음을 알았다. 당시에 20세였던 버지스는 내가 알지 못하는 범죄를 자진해서 말할 의무는 없다고 느꼈다. 그는 입을 다물었고 따라서 20년간 통제할 수 있었다. 그가 납치 및 강간 미수로 붙잡혔을 때 그에게서 채취한 DNA가 CODIS에 입력되었고, 그가 여러 범죄를 저지른 사실이 밝혀졌다. 버지스는 내 사건으로 출소한 후 전국을 돌아다니며 연쇄 살인범으로 23년간 자유롭게 살았다. 결국 그는 여러 건의 살인사건에 유죄를 선고받았지만 DNA 검사 결과로 밝혀진 사건들만 연관시킬 수 있었다.

명심해야 할 부분이 하나 더 있다. 그것은 *그들은 이해하지 못한다*는 것이다. 당신은 용의자에게 피해자를 총으로 위협하여 납치한 후에 어떻게 외진 곳으로 운전하게 해서 옷을 벗게 하였는지, 어떻게 그녀의 동의하에 섹스를 하게 되었는지, 심지어 어떻게 그녀가 그에게 자신의 전화번호를 주었는지에 대해 설명하도록 몇 시간을 보낼 것이다. 이 시점에서 물어야 할 또 다른 질문이 있다. "소녀의 관점에서 볼 때 총 때문에 차를 탔고, 당신이 그녀를 쏠까봐 겁이 나서 아마 옷을 벗지 않았을까요? 그래서 아마도 그녀 생각에는 강압적으로 섹스를 당했다고 보지 않을까요?" 용의자는 일반적으로 이 견해에 동의하지만 피해자가 동의했다(그의 마음 속에서)고 주장 할 것이다.

성 범죄자가 맞은편에 앉아있는 것은 면담자의 수퍼볼이다. 법 집행기관은 큰 게임에 대비해야 한다. *비논리, 강간 판타지, 그들은 서로를 좋아하지 않는다, 그들은 그것을 이해하지 못한다*와 다섯 가지 특징을 이해하는 것은 이 게임에서 최고의 자리에 오를 수 있는 토대가 된다.

16 종합 및 적용

다음 사례들은 이제껏 설명한 모든 정보들을 테스트하고 이 모든 정보들이 어떻게 적용되고 있는지 보여주기 위해 만들어졌다. 실제 사례에서 가져온 것으로, 상황을 설명한 후에 몇 가지 면담 아이디어와 왜 지금쯤 당신의 생각이 바뀌었어야 하는지를 설명할 것이다.

사례 #1

25세 여성이 오전 9시 30분에 경찰서에 전화하여 방금 강간당했다고 했다. 그녀는 아파트 단지의 세탁실에서 빨래를 하고 있는 중에 20대 초반의 남성이 접근했다고 진술했다. 그는 작은 캔버스 백을 가지고 있었고, 그 가방에서 권총을 꺼냈다고 했다. 그녀는 권총이 매우 긴 총구를 가진 반자동이라고 설명했다. 용의자는 그녀에게 벽을 보고 돌아서서 옷을 벗으라고 했고 피해자는 즉시 옷을 모두 벗었고 세탁실에서 용의자와 함께 서 있었다고 했다. 용의자는 30초 후에 다시 옷을 입으라고 말하고 그녀를 세탁실 한층 위에 있는 엘리베이터로 데려 갔다. 그들은 엘리베이터를 타고 건물 꼭대기 층으로 올라가, 출구로 나왔고 계단을 한 번 더 이용해 옥상 지붕에 접근할 수 있는 작은 착륙구역으로 올라갔다고 했다.

착륙구역은 외부에서 보이지 않는 곳으로, 용의자는 여성에게 웃옷을 가슴 위로 올리라고 했다. 하지만 나머지 옷은 벗으라고 하지 않았다. 그는 그녀에게 무릎을 꿇고 손을 바닥에 짚으라고 했고. 이후 용의자는 그녀의 바지를 무릎까지 내렸다. 그러는 동안 그는 그녀에게 남자 친구가 있는지, 얼마나 자주 섹스를 하는지, 언제 마지막으로 섹스를 했는지 물었다. 그런 다음 그는 "후배위자세"로 하는지 물었다. 그녀는 이 모든 질문에 "예"라고 대답했다. 묻는 동안 용의자는 옷을 벗고 피해자에게 왼손을 뻗어 자신의 성기를 잡고 흔들라고 했다. 그는 그녀에게 무릎 꿇고 있는 것이 불편한지 괜찮은지 물어보았다. 그녀는 팔이 무감각해지고 있다고 하자, 잠시 멈추고 휴식을 취하라고 했다.

그리고 나서 용의자는 피해자에게 남자 친구와 구강 성교를 하는지 물었고 그녀가 그렇다고 대답하자, 피해자에게 1분여 동안 성기를 빨게 하였다. 그러는 동안 피해자는 총이 바닥에 놓여 있는 것을 보았다.

그리고 나서 용의자는 피해자에게 다시 무릎을 꿇고 바닥을 짚게 하고 성관계를 하기 위해 피해자 뒤로 섰다. 그러나 그는 발기를 유지하는데 어려움을 느끼고 피해자에게 손을 뒤로 뻗어 그의 성기를 잡게하고 삽입하는 것을 도와달라고 시켰다. 그녀와 2분 미만의 성관계를 맺은 후 용의자는 남자 친구와 항문 섹스를 하는지 피해자에게 물었다. 피해자는 가끔 하지만, 좋아하지 않는다고 했다. 용의자는 부드럽게 하겠다고 말하며 항문 성교를 했다.

약 1분 정도 그녀와 항문 성교를 한 후, 용의자의 발기가 풀렸다. 용의자는 성기를 꺼낸 후 자위를 하였고 피해자 등과 엉덩이에 사정을 했다.

그리고 난후 용의자는 그녀에게 자신을 보지말고 옷을 모두 벗어 자신에게 건네라고 하였다. 이후, 그는 적어도 10분 동안 착륙장소에서 꼼짝말라고 했다. 그는 아파트 건물에 산탄총을 가진 친구가 있는데 10분 이전에 움직이면 친구가 피해자와 피해자 가족을 죽일 것이라고 덧붙였다.

용의자가 떠날 때 그는 그녀에게 야기했을 수 있는 불편함을 줘서 미안하다고 사과하고 우편으로 200달러를 보내겠다고 약속했다. 그는 그녀의 협조에 감사하다고 하며 떠났다.

피해자는 착륙장소에서 2-3분 정도 기다린 후, 엘리베이터를 타고 2층으로 내려가 그녀의 집으로 달려갔다. 그녀는 문을 잠그지 않고 급히 집으로 들어왔다. 그리고 즉시 남자 친구에게 강간 사실을 말하고 경찰에도 신고했다.

출동한 경찰은 아파트 단지를 봉쇄하였고 1층 계단에 피해자의 옷이 깔끔하게 개어져 계단 한 켠에 놓여 있음을 발견했다.

이 사례에서, 피해자는 성폭행의 여섯 단계를 뚜렷하게 확인시켜 주었다: 접근, 접촉, 포획, 성폭행, 그리고 피의자가 얘기한 일련의 모든 진술들, 그리고 성폭행 이후 및 현장을 떠나면서의 용의자의 행동. 그러나 더 중요한 사실은 피해자는 자기도 모르는 사이에 어떤 유형의 성 범죄자인지를 당신에게 정확하게 말해줬다는 것이다.

약 40%의 성 범죄가 낮 시간 중에 발생하기 때문에 이것은 특이한 것이 아니다. 그가 아파트 건물에 대한 지식이 있다는 것을 미루어 짐작할 때, 그는 근처에 살고 있다고 추측할 수 있다. 그는 또한 외부를 살피지 않을 만큼 세탁실을 편안해 했다. 만약 누군가가 경찰을 불렀다면, 그는 자신의 집이나 가족이나 친구의 집을 가리킴으로써 자신의 존재를 정당화할 수 있을 것이다.

더 중요한 것은, "강간 키트"를 가져 왔다는 것이다. 총과 다른 물건들이 들어있는 캔버스 가방은 이 특정한 성폭력에 대해 많은 리허설을 했거나 사전 계획이 있었음을 보여준다. 또한 그가 선택한 총이 긴 총렬의 반자동이었다는 것은 관심을 끈다. 아마도 그것은 BB탄 총일 가능성이 높다. 실제 총보다 복제품을 구하기 쉽고 행동적으로도 용의자는 우발적으로도 피해자를 다치게 할 수 없도록 의도적으로 설정했다. 그녀를 잡을 수 있는 최소한의 힘만을 사용하고 있는 걸까? 그런 것 같다.

용의자는 접촉 단계에서 피해자가 어느 정도는 저항을 할 것으로 예견했을까? 그런 것 같다. 그녀가 총을 보자마자 묵인하고 따를 것은 예상하지 못한 것이었다. 피해자가 용의자의 명령을 따르기 전에 어느 정도 저항하거나 구두로 이의를 제기할 것이라는 것을 용의자가 예상했을 것이라고 당신은 추측할 수 있다. 이것은 본질적으로 리듬에서 벗어나는 일이다. 그녀는 용의자가 마음속으로 연습한 대본대로 따르지 않았다. 접촉 단계에서 용의자의 불안감이 최고조에 달해 있다는 것을 기억하라. 그래서 그는 계획보다 앞서 세탁실에서 그녀에게 옷을 모두 벗으라고 한 것이다. 그녀가 옷을 벗은 후에야, 그는 쉽게 발각될 수 있고 잡힐 수 있는 지역에 있다는 것을 깨닫는다. 그는 이제 원래의 계획으로 돌아간다. 그래서 그녀에게 다시 옷을 입도록 했다. 그런 다음 강간이 일어나기로 되어 있는 곳인 위층으로 데려 간다. 피해자의 예기치 않은 행동에 대한 이러한 대응은 비논리적이며 강간의 맥락에서 완벽하게 이해할 수 있다.

착륙구역에 오자마자, 그는 지시적이며 꼬치꼬치 캐묻기 시작했다. 그는 특정 자세를 취하도록 지시하는 반면, 동시에 그녀의 성적 레퍼토리에 대해 물어본 다음, 합의의 일환으로 그녀가 평소에 하는 성행위를 하였다. 본질적으로 그는 그러한 성행위를 저지를 수 있도록 허락을 얻는 것이다. 피해자의 일상적인 성행위를 하는 것은 용의자가 피해자를 해치지 않는 방법이다. 또한 그는 그녀가 편안하다는 것을 확신하기 위해 어느 정도의 시간을 보낸다. 그의 마음속에서, 용의자는 성행위에 동의하는 요소를 제거함으로써 피해자에게 호의를 베풀고 있으며, 피해자는 진정으로 멋진 성경험을 하고 있다고 가해자는 생각한다는 것을 기억하라. 그의 마음 속에서는, 이것은 동의의 한 형태이므로, 그는 피해자를 해치고 싶지 않아 한다.

용의자가 발기를 할 수 없거나 유지할 수 없는 데에는 많은 이유가 있을 수 있다. 이 시나리오에서 나는 용의자가 아마 100번 이상의 강간을 상상하면서 자위를 하고 사정을 하였을 것으로 짐작한다. 파블로프의 반응과 같은 강간 환상은 그가 특정 시나리오 조건에 기초하여 발기와 사정을 유지할 수 있도록 조건화 했을 것이다. 문제는 피해자가 자신의 역할을 알지 못하여 용의자가 원하는 대로 정확하게 행동하지 않았다는 것이다. 따라서 용의자는 피해자를 보면서 과거 항상 성공적이었던 "확실한 상상"에 의존하여 자위를 한다.

성폭행이 끝나면, 그는 자신의 계획으로 되돌아간다. 그는 탈출할 시간이 필요하므로 피해자의 옷을 가져간다. 그는 또한 무장 한 파트너(가상의)가 있다고 하면서 그녀를 위협한다. 용의자는 자신을 "좋은 사람"으로 생각하기 때문에 그녀가 계단을 이용하여 1층으로 내려갈 것이라고 추정하고, 계단 아래에 옷을 놓아둔다. 그는 그녀가 알몸으로 돌아다니는 것을 원하지 않는다. 그러나 그는 피해자가 엘리베이터를 타거나 옷을 두고 온 층과 다른 층에 살 것이라고 예상하지 않는다.

그는 또한 그녀에게 사과하며 강간에 도움을 준 그녀에게 감사해한다. 200달러를 보내겠다고 한 것도 그녀를 폭행한 것에 대한 자신의 마음을 누그러뜨리는 또 하나의 방법이다. 이것은 피해자에게 야기했을지도 모를 어떤 불편이나 고통을 "보충"시켜주는 그의 방법인 셈이다.

몇 주 후, 2명의 지역 경찰이 십대 커플에게 연락을 받았다. 그들은 자신의 친구로부터 들은 특이한 대화에 대해 이야기하고 싶어 했다. 이 커플들은 이 친구(용의자)가 몇 주 전에 누군가에게 돈을 강탈할 목적으로 BB탄 총을 들고 큰 아파트 단지의 세탁실로 들어갔었다고 말했다고 한다. 그는 세탁실에서 매력적인 여성을 보았고 그녀는 그의 총을 보자마자 곧바로 옷을 모두 벗었다고 했다. 그리고 그녀는 이 일에 대해 아무에게도 말하지 않겠다고 하며, 자신을 풀어주는 조건으로 그녀가 가진 몇 달러를 주겠다고 했다고 한다. 용의자는 이 여성에게서 돈을 건네받고 아파트 단지를 떠났다고 말했다고 한다.

이 진술은 독립적인 목격자들이 강간사건의 장소와 시간을 정확히 지적한다는 점에서 매우 흥미롭다. 더 중요한 것은, 이 진술은 용의자가 폭행에 대한 이야기를 할 때 용의자가 항상 범하는 다섯 가지 특징을 말하고 있다는 것이다. 이 경우 그는 강간이 아니라 강도사건이라고 말함으로써 사건에 대한 심각성을 줄이고 있다. 두 번째로, 그는 피해자가 스스로 옷을 벗었고 자발적으로 돈을 주었다며 피해자를 비난하고 있다.

우리가 결국 용의자를 찾았는데, 그는 19세이며 불과 3블록 떨어진 곳에 그의 아버지가 살고 있었다. 용의자는 지난 2개월 동안 마약 재활 시설에서 살았고 성 범죄 전과는 없었다. 그의 어머니는 그가 12세에 6세 사촌동생과 함께 "벌거 벗기 게임"을 한 후 조부모집으로 "보내져" 조부모님과 함께 살았다는 사실을 한참 후에야 밝혔다.

용의자에게 연락을 취하였고, 용의자는 아버지가 살고있는 근처 아파트 단지에서 "발생한" 사건에 대해 진술하기 위해 경찰서에 자발적으로 출석했다. 면담을 하는 동안, 그는 친구와 함께 아파트 건물에 있었다고 진술하였다. 그는 주차장에서 BB탄 총으로 깡통을 쏘고 있었다고 덧붙였다. 그는 강간 사실을 전혀 알지 못했다고 하였다. 결국 그는 옛 여자 친구를 우연히 만났고, 위층 착륙장에 갔고, 여자 친구와 섹스를 했다고 진술하였지만, 그는 그녀의 이름, 전화 번호 그리고 어떻게 처음 만났는지 진술하지 못하였다.

서로 다른 유형의 성 범죄자는 서로를 좋아하지 않는 것을 알고 있고, 이 특정 용의자는 분명히 권력형 강간범이기 때문에 아래 정보를 이용하면 자백을 받아내기가 용이하다. 질문은 아래의 형태와 같다:

"나는 오랫동안 이 일을 해왔다. 사실, 나는 지난 달 은퇴했지만, 이 사건을 다시 맡아달라 부탁받았다. 나는 성 범죄를 저지르는 사람들의 다양한 유형이 있다는 것을 안다. 심지어 강간당했다고 이야기를 지어내는 소녀들도 있다. 이 사건의 여성이 우리에게 말하는 것을 보면, 그 여성이 이야기를 만들어 냈다고 생각하지 않는다. 사실, 나는 그녀를 폭행한 사람이 인정받기를 원하는 권력형 강간범이라는 사실을 알고 있다.

당신이 이 여성을 해치려고 했을 거라고 생각하지 않는다. 나는 당신이 합의하에 성관계 맺을 여자를 찾고 아마 너의 여자 친구가 될 것이라는 희망을 가지고 그곳에 갔다고 생각한다. 그녀를 해칠 마음이 없었으니 진짜 총 대신에 BB탄 총을 사용했다고 생각한다. 내 생각에 그 여성은 총을 보고 놀라 옷을 벗은 것 같다. 그래서 당신은 그녀와 섹스하는 것에 대한 환상을 실행에 옮겼다고 생각한다. 그녀가 조금이라도 저항을 했다면, 당신은 더 이상 진행하지 않고 그녀를 해치지 않고 떠났을 것이다. 우리는 당신이 "연쇄 살인범"이 아니라는 것을 알고 있고, 또한 그녀가 거짓말을 했을 사람이 아니라는 것도 알고 있다. 당신은 단지 피해자가 당신의 말을 순순히 따르길 바랄 뿐이지 절대로 해치진 않을 성 범죄자의 유형이라고 여겨진다."

본 사건에서, 용의자는 즉시 "네, 맞습니다. 제가 그 여자를 강간했습니다."라고 대답했다. 그리고 나서 그는 범행 계획과 그가 세탁실 앞에서 두 시간 동안 어떻게 기다렸는지 상세히 이야기했다. 그는 몇몇 여성들이 세탁실에 들어왔지만 그들은 약간 "무서워" 보여서 접근하지 않았다고 했다. 그는 피해자와 성관계한 사실은 인정했지만 구강 성교와 항문 성교는 부인했다. 그는 그녀에게 200달러를 보내겠다고 약속하고 그녀의 협조에 감사하다고 말했다고 하였다.

면담을 하는 동안 나는 여러 번 그가 "주도"하게끔 해주었다. 용의자는 지난 몇 년 동안 여성을 강간하는 것에 대한 환상을 가지고 있었고, 그의 캔버스 가방 안에 BB탄 총뿐만 아니라 콘돔, 키친 랩, 라텍스 장갑 및 수술용 마스크를 넣어두었다고 자세히 진술했다. 성폭행 사건 당일 아침에 그는 그의 음모를 모두 밀었고, 현장에 DNA를 남기지 않기 위해 키친 랩으로 자신의 몸을 모두 감쌀 계획이었다고 하였다. 불행하게도 성폭행은 상상했던 것보다 빠르게 일어나서 자신의 계획을 따르는 것을 잊어버렸다고 했다.

사례 #2

밤에 슈퍼마켓에서 일을 하고 있는 19세의 한 여성이, 슈퍼마켓 밖 주차장에 있는 쇼핑카트를 수거해 오도록 지시받았다고 하였다. 그녀는 조명이 어두운 건물 측면으로 갔을 때, 두 명의 정체불명의 가해자가 뒤에서 자신을 붙잡았고, 뭔가로 머리를 맞고 의식을 잃었다고 했다. 그녀는 2시간 후, 남편이 그녀를 데리러 왔을 때까지 깨어나지 못했다. 깨어났을 때 그녀의 바지는 엉덩이 아래로 내려가 있었고, 블라우스와 브래지어는 벗겨져 있었다. 그녀는 성폭행을 당했거나 적어도 누군가가 자신을 강간하려 했다고 추측할 수밖에 없었고, 누군가가 할머니에게 물려받은 그녀의 결혼반지를 훔쳐갔다고 덧붙였다.

남편은 퇴근 후 아내를 데리러 슈퍼마켓에 갔으나 그녀는 수퍼마켓 안에 없었고, 직원들도 그녀를 몇 시간 동안 보지 못했다고 했다. 그는 주차장을 가로질러 피자 가게로 가는 대신 가게의 어두운 옆쪽과 뒤쪽을 둘러보았다. 그는 지난 두 달 동안 아내가 세 차례에 걸쳐 공격을 받았기 때문에 이곳을 살펴보기로 한 것이다. 매번, 용의자들은 서로 관련이 없거나 신원을 알 수 없었으며, 강간 미수로 끝이 났다.

점장이 말하길 피해자는 매우 불성실한 직원이며 곧 그녀를 해고시킬 예정이었다고 했다. 또한 그녀에게 쇼핑 카트를 수거하러 주차장으로 나갈 것을 요청했을 때 그녀는 겁을 냈으며, 공격당할 것을 대비하여 면도날 상자 절단기를 가져가고 싶다고 했다. 그녀는 혼자 밖에 나가는 것을 두려워했고 이전의 "공격"에 대해 언급했다고 한다. 조사 결과 상자 절단기는 피해자의 셔츠 소매를 자르는데 사용되었고, 소매는 그녀의 손을 앞으로 묶는 데 사용되었던 것으로 드러났다.

분명히, 이 사건은 의문점이 많다. 첫 번째는, 이 여성이 지난 두 달간 세 차례에 걸쳐 다른 용의자 세 명으로부터 성폭행을 당할 뻔했다는 것이다. 또한 피해자가 2시간 동안 의식을 잃고 누워있었다면, 남편이 그녀를 발견하기 전에 누군가가 그녀를 발견할 수 있는 확률은 얼마나 될까? 피해자는 이마 부분에 가벼운 찰과상을 입고 치료를 위해 병원으로 옮겨졌다.

병원에서, 응급실 의사는 이마의 혹은 가볍고 의식을 잃게 하지 않았을 것이라고 한다. 그는 만약 그녀가 2시간 동안 의식을 잃어 버렸다면, 분명 뇌진탕을 일으켰을 것이고, 아직까지도 영향이 있을 것이라고 덧붙였다. 하지만 그녀는 분명하게 말하고 있고, 뇌 부상의 아무런 징후도 없기 때문에, 이마의 혹은 자초한 것이라고 결론지을 수 있다. 그러나 이 시나리오에서 피해자는 맞은 즉시 의식을 잃어 버렸다고 주장하고 있기 때문에 성폭행의 6단계 혹은 용의자와의 어떠한 대화도 유도해 낼 수 없다.

그러므로, 당신은 잃어버린 결혼 반지에 초점을 맞출 필요가 있다. 피해자는 정서적으로 반지를 귀중하게 여기기 때문에, 반지를 버리거나 팔지 않았을 것이다. 따라서, 이번에는 슈퍼마켓의 여성용 휴게실로 가라. 일하는 동안 소지품을 보관하기 위해 사용하는 값싼 사물함들이 있다. 피해자의 사물함 안에서 피해자의 지갑을 찾을 수 있을 것이고, 지갑 안에서 "잃어버린" 결혼 반지를 찾을 수 있을 것이다. 두 명의 용의자가 이 여성의 머리를 때리고, 옷을 부분적으로 벗기고, 결혼 반지를 빼서 잠겨있는 사물함 안 지갑에 넣어 두었다는 것이 말이 되지 않는다는 것을 밝히는 것은 어렵지 않다. 여기에서 도출할 수 있는 유일한 결론은 피해자가 자신의 인생에서 다른 일, 즉 해고로부터 관심을 돌리기 위해서 성 범죄를 허위로 신고하였다는 것을 추측할 수 있다. 다른 성폭행 사건은 그녀가 학교수업을 빼먹은 것을 은폐하고 타 직장에서 해고를 면하기 위한 핑계를 대기 위해 조작되었다.

사례 #3

수업 중에 선생님이 부적절하게 만졌다고 이야기하는 몇몇 3학년 여학생들의 신고를 받게 된다. 교실에 있는 여덟 명의 여학생들이 오전과 오후 읽기 시간에 선생님이 자신의 책상으로 불러 과제에 대하여 몇 가지 질문을 했다고 한다. 이 시간 동안 선생님은 등에 손을 대고 엉덩이 윗부분까지 손으로 쓸어 내렸다고 한다. 소녀들은 그가 이러한 행동을 잠깐하고 나서 손을 뗐고, 학년 내내 그랬다고 덧붙였다. 이 행동을 지난 한해 동안 너무 자주 해서, 학급 모든 아이들이 목격을 하였다고 한다.

한 학생은 선생님 옆에 앉아 있을 때, 두 번이나 오른쪽 허벅지에 손을 대고 만졌으며, 반바지 안으로 손을 넣어 질 부분의 팬티 고무줄이 있는 부분까지 손을 넣어 만졌다고 했다.

모든 여학생들은 선생님이 반에서 가장 좋아하는 여학생이 있다고 했으며, 그녀와 선생님은 점심 시간과 쉬는 시간에 교실 문을 잠그고 그녀와 선생님 단둘이 시간을 보낸다고 했다.

여학생들은 오늘 점심 시간, 여자 화장실에서 일어나고 있는 일에 대하여 이야기했다고 한다. 부모님을 항상 "아동 성추행"은 그들을 납치할 수 있는 낯선 사람이라고 항상 말했기 때문에 그들은 성추행을 당한 것인가 여부에 대하여 판단을 했다고 하였다. 교사는 낯선 사람이 아니고, 접촉이 비교적 사소한 것이었기 때문에, 학생들은 이것이 누군가에게 말해야 하는 것인지를 결정하는 것이 어려웠다고 했다. 결국, 여학생 중 한 명이 학교 간호사에게 이야기하기로 결정했고, 본 사건을 수사하기 시작했다.

용의자/교사에게 연락했을 때, 그는 자신의 접촉에 부적절한 행위가 있음을 부인하였다. 그는 단순히 "매우 접촉이 잦은 유형의 사람"이며 소녀들이 자신의 행동을 오해했을 것이라고 이야기한다. 그는 또한 소녀들이 알 수 없는 이유로 자신을 곤경에 빠뜨리기 위한 음모를 꾸몄다고 주장했다.

소녀들이 실제로 말하고 있는 흥미로운 측면은 피해자 선택과 비논(그림 15)의 파이프 라인 이론에 대한 설명이다. 용의자는 많은 잠재적 피해자들을 끌어내야 하기 때문에, 어느 아동이 더 심한 성추행을 당하기 쉬운지 확인하기 위해 선택 과정을 거친다. 그는 다소 가볍게 소녀들을 만지고, 그들이 거부하면 멈춘다. 그들이 거부하지 않으면 어디까지 거부하지 않는지 계속 만진다. 결국 용의자는 성추행을 당할 가능성이 매우 높은, 보통 강한 가족 유대가 결여되어 있는 소녀를 찾아내고, 더한 강도로 추행을 이어간다.

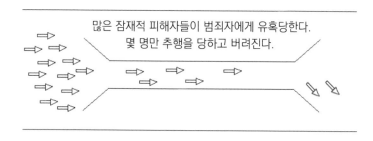

많은 잠재적 피해자들이 범죄자에게 유혹당한다.
몇 명만 추행을 당하고 버려진다.

▼ 그림 15 FBI의 파이프라인 이론

또한 소녀들은 비논리를 생각하게 되는데, 이는 대낮에 사람들이 많은 교실에서 교육받은 남자가 여학생들을 추행한다는 것이 논리적인 행동이 아니라는 점이다. 그러나 이것은 성 범죄자의 입장에서는 지극히 정상적인 것으로, 추행을 지연시키거나 더 은밀하게 행동하는, 사고 중심적인 행동과는 반대인 자신의 필요를 채우기 위한 행동을 하게 된다.

소녀들이 몇 개월 동안 추행에 대해 이야기했기 때문에 이 남성이 이전에 가르친 다른 학생들 중에도 피해자가 있다고 가정하는 것이 논리적이다. 광범위한 조사를 통해 유사한 방식으로 추행당한 다른 피해자들이 있음을 밝혔다. 이 사건을 기소하는 데 있어서의 어려움은 대부분의 소녀들이 밝히는 추행의 정도는 불법과 합법의 경계에 있다는 것이다. 여전히 파이프 라인에 있는 어떤 소녀들은 이 일에 대하여 말하기 쉽지 않을 것이며, 그들의 부모는 문제가 있다면 "그들이 처리할 것"이라고 말하며 소녀를 면담하려는 당신을 막을 것이다.

이 사건은 피의자의 변호사가 면담을 중단시킴으로써 방해받을 수 있다. 많은 학부모도 교사 편을 들어 조사를 방해할 것이다. 그들은 자신의 아이들이 성추행당했다는 것을 믿고 싶지 않기 때문에 외면하기 더 쉽다. 그들에게 파이프 라인 이론을 설명하는 것조차 시간 낭비이다. 당신의 최선의 선택은 더 명백한 추행의 피해자를 찾는 것이다. 그 아이는 더 이상 파이프 라인에 있지 않을 것이며 사건에 대하여 말하기를 원할 것이다. 가해자는 자신의 기분을 좋게 만들고 싶어한다는 것을 기억하라. 이 단순한 만짐을 통하여 그 욕구가 충족된다. 성교 혹은 구강 성교는 그의 욕구에는 포함되어 있지 않을 수도 있다.

참고로, 이 소녀들이 추행에 대하여 이야기하기 위해 모이는 것은 이 연령의 소녀들에게서 나타나는 적절한 메커니즘이다. 피고 측 변호사들은 이러한 행동을 나쁜 8살짜리들의 음모의 증거로 제시하는 것을 좋아한다.

사례 #4

학교 간호사가 아동 성추행으로 의심되는 사건으로 신고를 하였다. 학교에 도착하여 확인한 결과 5학년 여학생인 피해 여학생이 자신의 어머니와 사실혼 관계인 어머니의 남자 친구와 성적 접촉이 있었다고 가장 친한 친구에게 "비밀로" 말하였고, 이후 피해자의 친구는 학교 간호사에게 말한 사건이었. 간호사는 경찰에 신고했다.

아야기하기 위해 피해 여학생을 사무실로 데리고 왔다. 그녀는 친어머니와 아버지가 이혼했고, 어머니와 어머니의 남자 친구와 함께 살고 있다고 하였다. 지난 1년 동안 어머니가 집을 비울 때마다 어머니의 남자 친구는 여자 가발을 쓰고 그가 가장 좋아하는 검은 드레스를 입는다고 말했다.

그는 아이 라이너와 립스틱을 바르고 완벽하게 "갖춰 입은" 후, 화장실에 함께 가자고 요청하였다. 그는 고무 딜도를 가지고 와서 자신의 항문에 삽입을 하였다. 그녀의 역할은 그가 욕실 거울을 보면서 자위를 하는 동안 딜도를 그의 항문에 넣었다 뺐다하는 것이다. 아이에게 옷을 벗으라고 절대 요구하지 않았다. 그는 절대 아이를 만지지 않았다. 하지만 비밀을 지키라고 명령하며 2달러를 주었다.

피해자가 또래 친구에게 성추행에 대하여 알리는 것은 매우 흔한 일이다. 인생에서 기댈만한 어른이 없다, 남은 것은 친구뿐이다. 이전 사례의 소녀들과 마찬가지로, 이것은 이런 유형의 상황에서 아이들의 연령에 맞는 대처 메커니즘이다.

피해자는 접근, 접촉, 포획, 성폭력 그리고 사후 행동을 묘사하고 있다. 그녀는 집안에서 부모들이 실제적인 위협이나 폭력 없이 무언가를 하라고 말하는 정도의 힘의 수준을 묘사하고 있다. 그녀가 이와 같은 이야기를 꾸며낼 수 있으려면 그녀의 경험 영역을 훨씬 넘어서는 성적 행동에 대한 정보가 필요할 것이다. 그녀는 여러 가지 성도착 행동을 가진 사람을 묘사하고 있다. 어머니의 남자 친구는 여장하기를 좋아할 뿐만 아니라, 거울 속에 비치는 자신의 모습을 감상한다는 이야기를 통하여 노출증과 관음증을 가졌음을 보여준다. 소녀는 단순히 딜도에 대한 도움을 줌으로써 용의자가 여러 행동을 할 수 있게끔 해준다. 행동이 끝나면 용의자는 아이에게 돈을 주고 아무에게도 말하지 말라고 하는 사후 조치가 따른다.

가족에 대한 배경 조사에서 용의자는 실제로 아이의 어머니와 결혼 한 것으로 나타났다. "함께 살고 있는"이라고 언급한 이유는 어머니와 용의자가 사실은 사촌지간이기 때문이다. 또한 피해자의 외삼촌이 강도 및 강간 사건으로 현재 복역중이라는 것을 알게 되었다.

면담 도중 용의자에게 접근하는 가장 좋은 방법은 실제 성 범죄자는 그의 사촌/매형(교도소에 수감된 사람)과 같은 사람이며, 그(용의자)는 실제로 아이를 해칠 사람이 아니라고 알고 있다고 말하는 것이다. 어떤 사람들은 여러 형태의 성적인 행위 /양식을 가지고 있으며, 아내가 이러한 행동을 도와주지 못할 경우, 다른 사람들의 도움을 받을 수밖에 없음을 이해한다고 언급하라. 이 경우에는 그 누군가가 너무 어렸다. 당신은 정말로 "아동 성추행 범" 또는 "강간범"이 아니라 단순히 어린 아이를 이용해 자신의 성적 환상을 충족시키는 부적절한 행동을 했다고 말하라. 용의자의 곤경에 대한 "이해"는 시인이나 자백을 얻어내기 위한 가장 좋은 방법이다.

사례 #5

13살과 15살의 두 고등학생 자매는 어느 날 아침 학교에 지각했다. 수업 중간에 교실로 들어가기 원하지 않았던 자매는 오전 쉬는 시간 때까지 기다렸다가 학교로 들어가기로 결정했다. 그들은 길 건너 작은 푸드 코트에서 기다렸다. 쉬는 시간까지 15분밖에 남지 않았다. 무단결석생을 지도하는 사람이라며 한 남성이 경찰 배지를 보여주며 접근하였다. 그는 자신의 사무실로 가자고 하면서 학부모와 학교에 연락하여 수업에 참석하지 못한 이유에 대해 문의하겠다고 하였다.

소녀들은 용의자와 함께 푸드 코트 뒤 버려진 건물로 갔다. 건물 안에는 오래된 가구와 노숙자들의 텐트가 있었다. 그곳에 도착하자 그는 두 소녀에게 옷을 벗으라고 명령하였다. 그는 총을 가지고 있으며, 자신의 말을 따르지 않으면 총을 사용할 것이라고 하였다. 소녀들은 총을 보지 못했다. 두 소녀는 옷을 모두 벗고 뒤로 돌아섰다. 다음으로, 그는 그들에게 더러운 소파 뒤쪽에 몸을 굽히게 하였다. 그는 두 소녀 모두를 뒤에서 강간하였다. 강간을 하는 동안 그는 소녀들에게 성관계 경험에 대해 물었다. 13세 소녀는 한 번도 섹스를 한 적이 없다고 말하였다. 15세의 소녀는 두 번 성관계를 가졌다고 하였다. 용의자는 13세 소녀에게 언니를 "따라 잡을" 필요가 있다고 말했고, 언니보다 더 오랫동안 강간을 하였다.

13세 소녀와 섹스를 하면서, 그는 그녀에게 더 즐거움을 느끼기 위해서는 엉덩이를 앞뒤로 움직여야 한다고 말하였다. 용의자가 사정을 한 후, 두 소녀에게 100까지 세고 난 후 옷을 입고 건물에서 나오라고 말하였다. 그리고 그는 도망갔다.

소녀들은 50까지 세고 옷을 입고 학교로 달려갔다. 그들은 교장 선생님에게 경찰에 신고해달라고 부탁하였다.

이 사건에서, 소녀들은 성폭력의 여섯 단계를 분명히 이야기 한다: 음식을 먹는 동안 자신에게 다가오는 접근법; 무단결석을 확인하는 경찰관임을 밝히는 접근법; 버려진 방으로 소녀들을 고립시키고 자신이 총을 가지고 있다고 말하는 포획; 지시적이고 꼬치꼬치 캐묻는 성폭행 그 자체. 폭행 이후 행동에는 소녀들에게 옷을 다시 입기 전에 100까지 세라고 하며, 바로 도망을 가는 것이 포함된다.

DNA 검사 결과는 이 용의자가 주 안에서 발생한 다른 10건의 강간사건과 관련이 있었다. 그러나, 다른 강간 사건들과의 범행수법(M.O.)이 완전히 달랐다. 한 사건에서는, 그는 오전 9시경 집에 침입해 여성이 점심을 먹으러 집에 올 때까지 기다렸다. 그는 거실에서 칼로 위협하며 바닥에서 강간했다. 또 다른 경우는, 10대 무리들이 밤늦게 외딴 길을 걷고 있는데, 그가 차를 몰고 그들 옆으로 다가가 총을 겨누며 그들에게 그와 동행할 여자 한 명을 선택하라고 했다. 소녀 중 한 명이 선택되었다. 그녀는 그의 차에 올라탔고, 그녀를 약 2마일 정도 떨어진 곳으로 데려가, 차 앞 좌석에서 그녀를 강간했다. 또 다른 강간 사건은 고속도로 고가도로 근처에서 한 소녀가 늦은 시간 귀가하는 도중에 일어났다. 용의자가 그녀 뒤로 달려가 그녀를 붙잡고, 고속도로 진입 차선에 인접한 수풀로 그녀를 데려갔다. 거기서 그녀를 뒤로 강간하고 신발 한 짝을 가져갔다. 또 다른 강간 사건에서는, 용의자는 두 소녀가 아침에 해변가 집 앞에서 서핑을 하는 것을 지켜보았다. 이후 소녀들의 모친이 소녀들을 학교에 데려다 주었다. 용의자는 두 명의 소녀가 돌아오기를 기다리며 집 안으로 침입했다. 그러나 소녀들의 모친이 먼저 집으로 돌아왔다. 용의자는 소녀들이 언제 돌아오는지 물어본 후, 그녀를 강간했다. 그러나 그는 발기 유지가 어려웠고 사정하기 위해 자위를 했다. 그는 그녀의 휴대 전화를 가지고 갔다. 그는 몇 분 후 전화를 걸어, 그녀를 지켜보고 있으니 경찰에 신고하지 말라고 위협했다.

마지막 강간사건에서, 주차 위반 딱지가 단서가 되었다. 강간사건이 일어났던 날은 도로를 청소하는 날이었고, 용의자는 도로에 주차를 하면 안되었다. 주차 위반 딱지는 인접한 주에 살고 있으며 체포기록이 없는 40대 남성으로 연결되었다. DNA는 모든 사건들과 연관되었고 용의자는 DNA 샘플 제공을 거절했다. 면담하려는 몇 번의 시도 끝에 결국 그는 "변호사를 선임"하였다.

다음 조사 방법은 그의 아내에게 연락하는 것이다. 그녀는 자신의 남편이 얼마나 사랑스러운 남편이며 세 자녀에게 얼마나 훌륭한 아버지인지에 대해 이야기하였다. 그녀는 그가 오후 5시 30분까지 항상 집에 오기 때문에 누군가를 강간하는 것은 불가능할 것이라고 말하였다. 그는 가족과 함께 저녁을 먹고 아침에 출근할 때까지 집에서 지낸다고 하였다. 그러나 그의 진술은 이웃들의 진술과 모순되는데, 이웃들은 그가 항상 저녁 시간에 나갔다가 자정 이후에 돌아온다고 말하였다. 이웃 사람들은 그의 근무 스케줄은 매우 드물고 지난 한 해 동안 그는 실업자였다고 덧붙였다. 이웃들은 그들이 부부싸움하는 것을 들은 적이 있다고 한다. 그는 새벽 2시에 과속 딱지를 떼인 적이 있었다.

이 사건에서, 아내는 자신의 가족 내에서 좋고 그름의 균형을 맞추려고 노력한다는 점에서 "조력자"의 역할을 하고 있다.

기본적으로, 그녀의 남편은 가정에서 나쁜 사람이지만 그녀는 자신의 가정이 화목한 가정으로 보이길 원한다. 그래서 그녀는 남편이 지나치게 좋다고 묘사하여 균형을 맞추려고 한다. 알코올 중독 환자 가정 내의 비음주 배우자의 상황과 매우 비슷하다. 비음주 배우자는 알코올 중독자의 음주와 나쁜 행동에 대해 과도한 보상을 하려한다.

이 유형의 용의자는 아마 이러한 심층 면담에 거만한 태도로 임할 것이다. 그는 사법 당국과 정부관계자 모두 자기보다 아래에 있다고 생각할 것이다. 결과적으로 그의 DNA는 압수수색 영장을 통해 압수되고, 그는 범죄와 연관 있음이 밝혀질 것이다.

그의 거만하고 자기애적인 태도 때문에, 당신은 그가 사건을 재판까지 끌고 가지 않을 것이라고 예측할 수 있다. 자신보다 열등한 사람들이 자신에 대해 판단하고 평가하는 대신 차라리 혐의를 인정하고 감옥에 갈 것이다. 또한, 이것은 사건에 대한 진실이 공개되는 것을 막는다. 그는 사건이 대중에 알려지는 것을 막을 것이다. 이것이 그가 주변 환경을 통제하는 방법이다.

이것은 범행수법(M.O.)과 환상의 차이를 보여주는 분명한 예이다. 성 범죄에서 범행수법은 용의자가 피해자와 접촉하는 과정이다. 이 사건에서 보듯이, 범행수법은 다양하다. 환상은 포획단계가 완료된 후 행동된다. 모든 피해자들을 재조사하는 과정에서 납치와 폭행단계 사이에서 용의자와 피해자 간의 대화가 거의 동일하다는 것이 드러났다. 그는 성경험이 적은 피해자에게 더 많은 관심을 가졌고, 성경험이 적은 피해자들에게 더 자신감을 보였다. 몇몇 사건에서 신발을 가져갔으나 그 이유는 밝혀내지 못했으며, 신발도 찾지 못했다.

사례 #6

30세 여성은 고급 쇼핑몰에서 쇼핑을 하고 상위 층에 주차된 차량으로 갔다(저층에 많은 주차 공간이 있음에도 불구하고 이 여성은 상위 층에 주차하였다). 차로 걸어가던 중, 무명의 가해자가 그녀의 옆에 차를 세우고 뒤에서 그녀를 붙잡아 차 앞좌석으로 밀어 넣었다. 그는 운전하는 동안 자신을 보지 말라고 명령하였다. 백주 대낮임에도 그녀는 그를 보지 못했다. 약 30분 동안 차를 운전하였고 용의자가 골목에 주차를 했다고 말했다. 여전히 그녀는 얼굴을 옆으로 돌려서 자신을 보지 말라고 지시받았다. 용의자는 피해자의 치마를 엉덩이 위로 올리고, 팬티를 발목까지 단번에 내렸다고 한다. 그는 2시간 동안 그녀의 음부를 만지며 손가락을 삽입하고 "잡년", "창녀" 등 다른 경멸적인 말을 했다. 또한 그는 자신을 보면 죽일 것이라고 위협했다. 그는 콘돔을 사용하여 강간했다.

2시간 동안 이어진 고통 동안 용의자는 피해자를 죽일 것이라고 반복적으로 위협하며, 절대로 발견할 수 없는 장소에 시체를 유기할 것이라고 말했다. 폭행이 끝난 후, 그는 그녀를 납치한 주차장으로 다시 데려다 주었다. 그는 불편을 끼쳐 미안하다고 사과했고, 여자 친구가 임신 중이며 오랫동안 성관계를 하지 않았다고 말했고, 그것이 그녀를 강간해야만 했던 이유라고 말했다. 용의자는 피해자에게 자신을 쳐다보지 말고 차에서 내리라고 말했고, 그는 차를 몰고 떠났다.

피해자는 경찰에 전화를 하여 강간을 신고했다. 그러나 용의자를 체포하는데 도움이 될 만한 차량이나 용의자의 어떤 정보도 주지 못했다. 그녀는 의료 검진을 받았다. 질 내부에 두 개의 작은 라텍스 조각이 발견되었다. 이는 이후 두 가지 다른 색깔의 콘돔으로부터 떨어져 나온 라텍스 조각으로 확인되었다.

피해자는 용의자를 식별 할 수 있는 방법이 전혀 없음을 깨닫고 모든 사건을 덮어두고 자신의 인생을 살아가길 원한다고 말했다.

이 사건에는 몇 가지 문제가 있다. 첫 번째는 용의자나 차량에 대한 묘사가 전혀 없다는 것이다. 허위 신고를 하는 여성들은 무고한 사람이 체포되거나 기소되지 않도록 정보를 의도적으로 누락하곤 한다. 또한 접근, 접촉, 포획의 단계에서도 문제가 있다. 피해자가 "포획"됐을 때 자신이 용의자의 요구에 따르고 있음에도 계속 위협했다고 한다. 이것은 우려스러운 부분이다.

용의자가 강간범의 대다수에 속하는 "권력형 강간범"이라면, 용의자는 피해자를 잡을 만큼만 힘을 쓸 것이다. 일단 그녀를 붙잡고 나면 용의자는 성폭행 단계로 들어가게 되고, 판타지를 실행하게 된다. 이 단계에서 더 이상 피해자의 순응을 얻기 위한 협박을 할 필요가 없게 된다. 또한, 만약 그가 권력형 강간범이라면, 피해자에게 경멸적인 용어를 사용하지 않을 것이다. 대신, 그는 질문을 하며 지시적인 대화를 할 것이다.

만약 그가 분노형 강간범이라면 계속해서 그녀를 위협하고 경멸적인 말을 할 것이다. 또한 그는 그녀를 붙잡기 위해 과도한 힘을 사용할 것이다. 분노형 강간범이 피해자에게 사과하고 그의 행동에 대한 변명을 할 수 있을지는 납득하기가 어렵다.

이 특별한 사건은 피해자의 가장 친한 친구가 전혀 다른 시나리오의 이야기를 해주기 전까지 몇 달 동안 해결되지 않았다. 그녀는 피해자가 몇 개월 동안 바람을 피우고 있다고 경찰에게 말했다. 그녀는 주차장의 꼭대기층에서 애인을 만났고 차를 두고 근처 모텔로 차를 몰고 갔다. 강간 당일, 피해자와 남자 친구는 늦잠을 자서 예정되어 있던 일정에 늦고 말았다. 그녀는 그 시간에 대해 만회할 변명이 필요했기 때문에 강간을 조작하였다. 색깔 콘돔 조각은 남자 친구가 사용했던 콘돔의 잔재였다.

이 정보를 들었을 때, 피해자는 허위로 경찰에 신고한 것을 시인했고 결국 기소되었다.

사례 #7

20대 중반의 여성은 여자 친구들과 함께 "여성의 밤 외출"을 위해 동네 댄스 클럽에 갔다. 클럽에서 그녀는 여러 가지 술을 섞어 마셨지만, 정신을 잃지는 않았고 자신이 무엇을 하는지에 대한 의식이 있었다. 시간이 지나고, 바에 앉아 있는 팔뚝이 굵은 남자를 보았다. 그녀는 그의 체격에 매력을 느껴 그에게 말을 걸었다. 그녀는 바 앞에서 그와 키스를 하였고, 결국 그들은 여성 화장실 근처의 골방으로 이동하여 키스를 하였으며 남성은 옷 위로 그녀의 가슴을 만지기 시작했다.

몇 분 후, 그는 자신의 차에 가서 음악을 듣자고 제안했다. 그녀는 동의하였고, 그와 댄스 클럽을 나와 손을 잡고 그의 차로 걸어갔다. 그는 사람이 없는 주차장 쪽으로 가자고 제안했고 그녀는 동의하였다. 주위에 차가 주차되어 있지 않은 주차장 쪽에 차를 주차했다. 용의자는 뒷좌석의 스피커가 앞쪽의 스피커보다 소리가 좋기 때문에 뒷좌석으로 자리를 옮기자고 제안했다. 피해자는 동의하였고, 알몸이라면 음악 듣기가 더 좋을 것이라는 그의 말에 둘은 옷을 모두 벗었다.

차 뒷좌석에서 알몸으로 앉아있는 동안 그들은 클린턴 전 대통령이 진짜 섹스가 아니라고 한 모든 행동들을 하였다. 그녀는 용의자에게 구강 성교를 해주었고, 용의자는 이에 대한 화답으로 그녀의 가슴을 만지고, 그녀의 질에 손가락을 삽입하였다. 또한 그는 그녀에게 구강 성교를 해주었고, 그동안 그녀는 오르가즘을 느꼈다.

그녀는 그가 오른손으로 성기를 만져주는 동안 용의자에게 계속 키스를 했다. 피해자는 용의자가 "갑자기" 그녀와 성관계를 갖고 싶어 한다는 것을 깨달았다고 진술했다. 그녀는 "너무 두려웠다"고 했고, 무엇을 어떻게 해야 할지 모르겠다고 덧붙였다. 용의자는 "내 위로 올라와서 나의 다리를 벌렸다." 그녀는 무엇을 어떻게 해야 할지 몰랐고, 그 와중에 용의자는 그녀의 질에 성기를 삽입하고 수분 동안 성교를 했다. 성교는 매우 고통스러웠고 고통을 덜어 줄 수 있는 유일한 방법은 용의자의 엉덩이에 다리를 감싸는 것 뿐이었다고 했다. 또한 그녀는 강간당하는 김에, 다시 한번 오르가즘을 느끼는것도 괜찮겠다는 생각이 들었고, 또 실제로 한 번 더 느꼈다고 했다.

"시련"이 끝난 후, 그녀와 용의자는 모두 옷을 입었다. 옷을 입는 동안 그녀는 지갑에 손을 넣어 연필과 종이를 꺼냈다. 그녀는 용의자의 이름과 전화번호를 알려달라고 했지만, 그는 거절했다. 그녀는 그에게 "당신은 자신이 누구인지도 밝히지 않고 섹스만 할 수 없다"고 말했다. 하지만 그는 "응, 할 수 있어, 난 그냥 섹스하고 싶었어"라고 대답했다. 게다가 "내 친구들한테 너를 소개하기에는 너는 너무 못 생겼어"라고 했다. 피해자가 울기 시작했고 용의자는 피해자에게 차에서 내리라고 명령했다. 잠시 후 그는 피해자를 주차장에서 남겨둔 채 떠났다. 그녀의 클럽으로 다시 들어가 친구들과 합류했다. 그들은 그녀가 울고 있음을 알아차리고, 무슨일이 일어났는지 물었다. 그녀는 "강간당했다."고 말했다.

본 사건은 분명히 '구매자의 자책감' 사례이다. 피해자는 자신이 전혀 모르는 사람과 섹스를 하는 타입의 사람이 아니라고 믿고 싶어 한다. 친구들과 자신의 체면을 지키기 위해서, 그녀는 마음 속에서 이 사건을 강간으로 재해석 한다. 이러한 유형의 피해자는 그 행위가 합의하에 이루어진 것이라고 결코 인정하지 않을 것이다. 이 행위를 인정하는 것은 그녀가 "그렇고 그런 여자" 중에 하나임을 인정하는 격이며, 그녀의 자아는 결코 이런 입장을 허용하지 않을 것이다. 이 사건을 해결하는 가장 좋은 방법은 범죄에서 강제성 부분과 관련하여 몇 가지 문제가 있다고 말하는 것이고, 용의자가 파악된다고 해도, 사건이 기소할 수 있을지 의문이라고 말해주는 것이다.

사례 #8

11살짜리 소년이 종이 타월에 불을 붙여 이웃에 사는 성인 남성의 침실 창문에 던진 사건을 신고받았다. 종이 타월은 커튼을 태웠지만, 금방 꺼졌다. 출동한 지역 경찰은 그 소년이 일으킨 일에 놀랐다고 하였다. 이 남성 주변에 항상 10-13세의 남자 아이들이 있는 소위 "아이들을 몰고 다니는" 사람이었기 때문이다. 이웃들은 그를 "피리부는 사나이"로 여겼다. 그는 가는 곳마다 항상 나이가 많지 않고, 젊지도 않은 남자 아이들만을 수행원처럼 데리고 다녔다고 한다. 그는 스스로 자기를 무술 전문가라고 했으며 그가 살고 있는 집 차고 안에 작은 스튜디오가 있었다. 또한 그가 13세의 아들을 둔 싱글맘으로부터 방을 빌렸다는 사실을 파악했다.

용의자 주변 소년들에 대한 기록을 확인한 결과, 대부분 아이들은 소소한 범법행위를 저질렀으며, 학교에서도 무단 결석을 여러 차례 한 것으로 나타났고, 가정에도 문제가 많은 것으로 보였다.

피해자 선정에 대한 파이프 라인 모델을 기억해보면, 위 경우는 용의자의 집에 불을 지른 소년은 파이프 라인 한쪽을 통해 들어와 다른 쪽으로 버려졌으리라 짐작된다. 버려진 소년은 용의자의 방에 불을 질러 보복하기로 결심했을 것이다. 또한 이 어른이 왜 특정 연령대의 어린 소년들과 함께 다니는지 의심해 보아야 한다.

또한 당신은 그의 생활 방식을 의심해 보아야 한다. 싱글맘의 집에 사는 것은 그에게 좋은 보호막(위장술)으로 작용한다. 남자 친구 – 여자 친구 관계의 모습은 이웃들이 그를 받아들이는데 더 용이하다. 또한 그는 싱글맘의 13세 아들을 다른 잠재적 피해자들을 모집하는 수단으로 사용할 수 있다는 것이다. 특히, 이 소년은 밖에 나가서 그의 친구들에게 아주 멋진 사람이 자기 집에 살고 있는데, 집에 와서 무술을 배우고 싶으면 놀러와도 된다고 할 것이다. 이로 인해 많은 잠재적 피해자가 파이프 라인의 한쪽 끝으로 끌리는 시나리오가 만들어진다. 가장 취약한 소년들이 선택되고, 시간이 지남에 따라 추행당하고 버려진다. 아직 파이프 라인안에 있는 아이들은 용의자와 긴밀히 연결되어 "그를 포기하지 않을" 가능성이 있기 때문에, 버려진 소년들을 중심으로 면담을 해야 한다.

아파트에 불을 질렀다는 소년부터 면담을 시작하라. 그는 궁극적으로 자신과 용의자 사이의 성적 애정을 드러낼 것이다. 그러나 그는 당신에게 많은 정보를 주지 않을 것이다. 당신은 그가 용의자와의 성행위 중 25%정도만 얘기할 가능성이 있다는 것을 명심하여라. 나머지 75%는 얘기하지 않을 것이다.

당신은 용의자가 "람보"라고 알려져 있다는 사실을 알게 된다. 하지만, 본명으로 검색한 결과, 성 범죄 기록은 없지만 수많은 범죄전과가 있다는 사실을 알게 된다. 또한 그는 자칭 무술 유단자로서 지역 무술 잡지 표지에 실렸다. 그는 이 잡지를 잠재적 피해자인 소년들을 유인하기 위해 사용해왔다.

당신의 현재 피해자는 이전 피해자가 누구인지 알려줄 수 있다. 이는 추가 면담으로 이어질 수 있다. 용의자가 검거되면 당신은 다른 소년들과도 면담을 할 수 있다. 몇몇 아이들은 추행에 대해 이야기를 할 것이다. 대다수 아이들은 말하지 않을 것이다.

이런 유형의 용의자는 분명히 특정 연령 소년에 대한 성적 선호를 가지고 있다. 당신은 그의 성적 취향이라고 생각할 수 있다. 그렇기 때문에 당신은 그가 실제로 어린 소년을 강간하거나 신체적으로 다치게 하는 사람을 좋아하지 않을 것을 알고 있다. 또한, 그는 아주 어린 아이들을 괴롭히는 범죄자를 좋아하지 않을 것이다. 이것을 염두에 두고, 아래와 같이 면담하라:

"당신이 누구인지 정확히 이해할 수 있도록 나를 좀 도와주세요. 나는 사람들이 당신을 사탕 한 봉지를 들고 학교 운동장을 서성거리며 아이들을 납치해서, 강간하고, 죽을 때까지 버려두는 '아동 성추행범' 중 한 명으로 오해할까봐 걱정입니다. 나는 당신이 그런 사람이 아니라고 생각합니다. 나는 여기서 다른 일이 일어났다고 생각합니다. 나는 이 아이들이 가족들에게 관심을 받지 못하고 있어서 당신이 어떤 식으로든 이 아이들을 도와 주려다가, 당신과 아이들 사이에 부적절한 접촉이 일어난 것이라고 생각합니다. 나는 당신의 의도가 그들을 돕고 상처를 보듬으려는 것이라고 확신합니다. 따라서 법정에 정보를 정확히 주고 당신을 돕기 위해 당신이 누구인지 이해할 수 있도록 나에게 말해 주었으면 합니다. 형사로서의 나의 직업은 중립적이고 편향되지 않은 정보 수집입니다. 제가 이 문제를 풀 수 있도록 해답을 주세요...."

사례 #9

10대 후반의 아시아 여성이 당신에게 와서 그녀가 지역 전문대학교 컴퓨터실에서 방과 후 수업에 참석했다고 한다. 그녀는 각 학생이 칸막이가 쳐져있는 컴퓨터에서 각자 작업을 하며, 50대 중반의 남자 교사가 칸막이마다 돌아다니며 학생들의 각 프로젝트를 도와준다고 한다. 이 선생님이 자신이 과제를 수행하는 동안 여러 번 뒤에 서 있었다고 말했다. 또한 여러 번 그 선생님이 자신의 블라우스 안으로 오른손을 넣고 양쪽 가슴을 만졌다고 한다. 칸막이의 배치때문에 다른 학생들 중 아무도 실제로 이 모습을 보지 못했을 가능성이 있다고 한다. 그녀는 몇 초 동안 괴롭힘을 당한 뒤, 상황에서 벗어나기 위하여 몸을 옆으로 옮기면 용의자는 다른 학생들에게 이동한다고 덧붙였다. 이 일은 약 10번 정도 일어났으며 너무 부끄러워서 지금까지 누구에게도 이야기하지 못했다고 한다.

수사관으로서, 당신은 피해자가 용의자에게 "비밀 통화(cold telephone cal)"를 할 수 있도록 주선하라. 그는 그의 행동에 대해 선뜻 이야기하며, 불쾌했다면 미안하다며 사과를 할 것이다.

당신은 선생님과 전화할 때 비밀 통화(cold call)라는 상황에 대해 설명하지 말고, 단순히 학생과의 관계에 대해 물어보아라. 그는 즉시 "예, 했어요."라고 말하면서 어떤 이유로, 이 여성에게 특별히 끌렸다면서 그녀 뒤에 서있으면 블라우스 사이로 그녀의 가슴 일부를 볼 수 있었다고 한다. 그는 참지 못하고 블라우스 안으로 손을 넣고 가슴을 만졌다고 했다. 그는 과거에 이와 같은 행동을 해 본적이 없으며, 그에게 무슨 일이 일어난 것인지 모르겠다고 말했다. 그는 소녀를 괴롭힌 10건 모두를 인정했고, 가슴을 만지는 동안, 그는 성적으로 흥분하고 발기가 일어난다고 인정하였다.

결론

성 범죄자에 대한 나의 이론은, 그들은 항상 그들이 한 행동에 대한 심각성을 줄이고, 피해자에게 어느 정도의 책임을 묻는다는 것이다. 간혹, 자신의 행동을 선뜻 인정하고 공개적으로 사과하고 반성하는 성 범죄자가 있을 수 있다. 이런 일이 일어나면, 이른 크리스마스 선물로 받아들이고 가해자를 기소하고 다음 사건으로 넘어가라.

APPENDIX

부록

부록 A   강간 트라우마
신드롬

강간 피해자는 강간 직후와 강간 후 상당한 기간 동안 신체적, 정신적 외상을 겪는다. 강간 피해자가 계속 반복적으로 느끼는 증상을 집단으로 분류하여 강간 외상 증후군으로 분류한다. 피해자의 생활 방식이 강간에 의해 완전히 붕괴되는 즉각적인 단계 또는 급성단계와 피해자가 혼란스러운 생활 방식을 재정비해야하는 장기적인 과정으로 두 단계로 분류된다.

급성단계 동안에 강간 피해자는 정신적, 신체적 반응을 모두 경험한다. 주된 감정은 신체적 부상, 손상, 죽음에 대한 두려움이다. 이러한 증상은 살해 위협에 대한 심각한 스트레스 반응이며 피해자들이 강간 외상 증후군을 일으키는 주요 원인이 되는 두려움이다.

강간 피해자의 즉각적인 감정 반응은 다양하지만 두 가지 주요 감정 유형이 나타난다: 표현된 감정 혹은 절제된 감정이다. 표현된 감정은 분노, 공포 및 불안감과 같은 감정을 보여주며 통제된 감정을 가진 사람은 자신의 감정을 감추고 차분한 모습을 보여줄 것이다. 또한 급성단계에 많은 피해자들은 강간 후 처음 몇 주 동안 사람들에게 짜증을 느꼈고 우울증이나 감정적 폭발같은 감정의 변화를 겪기 쉽다고 보고한다. 또한 피해자는 굴욕, 타락, 죄책감, 수치심, 당혹감, 자책감, 분노 및 복수의 느낌을 경험할 수도 있다. 피해자는 계속해서 머릿속에서 폭행에 대한 것을 지우려고 하지만, 지속적으로 생각이 난다고 한다.

급성단계의 즉각적인 감정 반응 외에, 사람은 신체적 반응도 보인다. 강간은 한 개인에 대한 강요된 성적인 폭력이기 때문에, 피해자는 다양한 신체 반응을 묘사한다. 어떤 피해자는 온몸에 통증을 느끼는 반면, 어떤 피해자는 피해 부위에 통증을 느낀다. 급성단계에서 나타나는 다른 유형의 신체 반응은 수면 및 식이 장애이다. 수면장애와 관련하여, 강간 피해자는 수면 패턴이 일정하지 않거나 잠들지 못하거나 밤중에 깨어난 뒤 다시 잠을 잘 수 없는 등 상당한 어려움을 겪는다. 자는 동안 공격당한 피해자는 매일 저녁 그 시간에 다시 깨어 다시 잠들 수 없다고 한다. 또한 피해자들이 잠결에 비명을 지르는 것은 드문 일이 아니다. 식이장애에는 식욕 감퇴, 복통 또는 입맛이 좋지 않다는 불만도 포함된다.

신드롬의 두 번째 단계는 피해자가 혼란스러운 삶의 방식을 재정비해야 하는 장기적인 과정이다. 강간은 사건 발생 후 바로 며칠이나 몇 주 동안뿐만 아니라 수주 혹은 수개월에 이르기까지 피해자의 생활 방식에 지장을 준다.

이 피해자는 장기간 재조직 과정에서 다양한 증상에 대처해야 한다. 생활방식의 변화가 그중 하나이다. 강간은 종종 피해자의 정상적인 일상생활을 방해한다. 많은 피해자들이 급성기가 끝난 후에도 최소한의 삶만을 재개할 수 있다. 어떤 피해자는 다시 학교나 직장에 다니지만 사회 활동 참여에 어려움을 겪으며, 어떤 피해자들은 집에 머물거나 친구만 만나기도 한다.

또한 나타나는 일상생활의 변화는, 어디론가 떠나려는 욕구이며, 평소에는 자주 보지 못하던 가족 구성원들에게 의지하며 도움을 받으려는 것도 일반적인 반응이다. 특히 강간으로 인해 거주지를 변경하는 것은 이 기간 동안 나타나는 또 다른 일반적인 반응이다. 많은 피해자는 전화번호를 바꾸기도 한다.

급성 단계에서 지속되는 문제는 꿈과 악몽이다. 두 번째 단계에서 피해자는 일반적으로 두 가지 유형의 악몽을 호소한다. 첫 번째 유형의 꿈은 강간당했을 때와 비슷한 상황에 처해지는 것이다. 이 꿈을 꾸고 있는 동안, 피해자는 강간으로 이어지는 상황에서 벗어나려고 시도하지만 실패한다. 두 번째 유형의 악몽은 시간이 지날수록 발생하며 강간 피해자가 다른 사람들에게 성폭력 행위를 저지르는 꿈이며 여전히 공포스럽다. 두 번째 유형의 꿈에서 힘은 지배력을 나타내는 것일 수 있지만, 여전히 피해자는 이 폭력적인 자아상을 처리해야 한다.

장기 과정 단계에서 피해자들에 대한 또 다른 일반적인 심리적 방어는 강간의 상황의 특정한 공포와 공포의 발달이다. 피해자들은 다양한 환경에 대한 공포 반응을 일으킬 것이다. 여기에는 군중을 피하는 것, 혼자 있는 것에 대한 두려움, 피해자의 안전에 대한 강한 불안감과 환멸감 등이 포함된다. 강간 피해자는 그들의 성욕이 줄어들거나 성행위에 대한 두려움을 느낄 수도 있다. 피해자가 성폭행 전 성경험이 없다면 특히 문제가 된다. 피해자는 강간이 일어난 것이 자신의 잘못이라고 느끼면서 자신의 몸에 대해 혐오감을 느낄 수 있다. 또한 두려움은 가해자의 특징과 연결지을 수 있다. 예를 들어 강간범에게 술, 휘발유 또는 담배 냄새가 났다면, 피해자는 이러한 냄새에 불안감을 느낄 수 있다. 또한 강간 피해자는 일반적인 남성에 대한 두려움을 가질 수도 있다.

강간 외상 증후군에는 두 가지 변형이 있다. 두 가지 중 첫 번째는 강간에 대한 복합 반응으로, 위에 언급된 반응과 더불어 정신질환과 같은 과거에 가지고 있던 증상이 재활성화 될 수도 있다. 다른 변형는 강간에 대한 침묵 반응이라고 불리는데, 다양한 증상이 나타나지만 피해자는 강간에 대한 일체의 언급을 하지 않는 증상이다.

강간 피해자에 대한 상담은 다음과 같은 가정에 근거한다. 강간은 신체적, 정서적, 사회적 및 성적인 네 가지 영역에서 피해자의 생활 방식을 방해한다. 피해자 상담은 강간 사건에 대한 초기 상담과 후속 조치에 중점을 둔 상담으로, 문제 지향적 위기관리 모델로 피해자가 가능한 한 빨리 이전 생활방식으로 돌아갈 수 있도록 돕는 것을 목표로 한다. 피해자는 응급처치가 필요한 것으로 보고 강간은 위기 상황으로 본다. 강간과 관련되지 않은 이전의 문제는 상담에서 논의하기 위한 우선순위 문제로 간주되지 않는다. 복합적인 반응을 보이는 피해자에게는 전문적인 도움이 추가로 필요하다.

부록 B   성폭력 허위보고 지표 (낯선 사람으로부터의 피해)

FBI의 행동 연구팀의 로이 헤이즐우드(Roy Hazelwood)가 진행 한 세미나에서, 아래에 나타난 특징들은 낯선 사람에게 성폭행을 당했다고 허위 신고한 사건에서 유의미하게 나타났다고 보고되었다. 이러한 상황은 거짓 주장을 입증하지 못한다. 사건을 전체적으로 살펴보면 이러한 특성이 허위 주장임을 나타낼 수도 있다.

Ⅰ. 피해자

A. 거짓 혐의에 대한 근본적인 동기는 관심이다.

B. 가족 관계로부터 오는 혼란요소를 찾아라.

C. 피해자는 자존감이 낮다.

D. 그들의 삶에 중요한 누군가와 관계상의 문제가 있다.

E. 최근에 괴롭거나 좋은 일이 있다. / 스트레스가 많은 문제가 있다.

F. 진단되지 않은 병력이 있을 수 있다(예 거짓된 증상으로 병원을 지속적으로 찾는다).

G. 피해자는 타 지역(일반적으로 이전 거주지)에서 비슷한 보고를 한 적이 있다.

II. 혐의

A. 신고가 지연되었거나 수사기관이 아닌 다른 사람에게 이야기 했을 수 있다.

B. 피해자는 자신의 부상에 대해 무관심할 수 있다.

C. 세부 사항이 매우 상세하거나 매우 모호할 수 있다.

D. 면담을 할 때, 피해자는 자신에게 불리하지 않는 부분만 진술하려고 시도할 것이다(즉, 누군가를 기소할 때 필요한 정보, 용의자의 위치 또는 정보).

E. 피해자는 억지로라도 안전한 부분으로 가려고 시도할 것이다.

F. 다른 성별이 자신의 상처 / 부상을 촬영하는 것을 꺼리지 않는다.

G. 용의자는 다수의 가해자이거나 크고 강력한 한 명의 가해자일 수 있다.

H. 용의자는 완전히 낯선 사람 또는 기억나지 않는 친구의 친구로 묘사될 수 있다.

I. 성행위는 피해자의 정상적인 레퍼토리를 벗어나지 않을 것이다.

J. 방어흔은 공격받았다고 보고된 각도와 일치하지 않을 것이다.

K. 피의자의 폭력에 적극적/물리적으로 저항하였다고 한다.

L. 부상에 대하여 무관심할 수 있다.

M. 심각한 상처는 보통 옷으로 가린 부분에 있고, 덜 심각한 부상은 옷으로 가리지 않는 노출된 부분에 있다.

N. 부상은 신체의 민감한 부분을 포함하지 않는다. 민감한 부분까지 거의 갈 수도 있겠지만, 거기까지 일 뿐이다.

O. 메시지가 그의 몸 안에 새겨져 있을지 모른다(이것은 도덕적인 성폭력에서는 결코 행해진 적이 없다).

P. 상처는 신체에 수평 또는 수직으로 나타난다.

Q. 상처는 특정신체부위 위주로 있다(보통은 젖가슴부위).

III. 증거

A. 의류에 대한 손상이 진술과 일치하지 않는다.

B. 손상된 의류는 일반적으로 피해자가 착용하지 않는 의류(예 낡은 옷)이다.

C. 피해자는 음란 전화나 메시지와 같은 이전의 사건들을 "지금 막" 회상한다.

D. 사건 현장은 진술을 뒷받침하지 못한다.

E. 용의자가 남긴 것으로 여겨지는 메모는 보통 협박적이거나 성적으로 외설적이며 "스크랩하여 편집"하였거나 대문자로 작성되었다. 이는 영화에서 나오는 것과 같다.

F. 재산에 대한 도난 또는 손상이 있는 곳에서 침입이 보고되었다.

IV. 다른 고려사항

A. 피해자는 수사관과 긴밀한 관계를 맺으려고 할 수 있다. / 친해지려고 노력할 수 있다.

B. 피해자는 "당신은 '올바른' 질문을 하고 있지 않다."라고 주장할 수 있다.

C. 수사관에게 비정상적인 불만이 있을 수 있다.

D. 추가 피해에 대해 지속적으로 진술 할 수 있다.

E. 조사에 대한 관심이 분명하게 부족할 수 있다.

V. 권고사항

A. 피해자의 주장이 거짓임을 확신하기 전까지는 피해자와 맞서지 마라.

B. 피해자는 사건 담당자 이외의 사람, 예를 들어 사건 담당자의 감독관이 대면하도록 하라.

C. 공감적 접근법을 사용하라.

D. 허위 주장에 대한 정보를 언론에 공개하지 마라.

부록 C 비밀 통화

다음은 피해자나 목격자에게 전화를 하기 전 브리핑에서 다루어야 할 일반적인 주제에 대한 목록이다. 이 목록은 성 범죄 피해자와 관련된 사람과의 통화를 위해 고안되었지만 다른 유형의 범죄에도 적용할 수도 있다.

이 목록은 완전하거나 절대적인 것은 아니다. 각 사례는 특별하므로, 경우에 따라 변경, 확장, 축소 또는 수정해야 할 수 있다. 다음은 제안일 뿐이며 지역, 주 또는 연방법에 의해 강제되지 않는다. 비밀통화를 할 때는 해당 주의 법규와 부처 프로토콜을 따라야 한다.

다음의 제안들은 잠재적 성 범죄자가 해당 사건에 대하여 시인을 유도하도록 고안되었다. 또한 죄가 없다면 무죄를 증명하는 데에도 도움이 될 것이다.

이것은 체크리스트 형식이다. 수사관은 전화를 건 사람과 함께 앉아 조사 대상 사건에 가장 적합한 요소를 목록에서 선택하여 체크해야 한다. 사용할 항목들을 확인하여 동그라미를 치거나 기타 표시를 하고 검찰과 변호인의 검토를 위해 사건 파일의 일부로 목록을 보관하여라.

- 전화를 하는 것은 합법적이고 합헌적이다. 미란다원칙 또한 언급할 필요가 없다(비밀 전화는 캘리포니아와 다른 많은 주에서 합법적이다. 일부 주에서는 법원 명령이 승인된 후에 전화를 걸 수 있으며 일부 주에서는 불법이다).

- 이름을 밝히며 서로간의 소개를 한다. 예를 들어 "안녕, 빌, 나는 메리야."

- 용의자는 "다시 전화 드릴게요"라고 하며 끊으려고 한다면 그렇게 하지 못하게 하라. 그에게 당신이 친구의 집이거나 직장에 있어 이야기할 시간이 몇 분 되지 않는구나라고 말하여라.

- 용의자는 전화 통화가 아닌 직접 만나서 이야기하고 싶어 할 수도 있다. 당신은 "지금 당장은 너무 혼란스러워서 곤란하다"라고 말하면서 전화로 몇 분 밖에 말할 수 없다고 말하여라.

- 용의자에게 전화를 걸 때 가장 일반적으로 사용되는 "이유"는 다음과 같다.
  a. "나는 우리의 관계에 대해 매우 혼란스럽다." 또는 "지난 밤에 우리 사이에 무슨 일이 있었는가."
  b. "나는 상담 중인데 비밀유지가 필요하다."
  c. "새로운 남자 친구가 생겨서 우리 관계를 끝내고 싶다."
  d. "성병이 걸렸다." 또는 "나는 임신했다."
  e. "학교에서 강간(또는 아동 성추행)에 관한 수업을 들었는데, 우리 관계가 당신에게 의미가 있는지, 아니면 단지 나를 이용한 것인지 궁금하다."

- 용의자가 통화의 성격이 성폭력이나 성관계에 관한 것이라는 것을 확실히 인지하고 있어야 한다. 따라서 섹스, 성교, 구강 성교, 자위행위 등의 용어를 가능한 한 많이 사용하는 것이 좋다. 예를들어:
  a. "나는 우리 성관계에 대해 혼란스럽다."
  b. "나와 섹스하는 것이 당신에게 특별한 의미가 있는 것인지 아니면, 당신은 나를 이용하는 것인가?"
  c. "나는 당신과 구강 성교를 한 후 헤르페스가 생긴 것 같다."

- 명확하지 않은 용어를 사용하지 말아라. "우리가 언제 그랬는지 기억나니?" 또는 "그날 밤 기억하니?"와 같은 문장은 질문의 주제와 관련하여 명확하지 않다.

- 신체 부위 및/ 또는 성행위를 언급 할 때 일반적으로 사용되어지는 용어/ 언어를 사용해도 된다.

   a. 음경은 좆, 자지
   b. 자위는 딸치다
   c. 구강 성교는 사까시

- 욕설은 자제하라.

- 통화를 하는 동안 화가 나거나 긴장하는 것은 정상이며 통화를 망치지는 않지만, 용의자와 다투지 않도록 하라.

- 용의자가 말하게 하라.

- 용의자가 그 행위가 어떻게 그리고 왜 일어났는지 설명하게 하라.

- 성 범죄자들은 통제하고 조종하려는 성향이 있다. 따라서 그/그녀는 당신이 다음과 같이 느끼게 하려고 할 것이다 :

   a. 그/그녀에게 미안한 마음이 들도록.
   b. 모두 당신의 잘못으로 생긴 일처럼 느끼도록.
   c. 만약 당신이 말하면 '사람들이 다치는 것'에 대한 책임은 모두 당신에게 있는 것으로.
   d. 비밀을 지키지 않으면 그/그녀가 직장을 잃는 것, 배우자와 헤어지게 되는 것 등에 대한 책임이 모두 당신에게 있는 것으로.

- 용의자의 변명에 말려들지 마라. 대신, 용의자가 왜 당신을 성추행하거나 강간하는 것이 괜찮은지에 대해 계속 이야기/설명하도록 하라.

- 불법적인 성관계 또는 아동 성추행과 관련된 경우에는 용의자가 피해자의 나이를 알고 있다는 것에 대하여 가능한 한 여러 번 반복하여 질문하도록

하라.

    a. "우리가 처음 성관계를 했을 때 나는 겨우 13세였다."

    b. "우리가 처음으로 성관계를 했을 때 나는 15살이었다. 너무 어렸었나?"

    c. "14살짜리 소녀가 30살짜리 남자와 섹스를 하는 것이 괜찮은가?"

• 전화를 짧게 하며, 15~20분이 이상적이다.

• "어떻게 해야 할지 모르겠다." 또는 "생각이 정리될 때까지 연락하지 말아라." 정도로 전화 통화를 마무리하면 된다.

• 수사관은 용의자에게 전화를 걸고, 당신 옆에 앉아서 통화내용을 듣고, 이 통화는 법원 소송 절차에 필요한 증거로 본 녹음 테이프를 제출할 수 있다.

• 조사관은 통화가 진행됨에 따라 당신에게 질문할 내용들을 적어 줄 것이다. 질문을 받는 즉시 가능한 한 그대로 질문하라.

• 수사관이 지시하면 전화를 끊어라.

휴대전화 및 발신자 표시는 비밀통화의 프로토콜을 수정해야 할 수 있다. 많은 사람들은 알고 있는 발신자의 전화에만 응답하거나, 어떤 사람은 늦은 밤이나 주말에만 통화를 할 수 있다. 만약 그렇다면, 해결책은 단순하다. 녹음기에 맞는 플러그인이 달린 간단한 도청기만 있으면 된다. 수사관이 직접 참석하지 않고 피해자/목격자의 집에서 전화를 걸 수 있다. 수사관은 피해자/목격자를 집으로 보내 전화를 걸게 하기 전에, 통화할 내용에 대한 목록과 내용을 그들과 같이 검토해야 한다.

도서목록

Burgess, Ann, R.N., Groth, Dr. Nicholas, Holmstrom, Lynda Lytle and Sgroi, Dr. Su- zanne M, *Sexual Assault of Children and Adolescents,* Lexington Books.

Forward, Susan and Buck, *Craig, Betrayal of Innocence,* Penquin Books.

Rush, Florence, *Sexual Abuse of Children, The Best Kept Secret,* Prentice Hall.

Tsang, Daniel, *Age Tabu, (The),* Slyson Publications.

American Psychiatric Association, Anonymous, Incest Survivors *"Open Letter to the Pro- fessional Community "and Nightmare of Incest,* Authored by Survivors, ISA, PO Box 5613, Long Beach, CA 90805−0613.

Armstrong, Louise, *Kiss Daddy Goodnight,* Hawthorne Books Ind.

Baird, Elizabeth, *I was a Battered Child,* Living Books, Tyndale House Publishers.

Brady, Katherine, *Father's Days,* Seaview Books.

De Young, Mary, *Sexual Victimization of Children,* McFarland & Company.

Diagnostic and Statistical Manual of Mental Disorders, 3d Edition, Washington D.C.

Dziech, Billy Wright, and Schudson, Charles B, *On Trial−American Courts and their.*

Treatment of Sexually Abused Children, Beacon Press.

Eberle, Paul & Shirley, *Politics of Child Abuse (The),* Secaucus/Lyle Stuart.

Finkelhor, David, *Sexually Victimized Children,* Free Press.

Fox, Robin, *Red Lamp of Incest,* Dutton Publishers.

Geiser, Robert, *Hidden Victims−The Sexual Abuse of Children,* Beacon Press.

Gil, Elaina Dr., *Outgrowing The Pain,* Launch Press, Box 40174, San Francisco.

Goldstein, Seth, *Sexual Exploitation of Children (The) −A Practical Guide to Assessment, Investigation, and Intervention,* Elsevier Service Publishing Co., Inc.

Groth, Nicholas, M.D., and Birnbaum, H. Jean, *Men Who Rape — the Psychology of the Offender.*

Groth, Nicholas, *Child Molester (The),* Social Work and Child Sexual Abuse.

Hayden, Torey L *One Child,* Avon Books, G.P. Putnam's Sons.

Herman, Judith Lewis, *Father — Daughter Incest,* Harvard Press.

Hollingsworth, Jan, *Unspeakable Acts,* Congdon and Weed Publishers.

Irvine, Lucy, *Runaway,* Random House.

Janus, Sam, *Death of Innocence (The),* Morrow Publishing Co.

Justice, Blair and Rita, *Abusing Family, (The),* Human Sciences Press.

Justice, Blair and Rita, *Broken Taboo (The),* Human Sciences Press.

Keys, Dr. Daniel, *Minds of Billy Mulligan (The),* Random House.

Lenderer, Laura, *Take Back the Night,* Everest House.

Meiselman, Dr. Karin Carlson, *Incest,* Jossey Bess Publishing.

Miller, Alice, *Drama of the Gifted Child — The Search for the True Self,* Basic Books.

Miller, Alice, *Thou Shalt Not Be Aware,* Basic Books.

Morris, Michelle, *If I Should Die Before I Wake,* Tare Publishers.

Rogers, Dale Evans, Mead, Frank S, *Hear the Children Crying,* Power Books.

Scriber, Flora Rheta, *Sybil,* Warner Books.

Smith, Michelle, and Pazder, Lawrence, M.D., *Michelle Remembers,* Cogdon & Lottes, Inc.

Spencer, Judith, *Suffer the Child,* Pocket Books.

Van Allen, Charlotte, *Daddy's Girl,* Simon & Schuster.

Waiterman, Jill and MacFarland, Kee, *Sexual Abuse of Young Children (The),* Guilford Press.

Weisberg, Kelly, *Children of the Night,* Lexington Books.

Wolbert, Ann Burgess, *Child Pornography and Sex Rings,* Lextington Books.

Woodbury, John Ph D., *Silent Sin (The),* Elroy Schwartz. Signet Books.

더 읽을거리

The Accommodation Syndrome, A paper by Dr. Roland Summit. Pub- lished in the American Journal of Psychotherapy.

Dr. Gene Abel's published statistics on the *"Sexual Perpetrator s — Their victims and their crimes".* Published by Johns Hopkins Hospital in American Medical Association Journals. (Available at most public libraries — research departments, or through Johns Hopkins Institute.)

The National Center for Missing and Exploited Children (NCMEC) has published and make available several excellent FREE reference text books and pamphlets. Be sure to ask when you place your order if you'd like copies in another language; some of their publications are also avail- able in Braille.

추천도서

- *Analysis: Interviewing Child Victims of Sexual Exploitation and Investigator's Guide.*
- *Children Traumatized in Sex Rings.*
- *Child Molesters: A Behavioral Analysis.*
- *Just in Case* A series of informative brochures on prevention and intervention.
- *Missing and Abducted Children: A Law Enforcement Guide to Case Investigation.*
- *Sex Rings: A Behavioral Analysis of the Offender.*
- *Youth at Risk: (Runaways).*

색인

저자 약력

Don howell
전. Huntington Beach경찰서 성범죄 전담 수사관
전. National Center for Missing and Exploited Children(구 the Adam Walsh Center)의
   설립자 및 자문위원

역저자 약력

김경하
• 현. (주)바로 대표
• 현. 경기대학교 사법공안학과 겸임교수

정지은
• 현. (주)바로 진술연구소 소장
• 전. 대검찰청 진술분석관

임금섭
• 현. 백석대학교 경찰학부 범죄수사학전공 교수
• 전. 경찰대학 경찰학과 교수, 위기협상센터장

배준렬
• 현. 해군법무 인권조사관 (해군검찰단 검찰수사관)
• 전. 국방부검찰단 성범죄전담수사관

성 범죄
-효과적인 피해자 및 용의자 면담에 대한 단계별 안내서-

초판발행	2022년 3월 25일
지은이	Don Howell
옮긴이	김경하 · 정지은 · 임금섭 · 배준렬
펴낸이	안종만 · 안상준
편 집	최문용
기획/마케팅	오치웅
표지디자인	이수빈
제 작	고철민 · 조영환
펴낸곳	(주) **박영사**
	서울특별시 금천구 가산디지털2로 53, 210호(가산동, 한라시그마밸리)
	등록 1959. 3. 11. 제300-1959-1호(倫)
전 화	02)733-6771
f a x	02)736-4818
e-mail	pys@pybook.co.kr
homepage	www.pybook.co.kr
ISBN	979-11-303-1512-6 93350

* 파본은 구입하신 곳에서 교환해 드립니다. 본서의 무단복제행위를 금합니다.
* 역자와 협의하여 인지첩부를 생략합니다.

정 가   18,000원